Konrad Adam

KAMPF GEGEN DIE NATUR

Der gefährliche Irrweg
der Wissenschaft

Rowohlt · Berlin

1. Auflage September 2012
Copyright © 2012 by
Rowohlt · Berlin Verlag GmbH, Berlin
Alle Rechte vorbehalten
Lektorat Bert Hoppe
Satz aus der Documenta PostScript bei
Pinkuin Satz und Datentechnik, Berlin
Druck und Bindung CPI – Clausen & Bosse, Leck
ISBN 978 3 87134 730 6

INHALT

VORWORT

Die Zukunft ist ungewiss; das ist sicher. Man kann sie allenfalls aus dem, was war, erschließen. Wer das versucht, stößt in den Naturwissenschaften, dem harten Kern der Neuzeit, auf ein ergiebiges Terrain. Denn ihre Wortführer haben über ihre Motive und ihre Absichten immer wieder gern und erschöpfend Auskunft gegeben. Vom Glauben an den Fortschritt getragen, haben sie und ihre Verwandten, die Techniker und Ingenieure, die Lebensumstände der Menschen gründlicher verändert als jeder andere Beruf. Und alles spricht dafür, dass das so bleiben wird.

Wer sich nach ihren Beweggründen erkundigt, erhält ganz unterschiedliche Antworten; angesichts der eigenwilligen Charaktere, denen er da begegnet, ist das kein Wunder. «Den» Forscher als einheitlichen Typ gibt es genauso wenig wie «die» Forschung als geschlossenes Unternehmen. Einige typische Züge schälen sich aber doch heraus: zunächst die Überzeugung, dass das Buch der Natur in der Sprache der Mathematik geschrieben ist, sich die Natur also durch Zählen, Wiegen und Messen vollständig entziffern lässt. Sodann der Glaube, der Wirklichkeit auf dem Wege des Experiments, bei dem der Wissenschaftler Fragen stellt, die von der Natur beantwortet werden müssen, auf die Spur zu kommen. Und schließlich der Wille, *theoria cum praxi* zu verbinden, wie es bei Leibniz heißt, das Erkannte also praktisch wirksam werden zu lassen und die Natur zu verändern.

Das Programm war überaus erfolgreich. Die Geschichte von den Siegen, die Wissenschaft und Technik über die Natur errungen haben, ist oft genug erzählt worden; sie soll hier nicht noch einmal erzählt werden. Vor allem deshalb nicht, weil die Gegenrechnung, die es ja auch noch gibt, täglich länger wird. Es geht um Schäden, die kleingeredet, um Verluste, die nicht mehr wahrgenommen, und um Kosten, die auf fremde Länder und ferne Zeiten abgeschoben werden. Schon heute ist der Aufwand, der getrieben wird, um mit der Hinterlassenschaft des Fortschritts fertigzuwerden, gewaltig; und zunehmend übersteigt er die Erträge.

Das hat die Marschkolonne der progressiven Wissenschaften auseinandergerissen. Neue, alternative, aufsässige Formationen sind entstanden, die nicht nur das Tempo, sondern auch die Richtung des Fortschritts ändern wollen. Der Bekenntnischarakter der Wissenschaften ist immer deutlicher hervorgetreten; wie in den Großkirchen gibt es Liberale und Altgläubige, Fortschrittsapostel und Endzeitprediger, Skeptiker, Leugner und Fundamentalisten, die sich wie alle Sekten hart bekämpfen. Man kann das als Zeichen dafür nehmen, dass die Naturwissenschaft, ähnlich wie die Kirche, in einer Krise steckt.

Die Leute merken das und reagieren empfindlich, je nach Temperament mit Vorbehalten, Ratlosigkeit oder offener Empörung: eine Entwicklung, auf die sich Politiker, Unternehmer und Wissenschaftler einstellen sollten, um von den Protesten nicht immer wieder überrollt zu werden. Die Zeit, in der technisch anspruchsvolle Projekte lauthals begrüßt, zumindest aber doch geduldet wurden, ist offenbar vorbei. Wer jetzt im alten Stil weitermachen will, muss die Bilanz frisieren oder den Leuten nach Art der Weltraumfahrer, Experimentalphysiker oder Reproduktionsmediziner das Blaue vom Himmel versprechen.

Alle diese Disziplinen leben vom Prinzip Hoffnung und werden nicht etwa deshalb so hoch subventioniert, weil sie so viel leisten, sondern weil sie viel mehr versprechen.

Natürlich bietet sich die Naturwissenschaft auch hier als Helferin aus allen Nöten an; wo täte sie das nicht? Aber braucht man tatsächlich immer mehr von ihr, um die Wunden, die sie geschlagen hat, zu heilen? Steht sie der Rückkehr in eine Natur, der sich der Mensch als Mitbewohner zugehörig fühlt, nicht oft genug im Wege? Ist Fortschritt das richtige Rezept, um die Rückschläge zu vermeiden, mit denen sich die belebte und die unbelebte Natur gegen die Zumutungen dieses Fortschritts zur Wehr setzt? Ist es nicht Zeit für eine Ruhe *nach* dem Sturm? Und ist die Natur nicht zu wichtig, um sie dem Spieltrieb von Wissenschaftlern zu überlassen?

Die folgende Darstellung versucht, einzelne Aspekte der neuzeitlichen Forschung herauszustellen: ihre Glaubensbereitschaft, ihren Machtanspruch, ihre Selbstbezogenheit, ihre Freude am Experiment, ihre Einäugigkeit, ihren Mangel an Orientierung, ihre Ruhmredigkeit und ihre Aufschneiderei. Großprojekte aus den Bereichen der Kernphysik, der Raumfahrt, der Biotechnologie, des Ingenieurwesens und der Informatik dienen als Musterfälle. Das Ganze ist eingebettet in zwei kurze Stücke, die daran erinnern sollen, dass alles, was frühere Zeiten in der Natur gefunden haben, immer noch da ist. Man muss es nur entdecken.

1 DAS FEST AUF DEM HOHEN MEISSNER

Im Herbst des Jahres 1913 schwankten die Völker Europas zwischen der Hoffnung auf eine glänzende Zukunft und der Angst, von dieser Zukunft nicht viel zu erleben. Die führenden Mächte hatten, jede auf ihre Art, eine Periode beispiellosen Wachstums hinter sich gebracht, eine Erfahrung, die sie zunächst hungrig und dann gierig gemacht hatte und die sie schließlich, als es auf den bekannten Wegen nicht mehr weiterging, in einen Zustand kollektiver Depression versetzte, aus dem nur die Gewalt einen Ausweg zu versprechen schien. Im Handel, in der Finanz-, der Rüstungs- und der Außenpolitik war alles auf Zuwachs eingestellt; als der an seine Grenzen stieß und weitere Gewinne nur noch zulasten der Nachbarn möglich schienen, kamen sich die Großmächte immer häufiger ins Gehege. Das verdüsterte den Ausblick in die ersehnte Zukunft, machte ungeduldig und begünstigte das Gefühl, dass die Zeit reif sei zur Entscheidung, die schließlich Krieg hieß.

In Deutschland, der europäischen Mittelmacht, die überall an irgendwelche Grenzen stieß, saßen die Zweifel besonders tief. Das Bewusstsein, in einer Krisenzeit zu leben, war unter den Stimmführern des Reichs weit verbreitet; obwohl das Land gut verwaltet wurde, obgleich die Wirtschaft florierte, das Bildungswesen höchste Anerkennung genoss und sein stolzestes Erzeugnis, die deutsche Wissenschaft, herrliche Zeiten verhieß, war man mit dem Erreichten unzufrieden. Die

11

Deutschen fühlten sich beengt, sie suchten einen Platz an der Sonne, wussten aber nicht, wo er zu finden und wie er zu erobern war.[1] Europa, meinte Hermann Hesse im Rückblick auf diese Jahre, sei müde geworden, wolle heimkehren, sich ausruhen, «umgeschaffen und umgeboren werden». Es sehne sich nach Verjüngung, nach einer Rückkehr zu den Quellen, zu den faustischen Müttern: ein Untergang, den allerdings «nur wir, wir Zeitgenossen» als Abschied empfänden, «so wie beim Verlassen einer alten geliebten Heimat nur die Alten das Gefühl von Trauer und unwiederbringlichem Verlust haben, während die Jungen nur das Neue, die Zukunft sehen». Wie meistens lagen Furcht und Hoffnung eng beieinander, aber die Furcht überwog.[2]

Die vage Angst, zu spät zu kommen, um die Dinge zu ändern und das Land vor dem Absturz zu bewahren, lag wie ein Schatten über dem Fest, zu dem die Freideutsche Jugend am 12. Oktober 1913 auf den Hohen Meißner, einen Höhenzug im Norden Hessens, eingeladen hatte. Der Feind, dem man entgegentreten wollte, stand allerdings nicht jenseits, sondern diesseits der Landesgrenzen: Es war der Materialismus in seinen vielfältigen, mehr oder weniger bürgerlichen Erscheinungsformen. Man rebellierte gegen die billigen Freuden und die banalen Errungenschaften der Moderne, gegen ihre leere Betriebsamkeit und ihre Liebedienerei vor der profanen Trinität aus Wirtschaft, Wachstum und Wissenschaft. Aus grauer Städte Mauern, wie es in einem bekannten Lied des Wandervogels hieß, waren die Studenten aus allen Teilen des Landes, viele von ihnen über weite Strecken zu Fuß, auf die Hochfläche des Meißners gekommen, um dort, umgeben von Wiesen und Wäldern, mit der Zivilisation abzurechnen. Sie waren Deutsche, wie Nietzsche sie beschrieben hat, «von vorgestern und von übermorgen»: fremd in der Gegenwart, heimisch im

Niemandsland zwischen einer verklärten Vergangenheit und einer ungewissen Zukunft. Was sie vereinte, war die Sehnsucht nach dem «Erlebnis». Sie suchten es überall, auf großer Fahrt, im großen Krieg oder beim großen Fest, nur nicht in den Pflanzstätten des akademischen Betriebs, in Hörsälen, Bibliotheken und Laboratorien; das hätte ihr «Erkenntnisekel», ein Schlüsselwort der Zeit, nicht zugelassen. Ausgerechnet über die Wissenschaft den Weg zurück in die Natur zu finden, wäre ihnen absurd und aussichtslos, ja geradezu blasphemisch vorgekommen. Sie wollten erlöst werden vom Intellektualismus der Wissenschaft, um so «zur eigenen Natur und damit zur Natur überhaupt zurückzukommen».[3]

Die Wahl ihres wichtigsten Redners, Ludwig Klages, entsprach dieser Stimmung. Klages hatte sich als Psychologe und Graphologe einen Namen gemacht und war eine Zeitlang Mitglied der Münchner Kosmiker-Runde gewesen, eines esoterischen Zirkels, der sich wie viele ähnliche Gruppierungen dieser Zeit der Lebensreform verschrieben hatte. Die hohen Erwartungen, die sich mit seinem Auftritt verbanden, erfüllte er glänzend. Nachdem er der Technik und der Wissenschaft eher beiläufig seinen Respekt bezeugt hatte – «Die Höhe der Wissenschaft sei zugegeben, wie wenig sie auch vor jeder Anfechtung sicher ist; die der Technik steht außer Zweifel» –, stellte er sie im weiteren Verlauf seiner Rede immer deutlicher als seine eigentlichen Gegner heraus. Den «wetterfesten Redensarten» vom Fortschritt, von der Nützlichkeit und vom Vorrang der Ökonomie bestritt er das Recht, sich zu obersten Grundsätzen des Handelns aufzuwerfen, die Entwicklung zu lenken und die Zukunft zu bestimmen. Dann kam er auf die Schattenseiten dieser Entwicklung zu sprechen, verwies auf die Opfer aus der Welt der Tiere und Pflanzen, erinnerte an die Verschandelung der Landschaft, beklagte den Verlust an gewachsener Vielfalt und ließ kaum eines der vielen Stichwörter aus, die heute, wo es der Umweltschutz zum grundgesetzlich garantierten Staatsziel gebracht hat, landauf, landab zu hören sind. Liest man die Rede heute, wirkt sie in vielem wie ein Vorgriff auf die lapidare Feststellung, mit der gut dreißig Jahre später Horkheimer und Adorno ihre «Dialektik der Aufklärung» eröffnen sollten: dass die vollends aufgeklärte Erde im Zeichen triumphalen Unheils strahlt.

Was Klages von den beiden Dialektikern unterscheidet, ist seine Anschaulichkeit und sein Verzicht auf die Wonnen der Theorie. Das verführt ihn zum hohen Ton und zu einem aggressiven Pathos, bewahrt ihn aber vor dem kühlen Fatalismus, der die «Dialektik der Aufklärung» zu einer so deprimierenden Lektüre macht. Selbst tief verletzt durch die technisch entstellte Natur, ruft Klages seine Zuhörer zur Empörung auf, indem er schildert, was er sieht: «Dieselben Schienenstränge, Telegraphendrähte, Starkstromleitungen durchschneiden mit roher Geradlinigkeit Wald und Bergprofile, sei es hier, sei es in Indien, Ägypten, Australien, Amerika; die gleichen grauen vielstöckigen Mietskasernen reihen sich einförmig aneinander, wo immer der Bildungsmensch seine segenbringende Tätigkeit entfaltet; bei uns wie anderswo werden die Gefilde verkoppelt, das heißt, in rechteckige und quadratische Stücke zerschnitten, Gräben zugeschüttet, blühende Hecken rasiert, schilfumstandene Weiher ausgetrocknet; die blühende Wildnis der Forste von ehedem hat ungemischten Beständen zu weichen, soldatisch in Reihen gestellt und ohne das Dickicht des schädlichen Unterholzes; aus den Flussläufen, welche einst in labyrinthischen Krümmungen zwischen üppigen Hügeln glitten, macht man schnurgerade Kanäle; die Stromschnellen und Wasserfälle … haben elektrische Sammelstellen zu speisen, Wälder von Schloten steigen an ihren Ufern empor … kurz, das Antlitz der Festländer verwandelt sich allgemach in ein mit Landwirtschaft durchsetztes Chicago.» Und nur mit Hohn erwähnt er die Touristen, die mangels anderer Maßstäbe und ohne Sinn für die Schönheiten einer noch unberührten Landschaft beim Anblick eines Kartoffelfeldes Natur zu sehen glauben «und höhere Ansprüche befriedigt sehen, wenn in den mageren Chausseebäumen einige Stare oder Spatzen zwitschern».

Klages besteht auf dem Recht der Sinne, aus dem bei ihm sehr schnell, gelegentlich wohl auch zu schnell, ein Vorrecht wird. Wie für Goethe, seinen überall präsenten Gewährsmann, ist auch für ihn das Denken wichtiger als das Wissen, «aber nicht als das Anschauen». Was er den Naturwissenschaften in ihrer theoretischen und angewandten Form zum Vorwurf macht, ist ihr Verzicht auf Sinnlichkeit und Ästhetik; wo er von den Schönheiten der Natur schwärmt, erwähnt er nicht nur das harmonische Erscheinungsbild, sondern auch das «Klingen und Duften der deutschen Landschaft». Er selbst hat dafür später die Formel vom Geist als Widersacher der Seele gefunden; sie wurde zum Gemeingut seiner Zeit und findet sich in ähnlichen Formen auch bei Georg Simmel (wo sie als Gegensatz von Verstand und Gefühl auftaucht) und bei Ernst Jünger (der im Jargon des Staatsrechtslehrers den Geist des Hochverrats gegen das Leben bezichtigt) Gemeinsam ist allen diesen Antinomien die Erbitterung, mit der sie sich gegen die von der Aufklärung betriebene Entzauberung der Welt wenden. Sie verrechnen ihre unbestrittenen Gewinne mit den Verlusten an Ruhe und Geborgenheit und kommen zu dem Schluss, dass der Fortschritt seinen Preis nicht wert war. Klages war einer der Ersten, der das tat, und wurde so zum Ahnherrn der Grünen, die von dieser Abkunft heute aber nichts mehr wissen, wahrscheinlich auch nichts wissen wollen, da Klages als ein Rechter gilt. Er kannte sich aus im Haushalt der Gefühle, erinnerte an den unbewussten Zusammenhang, der den Menschen mit der belebten und der unbelebten Natur, mit Pflanzen und Tieren, Wasser und Wolken, Steinen und Sternen verbindet, und verteidigte die unverstellte Wahrnehmung gegen die Herrschaft des wissenschaftlichen Kalküls. Seine Rede auf dem Hohen Meißner schloss er mit dem Wunsch, den Menschen die Augen zu öffnen für die Schönheiten der Natur: Das, meinte er, sei «das Einzige, was wir vermögen».[4] Heute, ein ganzes Jahrhundert später, sieht es so aus, als hätte er sich überschätzt.

Der Meißner liegt, umgeben von geschichtsträchtigen Orten wie Göttingen und Eisenach, dem Kyffhäuser und Frankenhausen, im Herzen Deutschlands, hat aber dank seiner Unzugänglichkeit den Einbruch der Moderne ziemlich gut überstanden. Zusammen mit dem Kaufunger Wald wurde er in den Rang eines Naturparks erhoben, was zwar nicht viel bewirkt, aber doch manches verhindert hat. Der Basaltsteinbruch, der den Berg von Norden her angefressen hatte, wurde eingestellt, vom Braunkohletagebau, der mittlerweile gleichfalls aufgegeben wurde, zeugen nur noch ein paar seichte Tümpel am Osthang des Berges. Die großen Verkehrsadern, die Autobahn im Westen und die Bahntrasse im Osten, umgehen das Massiv in gehörigem Abstand; die einzige Straße, die den Gipfel erreicht und überquert, ist wenig befahren, auch wenn sie aus Reklamegründen als Deutsche Märchenstraße angepriesen wird. Wer von Eschwege, der nächstgelegenen Bahnstation, zu Fuß hinaufwill, geht stundenlang durch grüne Buchenwälder, im Frühling übersät mit Buschwindröschen, bis er, knapp unterhalb des Gipfels, die Hochfläche erreicht, von der aus sich der Blick nach Westen öffnet, in Richtung Kassel und weiter bis ins Sauerland. Wenn man die rot-weiß angemalten Sendemasten weiter oben und, weiter unten, den Skilift vergisst, kann man sich einreden, inmitten unberührter Natur zu sein. Gleich neben dem Parkplatz am Ende der kurzen Stichstraße, die zum Meißnerhaus führt, erinnert ein Gedenkstein an das Fest, das den Berg zu einem Symbol für den Naturschutz in Deutschland gemacht hat.

Hier, weit entfernt vom Alltag, darf die Erinnerung wachgehalten werden. Ansonsten weiß das unternehmerische Bewusstsein mit dem Gedanken, dass es sich lohnen könnte, die Natur um ihrer selbst zu erhalten, nicht viel anzufangen. Naturschutz rechnet sich nun einmal nicht, zumindest nicht in den Bilanzen der Energieproduzenten; da taucht er nur als Kostenfaktor auf, der museal gepflegt werden kann, vielleicht auch soll, solange er den ehernen Gesetzen der Marktwirtschaft nicht in die Quere kommt, aber beiseitegeräumt werden muss, wenn es der gebieterische Ruf nach Arbeit, Wachstum und dergleichen verlangt. Neben dem Rothaargebirge und dem Thüringer Wald haben die Wachstumsfreunde auch den Meißner dazu ausersehen, von einer der neuen Energieschneisen durchschnitten zu werden, über die der Strom vom windreichen Norden in den sonnenreichen Süden Deutschlands geführt werden soll. Endlose Freileitungen mit ihren riesigen Gittermasten, ausladenden Querträgern, meterlangen Isolatoren und armdicken Trossen müssen nun einmal her, um die Gebietsmonopole zu verteidigen, auf die sich die vier großen deutschen Energieproduzenten stillschweigend verständigt haben.

Natürlich regt sich gegen solche Ausbaupläne Widerstand; wo nicht? Aber die Politik weiß, wie sie mit solchen Hindernissen fertigwird: mit einem Energiestraßenausbaubeschleunigungsgesetz, dem zeitgemäßen Nachfolger des Verkehrswegeausbaubeschleunigungsgesetzes, das seinerzeit, kurz nach der Wende, die neuen Bundesländer verkehrstechnisch auf die Höhe der neuen Zeit gebracht hatte. Nach dem ersten Ersatzgott der Moderne, dem Verkehr, verlangt auch der zweite, die Ener-

17

gie, seinen Tribut, und die Deutschen beeilen sich, aller Welt zu beweisen, zu was für Opfern sie bereit sind, wenn es darum geht, nach der politischen Wende und der Wende im Straßenverkehr nun auch die Energiewende zu bewältigen. Um eine ältere Wegmarke des Fortschritts zu entdecken, muss man hinabsteigen ins Tal der Werra. Nach ein paar Wegstunden durch Wald und Wiesen erreicht man dann die Gegend, in der die Befestigungsanlagen, mit denen die DDR ihren Bewohnern die Flucht in den Westen verlegen wollte, am weitesten ins feindliche Ausland vorgestoßen waren. Nördlich von Bad Sooden-Allendorf verlief die Demarkationslinie mitten in der Werra, die damit, ähnlich wie die Elbe weiter nördlich, auf einige Kilometer zum Grenzfluss zwischen Ost und West wurde. Die Machthaber nahmen das zum Anlass, das ohnehin schon einschüchternde Befestigungssystem noch einmal zu verstärken. Von den Zäunen, den Minenfeldern, den Sichtblenden, den Scheinwerfern und den Selbstschussanlagen, die damals zum Schutz der Grenze angelegt und gepflegt worden waren, ist heute nichts mehr zu sehen; was nicht verschrottet oder der Natur zurückgegeben wurde, wanderte ins Museum, wo die automatischen Waffen, die Kettenfahrzeuge und die Kampfhubschrauber der Nationalen Volksarmee zusammen mit den übrigen martialischen Errungenschaften der DDR besichtigt werden können.

Für die Natur war diese schlimme Zeit das reine Glück. Als Sperrgebiet, das nur mit einer Sondererlaubnis betreten werden durfte, wurde der kilometertiefe Grenzstreifen zum Refugium für allerlei Tier- und Pflanzenarten, die anderswo ums Überleben kämpfen müssen, falls sie den Kampf nicht schon längst verloren haben. Man findet dort den Frauenschuh und das Schwarzkehlchen, mit sehr viel Glück sogar den Luchs; wo sich der Mensch zurückzieht, atmet die Natur auf, und nicht nur hier im Werratal. Die Thüringer Landesregierung hat daraus die einzig richtige Konsequenz gezogen und den ehemaligen Grenzkorridor unter dem Namen «Grünes Band» zum ökologischen Schutzgebiet erklärt; das allerdings durch Straßenbauten und die Leitungstrassen immer wieder angefressen wird.

Um die nächste Station auf dem Kreuzweg der Moderne zu erreichen, muss man noch etwas tiefer hinab, diesmal bis unter die Erde. Im nordöstlichen Winkel des Eichsfelds, keine zwei Tagesmärsche vom Werratal entfernt, liegt der Kohnstein, ein Bergrücken von wenig mehr als dreihundert Metern Höhe, äußerlich unansehnlich, im Inneren dagegen voll von Erinnerungen an Spitzenerzeugnisse der deutschen Militärtechnik aus der Zeit des Dritten Reichs. Als die Waffenproduktion im Zweiten Weltkrieg unter den Schlägen der alliierten Luftwaffen ins Wanken geriet, wurden die Fertigungsanlagen unter die Erde verlegt; diejenigen für die Wunderwaffen V1 und V2, mit denen sich die phantastischsten Hoffnungen auf eine späte Wende des längst verlorenen Krieges verbanden, kamen unter den Kohnstein, nachdem ein Luftangriff den ursprünglichen Standort in Peenemünde am nordwestlichen Ende der Insel Usedom vollständig zerstört hatte. Um die Produktion wieder in Gang zu bringen, mussten Tausende von Häftlingen aus dem nahegelegenen Konzentrationslager Buchenwald zwei hohe, parallellaufende Stollen durch den Berg treiben. Untereinander durch zahlreiche Quertunnel verbunden, bildeten sie eine riesige unterirdische Waffenschmiede. In den finsteren und feuchten, vom Kunstlicht nur spärlich erhellten Katakomben wurden von 1943 bis zum Ende des Krieges die Flugbomben und ballistischen Raketen zusammengebaut, die dann auf London und Antwerpen niedergingen. «Verschrotten durch Arbeit» hieß das barbarische Verfahren, mit dem die SS-Mannschaften dafür sorgten, dass ausgeführt wurde, was

Techniker entworfen und Generäle angefordert hatten. Einer der wenigen Besucher, die das Mittelwerk noch unter Kriegsbedingungen besuchen durften, erklärte später, er habe Dantes Inferno zu Gesicht bekommen – ohne den Trost natürlich, den die poetische Gestaltung auch noch den größten Scheußlichkeiten abgewinnen kann.

Bei der Rückkehr ans Tageslicht trifft man auf das, was überall dort entsteht, wo das Gedächtnis an Zustände wachgehalten werden soll, die der laufende Fortschritt ausgemustert hat, die ihn behindern oder irritieren, auf ein Museum also. Der Kohnstein selbst gehört dazu; ein Teil der Stollen wurde unter erheblichem Aufwand wiederhergerichtet, mit Treppen, Galerien und Lampen versehen und für das Publikum geöffnet. Wenn man den Rundgang hinter sich und genug hat von den Erinnerungen an die SS-beherrschte Unterwelt, kann man sich im Museumscafé bei Erdnüssen und Coca-Cola von den Strapazen der Trauerarbeit erholen. Um die Besucher nicht zu überfordern und Rückschlüsse auf die Gegenwart zu vermeiden, muss die Geschichte offenbar so hergerichtet werden, dass sie als abgeschlossenes Kapitel einer glücklich überwundenen Vergangenheit erscheint.

In dieser Weise reagiert der Zeitgeist auf alles, was quer zu ihm liegt; und quer liegt eben nicht nur die Zwangsarbeit unter den Nazis oder das Grenzregime der DDR, sondern die große, weite, einsame und stille, die mittlerweile so genannte natürliche Natur. Deshalb kommt immer mehr von ihr unter Glas. Es gibt inzwischen Museen für alles Mögliche, für Ackerbau und Viehzucht, für Bauernhäuser, Gartenkunst und vieles mehr von dieser Art. Dörfer werden zu Freilichtmuseen, Berggipfel zu Naturdenkmälern, ganze Landstriche als Biosphärenreservate oder Nationalparks unter Schutz gestellt und damit aus der Lebenswelt herausgeschnitten. Bei aller Anerkennung, die solche Maßnahmen verdienen: Dass dabei manches eben auch verlorengeht, der Alltagscharakter nämlich, der gegen eine immerwährende Sonntagsstimmung eingetauscht wird, liegt auf der Hand. Um seinen Auftrag zu erfüllen, zahlt das Natur-Museum einen Preis. Die präparierte Landschaft ist steril, die ausgestopfte Lerche singt nicht mehr, der Duft des konservierten Veilchens ist verschwunden. Museal hergerichtet büßt die Natur das ein, was sie einzig und unentbehrlich macht: die stille Botschaft vom Zusammenhang alles Lebendigen und, damit eng verbunden, die Bereitschaft, ruhig zu werden, zu betrachten und zu staunen. Wir alle, hieß es noch bei Nietzsche, «wir alle erkennen … in der Natur das große Mittel der Beschwichtigung für die moderne Seele, wir hören den Pendelschlag der größten Uhr mit einer Sehnsucht nach Ruhe, nach Heimisch- und Stillewerden an, als ob wir dieses Gleichmaß in uns hineintrinken und danach zum Genuss unserer selbst erst kommen könnten».[5] Wer will, wer kann das heute noch von sich behaupten?

Der Blick zurück in eine Vergangenheit, die mit der Anschauung zufrieden war, ist allerdings nicht Sache des zünftigen Naturforschers. Der glaubt erst dann am Ziel zu sein, wenn er den Schmetterling gefangen, präpariert und aufgespießt hat; dann kann er ihm die Flügel ausreißen, sie unters Mikroskop legen und sich darüber Gedanken machen, was Zeichnung, Form und Farbe zum Überleben seiner Art im Kampf ums Dasein beigetragen haben könnten. Dass es Naturwissenschaftler gab und gibt, die sich den Sinn für die Schönheit der Natur bewahrt haben, steht dazu nicht im Widerspruch; Ernst Haeckel, der Verfasser der «Welträtsel», eines biologischen Bestsellers, der auch heute noch seine Liebhaber findet, war einer von ihnen. Sein Abgott war Goethe, die «Welträtsel» wimmeln von Zitaten dieses größten Deutschen, wie er bei Haeckel ehrerbietig heißt. Genau wie Goethe will auch er die Wahrheit im Tempel der Natur aufsuchen, «im grünen Walde, auf dem blauen Meere, auf den schneebedeckten Gebirgshöhen». Der Weg dorthin eröffnet sich für Haeckel aber nicht über die «sinnlose Andachtsübung» des reinen Betrachtens, sondern durch analysierende, technisch unterstützte Forschung, durch «die Beobachtung der unendlich großen Sternenwelt mittelst des Teleskops, der unendlich kleinen Zellenwelt mittelst des Mikroskops».[6]

Das hat mit Goethe nichts zu tun. Sein Faust will von den Instrumenten «mit Rad und Kämmen, Walz und Bügel» ja gerade nichts mehr wissen, fühlt sich von ihnen regelrecht verspottet: «Ich stand am Tor, ihr solltet Schlüssel sein; zwar euer Bart ist kraus, doch hebt ihr nicht die Riegel.» Sein Weg in die Natur sieht anders aus: Er will den Schleier, der sie umgibt, nicht zerreißen und verzichtet auf den Versuch, ihr die Geheimnisse «mit Hebeln und mit Schrauben» abzupressen. Goethe hielt nichts von den technischen Hilfsmitteln, die sich zwischen Beobachter und Gegenstand schieben und den Abstand zur Natur, den sie doch eigentlich verringern sollten, nur vergrößern. Newton und die Spektralanalytiker hasste er geradezu, weil sie dem Licht, anstatt ihm freie Bahn zu lassen, den Kreuzweg durch die Prismen vorgeschrieben hatten. Er habe sich immer nur solchen Gegenständen zugewandt, die durch die Sinne wahrgenommen werden konnten, bekannte er im Gespräch mit Eckermann. Mit Astronomie habe er sich auch deshalb nicht beschäftigt, weil hier die Sinne nicht mehr ausreichten und man zu Instrumenten, Berechnungen und Mechaniken seine Zuflucht nehmen müsse. Das aber erfordere ein eigenes Leben und sei seine Sache nicht, setzte er hinzu.[7]

Goethes Askese ist nichts für die Vertreter der neuzeitlichen Naturwissenschaft. Ohne die riesigen, vor allem auch: riesig teuren Maschinen, die ständig durch noch größere und noch teurere ersetzt werden müssen, wäre ihnen kaum eine ihrer spektakulären Entdeckungen gelungen. Was in diesen Maschinen vor sich geht, was sie verarbeiten und nach gehöriger Zeit in Gestalt von Datenmassen wieder ausspeien, kann man nicht sehen, und auch zu hören gibt es dabei nicht viel mehr als das Klicken im Detektor; den Rest erledigt der Rechner, der Tatsachen produziert, deren Verständnis, wie Erwin Schrödinger schon vor Jahren klagte, in dem Maße schwindet, wie diese sich mehren.[8] Die wissenschaftlich zugerichtete Natur ist unanschaulich; sie wirkt fremd und kalt, gelegentlich auch feindlich. Lieben wird man sie nicht, bewahren auch nicht, denn bewahren wird man nur das, was man liebt, und lieben kann man nur das, was man kennt. Der bewusste Verzicht auf sinnfällige Wahrnehmung hat aus der Naturforschung eine Erfahrungswissenschaft gemacht, die von Erfahrungen berichtet, die sie nie gemacht hat und auch nicht machen kann, weil sie für Menschen nicht erfahrbar sind.[9]

Zwar hat das restlose Verduften jeder halbwegs fasslichen Vorstellung von Raum und Zeit, das nachhaltigste Ergebnis der von Planck und Einstein angestoßenen Weltbild-Revolution, allerlei Versuche ausgelöst, das gewöhnliche Vorstellungsvermögen auf die Höhe der physikalischen Theorie zu heben. Das Büchlein des englischen Philosophen Alfred North Whitehead, das 1920 unter dem unscheinbaren Titel «The Concept of Nature» erschienen ist, enthält einen der originellsten Beiträge dieser Art. Erfolg hat Whitehead damit aber nicht gehabt, denn am Ende landet auch er bei ebenjenem Dualismus, den er doch gerade überwinden wollte, dem Gegensatz zwischen einer Außenwelt, deren Erkenntnis auf Vermutungen und Schlüsse angewiesen ist, und einer subjektiven Innenwelt, die letztlich nur auf Einbildung beruht. Er bedauert das Auseinanderfallen von physikalischem und philosophischem Weltbild und bekämpft es, so gut er kann. Die Bilder wieder zusammenzufügen, gelingt ihm aber nicht; es bleibt die Kluft zwischen einem Rationalismus, der irreal, und einem Realismus, der irrational aussieht.

Unter Whiteheads wissenschaftlich geschultem Blick zerfällt der kleine Obelisk am Themseufer, der jedem Londoner als «Cleopatra's Needle» bekannt ist, zu einem Mosaik aus unendlich vielen, unendlich kleinen «Event-Partikeln», die von der vertrauten Naturvorstellung nichts übrig lassen. Es gibt weder Raum noch Zeit, keine Materie und keine Substanz, nur das ewige Spiel der Elementarteilchen, das man berechnen, aber nicht begreifen kann.[10] Der theoretische Zugriff hat das Bild einer erfahrbaren und verständlichen Natur bis auf den letzten Rest beseitigt, und keine Wissenschaft wird es je wieder zurückbringen.

In seiner Skizze über die Entstehung des modernen, naturwissenschaftlich fundierten Weltbildes hat der österreichische Physiker Arthur March auch die Frage nach Sinn und Zweck des Ganzen aufgeworfen. Ziel sei, so seine Antwort, das Aufstellen von Gesetzen, die vom gegenwärtigen auf den zukünftigen Zustand der Natur schließen lassen. Da solche Gesetze den Anspruch auf allgemeine Gültigkeit erhöben, müssten sie eindeutig formuliert werden: ein Gebot, das die Physik von Anfang an dazu gezwungen habe, aus der lauten und bunten Lebenswelt all diejenigen Elemente auszuscheiden, «die nur privat erlebbar, aber nicht mitteilbar sind».[11] Als Beispiele erwähnt er Farben, Gerüche sowie alles, was Geschmack und Empfindungen anspricht, die ganze Welt der Sinne also. In der von ihm skizzierten Gegenwelt der exakten Wissenschaften findet der Mensch nur dort einen Platz, wo er dazu bereit ist, von allem abzusehen, was sich nicht zählen und messen lässt. Das Ergebnis ist ein dünnes und sprödes Weltbild, das den Naturliebhaber fragen lässt, ob das denn alles sei, was diese Wissenschaft zu bieten habe: «Wo bleibt das Leben draußen vor der Tür, der Wind im Haar, die Anstrengung und die Erfrischung des Lebens mit den Elementen?»[12] Das interessiere ihn nicht, wird er vom Naturforscher zu hören bekommen, weil es diesseits des Horizonts liege, über den er doch gerade hinauswolle.

Er wäre mit seinem Angriff auf die Natur nicht so weit vorangekommen, wenn er sich nicht mit der zweiten Vormacht der Moderne verbündet hätte, der Wirtschaft. Beide wollen die Natur in ihren vielfältigen Erscheinungsformen berechenbar machen: die Wissenschaft, um sie zu erklären, die Wirtschaft, um sie auszubeuten und sich die Erde, wie es im Schöpfungsbericht heißt, untertan zu machen. Sie sieht in der Natur den Vorrat, der angezapft, das Lagerhaus, das aufgebrochen, den Speicher, der erschlossen werden muss; am Ende dann, wenn die Ressourcen erschöpft sind und von den Rohstoffen nichts mehr übrig ist, den Rummelplatz, der als Erlebnispark hergerichtet werden soll. «Erwerbe sich das menschliche Geschlecht die Herrschaft über die Natur, wozu es von Gott bestimmt ist; bewältige es nur erst die Masse; für die rechte Anwendung werden Vernunft und Religion schon sorgen», meinte der englische Lordkanzler Francis Bacon.[13] Das gilt, natürlich ohne religiösen Überbau, bis heute. Es gilt so ausnahmslos, dass es auch dort die Richtung vorgibt, wo Anweisungen zum Erhalt der unverstellten, noch nicht «in Wert gesetzten» Natur erlassen werden. Sie genießt Schutz «als Lebensgrundlage des Menschen und als Voraussetzung für seine Erholung», was heißt: Natur soll dienen. Und danach sieht sie mittlerweile aus. Eine Wachstumspolitik, die stolz ist auf immer neue Produktionsrekorde, hat die Unterschiede zwischen Natur-, Kultur- und Industrielandschaften eingeebnet und die Spuren jener abgelegenen und einsamen Natur, von der Madame de Staël bei ihren Reisen durch das romantische Deutschland so begeistert war, bis auf ein paar kümmerliche Reste beseitigt. Wo sie erschlossen wird, geht die Natur unter, versinkt in den Fluten der Stauseen, verschwindet unter dem Asphalt der Straßen, verbirgt sich hinter Mauern, Sichtblenden und Lärmschutzwänden.

In dieser Hinsicht waren sich die beiden bis 1989 konkurrierenden Systeme einig. Beide wollten die Natur in Dienst nehmen und haben das ja auch getan, im Osten allerdings brutaler und deshalb weniger erfolgreich als im Westen. Den Umbau des «Sterns Erde», eine der vielen Stilblüten aus dem revolutionären Zettelkasten von Ernst Bloch, besorgten die Planwirtschaftler dadurch, dass sie das Ackerland leerräumten, von Hecken und Gebüsch befreiten, um es verfügbar zu machen für die Bearbeitung durchs Kollektiv. So entstanden die öden und einförmigen Flächen, die das Gesicht der neuen Bundesländer bis heute überall dort bestimmen, wo die Landwirtschaftlichen Produktionsgenossenschaften das Sagen hatten. Mechanisierung stand für Fortschritt, Fortschritt war gut, und deshalb musste mechanisiert werden. Von Churchill auf die horrenden Opferzahlen angesprochen, die das Kollektivierungsprogramm in der Sowjetunion gefordert hatte, erklärte Stalin, die Maßnahmen seien grausam, aber notwendig gewesen, um die sowjetische Landwirtschaft auf die Höhe der Zeit zu bringen.[14] Das war ein Argument, das auch im Westen gut verstanden wurde; nur dass die Bauern dort, statt sie ins Kollektiv zu pressen, zu Agrartechnikern ausgebildet wurden, die konstruieren, herstellen und verkaufen. Die Bauern haben gelernt, ihr Saatgut von Cropdesignern zu beziehen, ihre Ernten bei anonymen Nahrungsmittelkonzernen abzuliefern und ihre Ställe als Fabrikhallen einzurichten, in denen die Tiere so lange gelagert werden, bis sie schlachtreif sind und zum nächsten Fleischproduzenten transportiert werden können.

Fortschritt sei die Verwirklichung von Utopien, hat Oscar

Wilde einmal gesagt. Das klingt nach hundert Jahren anders, als es seinerzeit gemeint war, nicht mehr ironisch, sondern drohend. Nur große Kinder werden heute noch so reden wie Ernst Haeckel, der glaubte, die Mängel seiner Zeit durch eine Beschleunigung des Fortschritts, eine Mobilmachung auf ganzer Front beseitigen zu können. Auf dem Wege einer intellektuellen Nachrüstung sollte das Zurückbleiben der geistigen Fähigkeiten hinter dem Stand von Wissenschaft und Technik wettgemacht und ein für alle Mal beendet werden. Voller Empörung rechnete er vor, dass im Vergleich zu den bewundernswerten Errungenschaften der Naturwissenschaften alles andere – Regierung, Justiz, Verwaltung, Erziehung und unsere ganze soziale und moralische Organisation – im Zustand der Barbarei verharre.[15] Dem abzuhelfen und den Fortschritt endlich ans Ziel zu bringen, war die Absicht des von ihm gegründeten Monistenbundes, einer Art Wissenschaftsreligion mit betont kirchenfeindlichen Zügen. Doch wie die Kirche, die er beerben wollte, hat sich auch Haeckels Gegenkirche an ihren Früchten messen lassen müssen. Wie sahen die aus?

2 Der Glaube an die Wissenschaft

Einer der vielen, die versucht haben, die Früchte der Wissenschaft zu sammeln, zu sichten und zu bewerten, war der aus Wien stammende, später in Cambridge lehrende Molekularbiologe Max Perutz. In einem Vortrag, der auch in Deutschland unter dem saloppen Titel «Ging's ohne Forschung besser?» Verbreitung fand, zog er aus seiner und seiner Fachkollegen Tätigkeit eine rundum glänzende Bilanz. Nachdem er gleich zu Beginn die Wissenschaft – gemeint war hier wie meistens «Science», Naturwissenschaft also – als das edelste Erzeugnis des menschlichen Geistes vorgestellt hatte, pries er den «niemals versiegenden Strom hilfreicher Entdeckungen», der das menschliche Leben fortwährend erleichtert und bereichert habe, um schließlich seinen heutigen, historisch singulären Stand zu erreichen. Im Unterschied zu den Kirchenmännern, die dem Volk Entsagung und Ergebenheit gepredigt hätten, und den Politikern, gegen die es schließlich auf die Barrikaden stieg, sei es den Wissenschaftlern stets nur darum gegangen, der gequälten Menschheit zu helfen. Nicht bloß messbare Fortschritte, wie die Aussicht auf ein längeres und gesünderes Leben, sondern auch immaterielle Gewinne wie die Abschaffung der Sklaverei, der Kampf gegen den Hexenwahn und das Verbot der Todesstrafe seien den Naturwissenschaftlern, den Fackelträgern der Aufklärung, zu verdanken. Ganz ähnlich wie Ernst Haeckel am Anfang beklagte Max Perutz gegen Ende des

29

vergangenen Jahrhunderts die rückständige Moral der Kirchen und die mangelhafte Bildung der Regierenden: Beide hätten es versäumt, sich mit den Methoden und den Erfolgen der Naturwissenschaften vertraut zu machen und von ihnen zu lernen.[1] Das sollten sie nachholen, denn die Naturforscher hätten die Zukunft in den Knochen.

Die Liste der Erfolge, die Perutz anzubieten hat, ist lang und eindrucksvoll. Als Biologe konzentriert er sich auf die gestiegenen Erträge aus der wissenschaftlich betriebenen Landwirtschaft, der wichtigsten Voraussetzung, um eine schnell wachsende Weltbevölkerung mit Nahrung und Energie zu versorgen. Tabellen und Diagramme berichten vom Kampf gegen Bakterien und Viren, Schädlinge und Ungeziefer aller Art und vom Beitrag, den die Medizin zur Verbesserung des menschlichen Daseins leistet. Missgriffe und Enttäuschungen werden nicht verschwiegen, können die erfreuliche Bilanz aber nicht trüben, weil sie durch die Fähigkeit, aus Fehlern zu lernen und Rückschläge wiedergutzumachen, mehr als nur aufgewogen werden. Der «humanisierende Einfluss der Naturwissenschaft», resümiert Perutz, sei offensichtlich, und er zitiert den indischen Staatsmann Nehru mit der rhetorischen Frage, wer es sich heute denn noch leisten könne, auf Naturwissenschaftler zu verzichten: «Die Zukunft gehört ihnen und denen, die sich mit ihnen anfreunden können.»

Mit seinem Loblied auf den wohltätigen Einfluss der Wissenschaft folgt Perutz seinem Ahnherrn, dem englischen Lordkanzler Bacon. Anders als der fühlt Perutz sich jedoch gedrängt, eine Frage zu beantworten, die auch nur zu stellen Bacon und seinen Zeitgenossen nicht in den Sinn gekommen wäre. Keine von Bacons Schriften lässt etwas von den Vorbehalten, den lauten Einwänden und den stillen Zweifeln spüren, gegen die Perutz sich zur Wehr setzt; im Gegensatz zu Bacon ist Perutz'

30

Haltung defensiv. Er verzichtet auf die kühnen Entwürfe, die großartigen Versprechen und die erhabenen Visionen, mit denen die Vorkämpfer der Wissenschaft ihrem Publikum Hoffnung auf eine Zukunft ohne Arbeit, Kummer und Langeweile gemacht hatten. Die historisch einflussreichste dieser Proklamationen aus dem Geist eines praktisch gewordenen Fortschritts dürfte das Kommunistische Manifest gewesen sein. Im Revolutionsjahr 1848 erschienen, stützte es seine Vorhersage vom Anbruch einer neuen Zeit auf die gewaltigen Produktivkräfte, die im Schoße der gesellschaftlich organisierten Arbeit schlummerten und nur darauf warteten, mit Hilfe von Wissenschaft und Technik entbunden zu werden. «Maschinerie, Anwendung der Chemie auf Industrie und Ackerbau, Dampfschifffahrt, Eisenbahnen, elektrische Telegraphen, Urbarmachung ganzer Weltteile, Schiffbarmachung der Flüsse, ganze aus dem Boden hervorgestampfte Bevölkerungen» hießen die Stichwörter, die das gewaltige Programm umrissen. Das waren Ankündigungen, hinter denen keine politische Kraft zurückbleiben dufte, die darauf aus war, die Massen für sich zu gewinnen. Das Lied vom grenzenlosen Fortschritt durch Wissenschaft und Technik wurde von allen Parteien gesungen, von den gemäßigten kaum weniger überzeugt als von den radikalen; auch die «revisionistische» SPD liebte es, ihren Wählern das Blaue vom Himmel zu versprechen. Im eigenen Wagen würden sie um die Welt fahren oder, besser noch, «mit dem Luftgespann im Wettflug mit Wolken, Winden und Stürmen über die Erde dahinsausen», hieß es in einem Aufruf der Partei. Das wahre Evangelium des Menschenglücks auf Erden sei eben nicht in den Lehrsätzen der Kirche verborgen, sondern in den Entdeckungen der Wissenschaft und den Erfindungen der Technik. «Und fragt ihr, wer euch solches bringen wird? Nun, einzig und allein der sozialdemokratische Zukunftsstaat.»[2]

31

Was die Politik verkündete, war von der Wissenschaft entworfen worden. Einer ihrer Lautsprecher war der Physiologe Emil Du Bois-Reymond: ein Prophet, der etwas galt in seinem Lande. Er zog als Wanderprediger von Stadt zu Stadt, um unter Bacons Devise «Wissen ist Macht» die Naturwissenschaften zu Erben der Kirchen auszurufen. Unter seinem begeisterten Blick verwandelte sich die Vergangenheit in eine profane Heilsgeschichte, in der dem Naturforscher die Rolle des Erlösers zukam: «Schon ward aus dem werkzeugmachenden Tier, als welches wir ihn anfangs trafen, der Mensch zum vernünftigen Tiere, welches mit dem Dampfe reist, mit dem Blitze schreibt und mit dem Sonnenstrahle malt.» Neben den Wunderwerken der Gegenwart nahmen sich die sieben Weltwunder, auf die das Altertum so stolz gewesen war, wie die Erfindungen von Stümpern aus. Längst sei «dem heutigen Geschlechte» der Umfang des Planeten zu eng geworden, «kaum dass dessen Höhen und Tiefen ihm noch ein Geheimnis bergen. Wohin körperlich zu gelangen dem Menschen versagt bleibt, dahin dringt mittels des Zauberschlüssels der Rechnung sein Geist. In schwärzester Nacht, im wildesten Meere steuert sein Schiff den kürzesten Kurs; klug entweicht es aus dem verderblichen Ringe des Taifuns. Was die Wünschelrute vorspiegelte, hält die Geologie; freigebig erbohrt sie Wasser, Salz, Kohle, Steinöl. Noch mehrt sich die Zahl der Metalle, und noch fand die Chemie den Stein des Weisen nicht; morgen vielleicht besitzt sie ihn schon.» Und so geht es, im Tonfall nüchterner Verzückung, endlos weiter.[3] Am Schluss von Du Bois' froher Botschaft steht die Vision eines Daseins ohne Irrtum und ohne Schmerz, ohne Sünde und ohne deren Preis, die Arbeit. Den Weg dorthin weise die Naturwissenschaft, das «absolute Organ der Cultur», an das man glauben und dem man opfern müsse, um irgendwann ins Paradies zurückzukehren.

Adolf von Harnack, der erste Präsident der 1911 gegründeten Kaiser-Wilhelm-Gesellschaft zur Förderung der Wissenschaften, sprach leiser, dachte aber ähnlich. Auch er war das Kind einer Zeit, die an die Technik glaubte, und erwartete von der angewandten Naturforschung nicht nur den entscheidenden Beitrag zur wirtschaftlichen und militärischen Machtentfaltung des Reichs, sondern auch eine Belebung und Bereicherung der Kultur. Diese sei ohne Wissenschaft nicht möglich, meinte er, «erstens, weil zur Kultur gehört die Beherrschung der Natur, und zweitens, weil zur Kultur gehört Beherrschung des Menschen».[4] Die Zeit war den Naturwissenschaften günstig. Das humanistische Gymnasium hatte sein altes Monopol verloren und musste den Anspruch auf höhere Menschenbildung mit den Realgymnasien teilen; nach langem Kampf hatten die technischen Hochschulen das Promotionsrecht erhalten und mit den alteingesessenen Universitäten gleichgezogen; kurz nach der Jahrhundertwende war in München ein neues, das «Deutsche» Museum mit dem Auftrag gegründet worden, «Meisterwerke der Naturwissenschaft und der Technik» zu sammeln und auszustellen; schließlich hatte der Kaiser selbst das Patronat über die nach ihm benannte Wissenschaftsgesellschaft übernommen, deren beträchtliche Mittel ganz überwiegend den jungen, aufstrebenden Fächern zuflossen, vornehmlich der Physik und der Chemie. Der Wert naturwissenschaftlicher Bildung und Forschung war unbestritten, und man beeilte sich, davon zu profitieren.

Bis heute lebt die riesige, immer noch wachsende Literatur, die den Menschen ein Leben frei von Sorge, von Armut, Hunger, Angst und Not in Aussicht stellt, vom Glauben an den Siegeszug der Technik. Ziemlich unabhängig von ihren politischen, kulturellen oder sonstigen Vorlieben träumen die Autoren von einer Überflussgesellschaft, in der sich auch die abenteuerlichsten Wünsche erfüllen lassen, weil genug (und mehr als nur genug) da sei für alle. Vor diesem Hintergrund verlieren die Animositäten zwischen rechts und links, zwischen Männern wie Arnold Gehlen und Helmut Schelsky auf der einen sowie Ernst Bloch und Herbert Marcuse auf der anderen Seite des politischen Spektrums, viel von ihrer Plausibilität und Schärfe. Was sie verband, war die Hoffnung auf eine technisch vollzogene Erlösung im Diesseits; sie war nur vage, aber doch stark genug, um selbst Adorno, der sich in seinem Fatalismus von niemandem übertreffen lassen wollte, in Bann zu schlagen. Auch er berief sich auf die Annehmlichkeiten der Technik, wenn er seinen Studenten vom gelungenen Leben in einer endlich versöhnten Gesellschaft erzählte. Nicht die Technik, sagte er dann, sei das Verhängnis, sondern ihre Verflochtenheit mit den gesellschaftlichen Verhältnissen.[5] Nachdem sich die üblen Folgen des technischen Fortschritts nicht länger übersehen ließen, fiel es ihm schwer, am alten Glauben festzuhalten; um von ihm möglichst viel zu retten, sollte er sozialwissenschaftlich geläutert, aufgeklärt und angeleitet werden. Die Sozialforschung musste mit den Naturwissenschaften methodisch gleichziehen, wie sie das Messen und das Zählen lernen. Als dezimalstellengenau berechnete Größe würde sich die Wahrheit über die Gesellschaft dann mit derselben Verbindlichkeit verkünden lassen wie die Wahrheit über die Natur.

Damals, als die Nachkriegszeit zu Ende ging, waren solche Hoffnungen in ganz Europa weit verbreitet; in Deutschland trugen sie 1969 die erste sozial-liberale Bundesregierung unter Willy Brandt ins Amt. Werbeträger der neuen, aufs Große und Ganze zielenden Politik waren Begriffe wie Planung und Entwicklung, Voraussage und Zukunft; um die damit verbundenen, ziemlich hochgeschraubten Erwartungen zu erfüllen, entstand im Kanzleramt eine eigene Planungsabteilung, an deren Spitze keine Parteisoldaten, sondern sozialwissenschaftlich ausgewiesene Professoren standen. Sie hatten die Aufgabe, den Fortschritt in seine guten und bösen Teile, in erwünschte Folgen und unerwünschte Nebenfolgen zu zerlegen und die einen gegen die anderen stark zu machen. Symbol des neuen Aufbruchs wurde der blaue Himmel über der Ruhr, ein Vorhaben, das angesichts der grauen Wirklichkeit, wie sie im Revier anzutreffen war, an Attraktivität und Überzeugungskraft gewann. «Wir fühlten uns stark und waren voller Optimismus», erinnerte sich Horst Ehmke, einer der Chefplaner unter Willy Brandt, im Rückblick auf diesen einstweilen letzten Versuch, den sozialdemokratischen Zukunftsstaat, den August Bebel seinen Anhängern versprochen hatte, doch noch zustande zu bringen.

Die Zuversicht, den Fortschritt steuern zu können, ging auf Erfahrungen zurück, die im Ersten Weltkrieg mit der Ammoniaksynthese gemacht worden waren. Dies von dem Chemiker Fritz Haber entwickelte und dem Industriellen Carl Bosch, dem Chef der Badischen Anilin- und Soda-Fabrik, ins Großtechnische übersetzte Verfahren hatte einen kriegswichtigen Beitrag geleistet, als es das Reich von dem für die Munitionsherstellung notwendigen, infolge der alliierten Seeblockade aber nicht länger verfügbaren Chile-Salpeter unabhängig machte. Neben dieser militärischen standen allerdings schon damals, und zwar auf gleicher Stufe, die lebensdienlichen Aspekte der neuen Technik; synthetisierter Stickstoff ließ sich ja auch zur Produktion von Kunstdünger verwenden, und so ergab sich ein Argumentationsschema, das beispielhaft wurde für den Umgang mit den Ambivalenzen des Fortschritts, dem später sogenannten Dual Use. Damals schien das Dilemma noch lösbar zu sein, denn wenn es auch ein und derselbe Baum war, auf dem neben den süßen auch die bitteren Früchte wuchsen, ließen sich die Wege, auf denen die Früchte verarbeitet wurden, doch praktisch voneinander trennen, was dann auch in der Theorie die Unterscheidung möglich machte und eine Argumentation nach dem Muster erlaubte: Das eine wollen wir, das andere nicht, in Kürze: Kunstdünger ja, Sprengstoff nein. Das Gegenbeispiel lieferten die FCKW, die berüchtigten Fluorchlorkohlenwasserstoffe, gut fünfzig Jahre später. Neutral und träge, geruch- und farblos, wie sie waren, galten sie lange Zeit als eine ideale Substanz, die als Treibgas und Kältemittel tausendfach Verwendung fand – so lange, bis der Verdacht aufkam, sie könnten die Ozonschicht zerstören, die als Schutzmantel gegen die ultraviolette Strahlung der Sonne auf die Erde wirkt. Da es hier schon die Eigenschaften des Produkts, nicht erst die Zwecke waren, die den Einsatz der FCKW gefährlich machten, schied die Strategie, die guten von den bösen Folgen zu trennen, aus. Es gab nur beides oder nichts; und die Industrie, die um ihr Geschäft bangte, votierte selbstverständlich für beides. Sie setzte alle Hebel in Bewegung, um mit der FCKW-Produktion fortfahren zu können, und es bedurfte langer und harter Auseinandersetzungen, um sie zur Kapitulation zu zwingen. Einmal aufs Gleis gesetzt, entfalten technische Neuerungen ein Eigenleben, das es schwermacht, sie zu steuern, zu bremsen oder zu stoppen; die Geister zu rufen, ist eben leichter, als sie wieder loszuwerden. Erfahrungen dieser Art haben auch Laien Mut gemacht, Max Perutz' suggestive Frage, ob's ohne Forschung besser ginge, mit der Gegenfrage «Warum denn nicht?» zu beantworten. Wären wir ohne die ephemeren Zukunftstechnologien wie den schnellen Brüter oder das atomar betriebene Handelsschiff «Otto Hahn», für die Milliarden ausgegeben worden sind, tatsächlich schlechter dran?

Man muss die guten Seiten der Entwicklung ja nicht leugnen, um ihre Schattenseiten in den Blick zu nehmen. Versucht man das, wird man feststellen, dass sich die beiden überlappen, manchmal so weit, dass sie sich kaum noch voneinander trennen lassen. Derselbe Fortschritt, der das Getreide gegen Schädlinge resistent macht, lässt Schädlinge resistent werden gegen den Angriff der Chemie; dieselben Mittel, die den Fleischertrag der Tiere steigern, gefährden den Menschen, der dies Fleisch verzehrt; dieselbe Medizin, die es erlaubt, das menschliche Leben zu erhalten, treibt die Weltbevölkerung immer schneller dem Kollaps entgegen; und so fort. Statt sich mit den Herausforderungen und Kapriolen der Natur zu arrangieren, ziehen es die Menschen vor, an den Folgen von Maßnahmen zugrunde zu gehen, mit denen sie der Natur auf die Sprünge helfen wollen. Nutzen und Nachteil sind im modernen, anwendungsorientierten Wissenschaftsbetrieb so eng miteinander verflochten, dass der Raum eng wird und man sich irgendwann entscheiden muss zwischen ganz und gar nicht: ein ziemlich unerfreuliches Dilemma, das die Zeitgenossen umso peinlicher empfinden, als sie abhängig geworden sind von den Entdeckungen einer Wissenschaft und den Erzeugnissen einer Technik, die ihnen Schutz versprochen hatten gegen die Launen der Natur. Die heutige Gesellschaft, resümiert der Genetiker Jacques Monod, sei von der Wissenschaft durchwachsen und durchwoben, «sie lebt von ihren Produkten und ist davon so abhängig geworden wie der Süchtige von den Drogen».[6]

Abhängigkeit heißt hier zunächst einmal: abhängig zu sein von dem, was die Wissenschaft zu Alltagsfragen meint, wie sie bei der Arbeit und in der Freizeit, in Dingen der Bildung, der Erziehung, der Wirtschaft und der Politik auftauchen. Sich auf das eigene Urteil zu berufen und ihm zu folgen, gilt immer häufiger als dilettantisch und naiv. «Dem nicht-wissenschaftlichen oder vor-wissenschaftlichen, angeblich gesunden Urteilsvermögen, dem praktischen Verstand oder den Einsichten, die durch persönliche Erfahrung gewonnen worden sind – was haben wir denn dem schon zu verdanken?», hieß die missgünstige Frage, die der amerikanische Verhaltensforscher Burrhus Frederic Skinner allen denen an den Kopf warf, die glaubten, auf die Stimme der Wissenschaft verzichten zu können. Heute gebe es doch nur noch eine Wahl, und die laute: Wissenschaft oder gar nichts.[7]

Abhängig zu sein, meint aber noch viel mehr, weil die Wissenschaft über den Alltag hinausgreift und die Gedankenwelt beherrscht; sie ist zur intellektuellen Glaubensmacht geworden. Völlig zu Recht hat Robert Oppenheimer, der Vater der amerikanischen Atombombe, hervorgehoben, dass ohne Rückgriffe auf das, was die Naturwissenschaften über Gott und die Welt herausgefunden haben, über Recht und Moral, Lohn und Strafe, Verantwortung und Schuld nicht mehr gesprochen werden könne.[8] Carl Friedrich von Weizsäcker, der in Deutschland eine ähnliche Rolle spielen wollte wie Oppenheimer in Amerika, hat es genauso gesehen, als er die Naturwissenschaft und ihr Ziehkind, die Technik, den harten Kern der Neuzeit nannte, den man begriffen haben müsse, um die moderne Welt zu verstehen. Getragen vom Glauben an den Wert des Kennens und Könnens, hätten Technik und Wissenschaft das Bewusstsein der Menschen ebenso tief verändert wie die Lehrsätze der Hochreligionen in der Vergangenheit. In diesem Sinne ließe sich behaupten, dass die Wissenschaft die einzig universale Religion unserer Zeit sei oder, «soweit sie es noch nicht ist», in diese Rolle hineinwachsen werde.[9]

Weizsäcker spricht von Glauben, nicht von Wissen. Er glaubt, dass viel zu wissen gut und mehr zu wissen besser sei, und will für diesen Glauben Anhänger gewinnen. Sein Vorbild ist die Kirche, auf die er sich ja auch beruft, wenn er sich selbst als Mitglied einer Priesterschaft beschreibt, die in den Laboratorien, den Kathedralen der Moderne, einer höheren Wahrheit nachspürt, die dann im Ritual des Festvortrags dem Volk verkündet wird. Die Metaphorik ist bewusst gewählt; in ihr verrät sich der profane Glaube, mit der Wissenschaft ein Modell der Welterklärung in der Hand zu haben, das jede andere Form der Welterklärung ausschließt. Der große Virchow stand in dieser Tradition, als er sich zur Naturwissenschaft als seiner «Religion» bekannte, sein Schüler Haeckel ebenfalls, als er seine «monistische Sittenlehre» das Glaubensbekenntnis der reinen Vernunft nannte; selbst ein so nüchterner Mann wie Max von Laue konnte sich nicht enthalten, die Physik zur zeitgemäßen Nachfolgerin des überholten Christentums auszurufen. August Kekulé, der auf die Frage nach seiner Konfession «Chemiker» antwortete, meinte es genauso ernst wie jener unbekannte Poet, der Darwins Hauptwerk über die Entstehung der Arten mit folgenden Versen besang:

Christus dort und Darwin hier
leuchten als des Geistes Zier.
Christus lehrt als Glaubensheld,
dass verwandt die ganze Welt.
Darwin hier hat's auch erkannt
dass die Körperwelt verwandt.[10]

Erbauliche Vergleiche dieser Art sind heute, zwei Weltkriege und etliche Katastrophen später, nicht mehr üblich. In aller Naivität und unfreiwilligen Komik erinnern sie aber daran, wie früh die Wissenschaft damit begann, der Kirche Konkurrenz zu machen, und wie erfolgreich sie ihren Anspruch, die alten Glaubensmächte zu beerben, durchgesetzt hat.

Der Anspruch lebt von der Verheißung, Irrationales durch Rationales, Glaubenswahrheiten durch Verstandeswahrheiten zu ersetzen; und das gelang zunächst ja auch ganz gut. Als Max

39

Weber die Frage behandelte, was Rationalisierung durch Wissenschaft und wissenschaftlich orientierte Technik eigentlich bedeute, war er noch voller Zuversicht, den Dingen, wenn er nur wollte, auf den Grund zu kommen. Sein Beispiel war die Straßenbahn: Der Laie habe keine Ahnung, «wie sie das macht, sich in Bewegung zu setzen. Er braucht auch nichts davon zu verstehen. Es genügt ihm, dass er auf das Verhalten der Straßenbahn rechnen kann, er orientiert sein Verhalten daran; aber wie man eine Trambahn so herstellt, dass sie sich bewegt, davon weiß er nichts.» Als Laie brauche er das ja auch nicht zu wissen; ihm reiche es, zu wissen, dass er, «wenn er nur wollte, es jederzeit erfahren könnte, dass es also prinzipiell keine geheimnisvollen, unberechenbaren Mächte gebe, die da hineinspielen, dass man vielmehr die Dinge im Prinzip durch Berechnen beherrschen» – und das hieß eben auch: verstehen – könne; man müsse nur wollen.[11] Kein Mensch könnte heute noch so reden, ohne auf Kopfschütteln und Widerspruch zu stoßen. Jeder, der sich auch nur flüchtig auf den modernen, durch und durch esoterischen Wissenschaftsbetrieb eingelassen hat, weiß doch, dass da ein Denken herrscht und eine Sprache gesprochen wird, die allgemein nicht mehr verstanden werden kann. Ein Chemiker, hat der Nobelpreisträger Georg Wittig einmal gesagt, kann sich seiner Umwelt nicht verständlich machen. Ein Physiker, ein Kosmologe, ein Biowissenschaftler auch nicht.

Verständlich machen können sie sich vor allem da nicht mehr, wo sie auf Gebiete vorstoßen, in denen die alten Glaubensmächte, die Religion und die Philosophie, zu Hause waren. Die Naturwissenschaften verzichten auf die Frage nach dem Sinn, sie haben ihn als eine überflüssige Kategorie aus ihrem Weltbild aussortiert. Dass die Natur blind, stumm, leer, absurd und sinnlos sei, ist eine der letzten Überzeugungen, in der sich Naturwissenschaftler der unterschiedlichsten Richtungen einig sind; die Beiträge von Chemikern wie Jacques Monod, Physikern wie Richard Feynman oder Biologen wie Stuart Kauffman sind voll davon. Die Welt, lehrt Richard Dawkins, zeige genau diejenigen Eigenschaften, mit denen zu rechnen sei, wenn hinter ihr kein Plan, keine Absicht, kein Gut und kein Böse stehe, «sondern nichts als blinde, erbarmungslose Gleichgültigkeit».[12] Die Evolution, das letzte naturwissenschaftliche Paradigma mit Anspruch auf universelle Geltung, kennt eine Richtung, allerdings kein Ziel. Mehr als Banalitäten sind bei dem immer wieder aufflackernden Versuch, dem evolutionären Geschehen nachträglich einen Sinn zu unterschieben, denn auch nicht herausgekommen. Sinnvoll sei alles, «was mit der Entwicklung ist», liest man dann – natürlich nur, wenn man ihr vorher diesen Sinn angedichtet hat. Die wissenschaftlich aufgeklärte Natur rät und verrät nichts mehr, sie bietet nur noch Fakten, die jeder deuten kann, so wie er will. Darwin hat seinen Naturbegriff ausdrücklich auf das beschränkt, was er die Tätigkeit und die Wirksamkeit von Naturgesetzen nannte – Sinn war da nicht mehr zu erwarten, Maßstäbe oder Regeln für die Lebensführung auch nicht. Von diesem Angebot enttäuscht, klagte schon Edmund Husserl, dass uns diese Art von Wissenschaft «in unserer Lebensnot» nichts mehr zu sagen hat.[13]

Am Beginn des naturwissenschaftlichen Zeitalters stand der Glaube, dass das Buch der Natur in der Sprache der Mathematik geschrieben sei. Dieser Glaube hat weit getragen, aber auch immer wieder danach fragen lassen, wie es denn möglich sei, dass die Mathematik, die doch ein von aller Erfahrung unabhängiges Produkt des menschlichen Denkens ist, auf die Gegenstände der Wirklichkeit so gut passt. «Kann denn die menschliche Vernunft ohne Erfahrung, durch bloßes Denken Eigenschaften der wirklichen Dinge ergründen», fragte, zum Beispiel, Albert Einstein. Und antwortete, dass die Sätze der Mathematik, soweit sie

41

sich auf die Wirklichkeit bezögen, nicht sicher seien und sich, soweit sie sicher seien, nicht auf die Wirklichkeit bezögen.[14] So vorsichtig sind seine Nachfolger nicht mehr. Sie haben sich auf die Seite der abstrakten Vernunft geschlagen, erzählen von Beobachtungen, die sie nie gemacht haben, Experimenten, die unmöglich sind, und Erscheinungen, die kein Mensch sehen kann, und rechnen für alles Weitere auf die Glaubensbereitschaft eines Publikums, das sich dem Wahrheitsanspruch der Wissenschaften umso lieber unterwirft, als es den Glauben an die kirchlichen Wahrheiten verloren hat.

In Dostojewskis Erzählung vom Großinquisitor begründet der Kardinal die überragende Machtstellung der katholischen Kirche mit ihrem Vertrauen «in drei, mehr nicht» Gewalten: ins Wunder, ins Geheimnis und in die Autorität. Die drei sind auch der Wissenschaft bekannt, und sie bedient sich ihrer gern. Auch sie verheißt Wunder wie die Versorgung mit Energie, die so billig ist, dass man sie nicht mehr zu bezahlen braucht. Auch sie wahrt eifersüchtig ihre Geheimnisse, indem sie eine Arkansprache benutzt, die nur für Eingeweihte verständlich ist. Auch sie beansprucht das Recht, in allen strittigen Fragen als höchste Instanz das letzte Wort zu behalten.[15] Sie ist zu einer Glaubensmacht geworden, die ihren Anspruch selbstbewusst und bei Bedarf auch ziemlich rabiat vertritt: «Das müssen Sie mir jetzt glauben!» ist ein Satz, den man in wissenschaftlichen Debatten erstaunlich oft zu hören bekommt. Gewiss, so ist es: Wo man nichts mehr versteht, da muss man alles glauben. Die Berufung auf Wissenschaft, ihre Methodik und ihre Resultate, ist längst zu einer Strategie geworden, die das Gespräch beendet. Mit Rationalität, dem Zauberwort der Aufklärung, hat das nichts mehr zu tun; Aufklärung war anders gemeint, sie wollte Glauben durch Wissen ersetzen. So war sie gemeint, so ist es aber nicht gekommen.

3 EXPERIMENTE UND IHRE OPFER

Die Aufklärer wollten zweierlei: frei von tradierten Vorurteilen und Befangenheiten der Wahrheit auf die Spur kommen und diese Wahrheit überall zum Wohl der Menschheit wirksam werden lassen. Für Bacon, «unseren ersten und größten Wortführer», wie ihn der englische Biologe Peter Medawar genannt hat, gehörte beides zusammen; er wird nicht müde, neben den lichtbringenden die fruchtbringenden Folgen der Wissenschaft auszumalen und die Theorie, in der er sich auskannte, so eng wie möglich mit der Praxis, in der er allerdings kein Meister war, zu verbinden. Der Wert einer Sache, schreibt er in seinen Aphorismen über den Umgang des Menschen mit der Natur, verrate sich in den Früchten, die sie trägt: «Früchte und Erfindungen sind die echten Bürgen und Gewährsleute für die Wahrheit einer Philosophie».[1] Wissen und Können sollten so eng wie möglich zusammenrücken und taten das auch, wenngleich es noch geraume Zeit dauerte, bis es den Amerikanern gelang, die beiden Pole durch die von ihnen sogenannte Cando-Philosophie kurzzuschließen.

Mit dieser Vorstellung sind die englischen Empiristen und die französischen Aufklärer über ihre Vorläufer weit hinausgegangen. Technisches Wissen besaß ja auch das Altertum, Wunderwerke der abstrakten Logik hatte auch die Scholastik errichtet, mit den Gesetzen der Mechanik waren auch die Handwerker und Baumeister des Mittelalters vertraut. Auf den

Gedanken, ihr Wissen in der Absicht zu erweitern, Macht über die Natur zu gewinnen, war man aber nie gekommen; dafür war die Technik zu banal, die Schöpfung Gottes zu heilig und das Leben zu kurz. Das wurde mit der Neuzeit anders. Erfindungen wie Fernrohr und Mikroskop regten die Phantasie der Menschen an und brachten sie auf den Gedanken, dass es so etwas wie Fortschritt zu einem schöneren, leichteren und glücklicheren Leben wirklich geben könnte. Der Stolz auf diese neu gewonnene Zuversicht spricht aus den Worten, die Bert Brecht, historisch sicherlich zu Recht, seinem Galilei in den Mund legt: Er halte dafür, dass die Wissenschaft dazu verpflichtet sei, die Mühsal der menschlichen Existenz zu erleichtern.

Das war ein revolutionärer Akt, denn er beendete das kontemplative Verhältnis, das die Menschen im christlich genannten Mittelalter zur Natur unterhalten hatten. Als Christ war man zufrieden gewesen, «sich die Natur als Vertraute so anzueignen, dass wir unsere Zugehörigkeit zu ihr realisieren können, ohne zugleich unser Selbstverständnis als handelnde Wesen aufzugeben».[2] Naturgeschichte war Heilsgeschichte; die Geschöpfe galten als Werke Gottes, genauso mangelhaft und fehlbar wie der Mensch und ganz wie er auf Rettung angewiesen; dass er sich selbst erlösen, aus eigenem Vermögen ins Paradies zurückkehren könnte, kam in diesem Weltbild nicht vor. Der Kern dessen, was über die Natur zu sagen war, stand im Römerbrief, wo Paulus das Seufzen und das Stöhnen der unerlösten Kreatur erwähnt; sie von ihren Leiden zu befreien, war Aufgabe des Heilands, nicht des Menschen. Unbestrittene Autorität war auch in diesen Dingen der Kirchenvater Augustinus, der die Christen davor gewarnt hatte, die Natur nach Art der griechischen Philosophen zu durchstöbern. Was die Griechen auf diesem Wege «mehr durch Vermutung als durch Wissen» über die Zahl der Elemente, den Lauf der Gestirne und die Gestalt des Himmels, über Tiere und Pflanzen, Länder und Meere, Raum und Zeit und tausend Dinge mehr herausgefunden hätten, sei für den Christen ohne Wert.[3] Nicht aus Unwissenheit dächten die Gläubigen von diesen Dingen gering, sondern weil sie erfahren hätten, dass es etwas Besseres gäbe als diese Art von Wissenschaft. Solche und ähnliche Ansichten haben die Entwicklung der Naturwissenschaften erschwert und über Ansätze nicht hinauswachsen lassen.

Auch Bacon, der große Organisator, betrachtete die Natur als fehlerhaft und unzureichend, zog daraus aber ganz andere Schlüsse als das fromme Mittelalter. Wenn der Mensch als Strafe für den Sündenfall nicht nur seine Unschuld, sondern auch die Herrschaft über die Natur, die er im Paradies ja noch besaß, verloren hatte, dann musste er versuchen, sowohl Unschuld als auch Herrschaft zurückzugewinnen. Beides sei möglich, meinte Bacon, das eine durch das Gnadenangebot der Kirche, das andere durch die Entdeckungen der Wissenschaft und die Erfindungen der Technik. Dazu sei allerdings ein neuer Anfang nötig; die Beziehung zur Natur müsse von Grund auf verändert, gewissermaßen auf den Kopf gestellt und «wie durch Maschinen» bearbeitet werden. Induktion statt Spekulation hieß die Parole, mit der er seine eigenen Vorstellungen gegen das Geschwätz der von ihm tief verachteten Scholastiker abhob. Um aus den Vorhallen der Natur in ihr Heiligtum vorzustoßen, müsse man sie überlisten, sie durch scharfe Beobachtung und geschickt arrangierte Versuche dazu zwingen, ihre Geheimnisse preiszugeben: «Man muss wissen, wie die Natur es macht.»[4]

Wohin es führt, wenn man das weiß, schildert Bacon in dem fiktiven Reisebericht aus einem Land, dem er in Anlehnung an Platons bekannten Mythos den Namen Neu-Atlantis gibt: einer Wissensgesellschaft, wie man ein Gemeinwesen, das sich dem Wachstum von Forschung und Technik hingibt, heute wohl nennen würde. Zweck der Gemeinschaft ist es, den verborgenen Kräften der Natur nachzuspüren und die Herrschaft des Menschen über sie «bis an die Grenzen des überhaupt Möglichen» zu erweitern. Was sich Bacon damals, im frühen siebzehnten Jahrhundert, an Einzelheiten ausmalte, klingt ausgesprochen modern, wenn auch nicht unbedingt sympathisch. Die Rede ist von Flugzeugen und Unterseebooten, von Robotern und Mikrophonen, von künstlichen Aromen und genveränderten Lebewesen. Manche Tiere, erklärt der weise Herr von Neu-Atlantis seinem neugierigen Gast, «machen wir künstlich größer und länger, als sie von Natur aus sind, anderen dagegen nehmen wir ihre natürliche Gestalt, um sie winzig klein zu machen. Außerdem machen wir die einen fruchtbarer als bisher, andere sterilisieren wird. Auch im Aussehen und im Charakter verändern wir sie auf vielerlei Art und Weise; zum Beispiel kreuzen wir Tiere verschiedener Rassen, ohne dass die neuentstandene Gattung, anders als die Natur es vorsieht, unfruchtbar wäre».[5] Zu wissen, «wie die Natur es macht», ist eben nur der erste Schritt, dem dann der nächste in der Absicht folgt, es anders, besser, menschendienlicher zu machen als sie.

Bacons Aufklärung brach mit der griechischen Form von Aufklärung, die bis dahin das Denken und Handeln der Naturforscher bestimmt hatte. In dem berühmten ersten Satz der «Metaphysik», mit dem Aristoteles feststellt, dass alle Menschen «von Natur aus» nach Wissen verlangen, bedeutet «wissen» nicht mehr als schlicht «gesehen haben»: Für die Griechen fiel das eine mit dem anderen zusammen. Die Natur teilte von sich aus mit, was es zu wissen gab, und machte den Versuch, ihr dieses Wissen im Wege des Experiments zu entreißen, überflüssig. Das wurde mit Bacon anders. Sein Programm der fortschreitenden Naturbeherrschung war auf den Eingriff angewiesen, und so wurde das Experiment, das die Natur arrangiert, um ihr auf die Schliche zu kommen, sie zu entschleiern und auszunutzen, zum entscheidenden Schritt auf dem Weg vom Wissen zum Können. Schon der Versuch beweist den Wunsch, zu können und zu machen; was er zutage fördert, ist ja nicht die Natur selbst, sondern eine zweckmäßig hergerichtete, veränderte und verwandelte Natur. Das Experiment ist nicht harmlos, denn es erzeugt den Zustand, den es offenbart.[6] Tatsächlich ist das Experiment aus der modernen Wissenschaft nicht wegzudenken, es ist zum Synonym für Forschung überhaupt geworden und rechtfertigt sich selbst: Der wahre Wissenschaftler experimentiert eben, woran, womit und wozu auch immer. Als eigentliche Form der Wissenschaft haben die Naturwissenschaften Maßstäbe gesetzt, denen genügen muss, wer wissenschaftlich ernst genommen werden will. Experimentiert wird mittlerweile überall, auch in den Sozial- und Geisteswissenschaften, besonders gern in den empirisch genannten Disziplinen, der Psychologie und der Pädagogik. Und auch da gilt, was über das naturwissenschaftliche Experiment gesagt worden ist, denn auch diese Fächer bringen die Wirklichkeit, von der sie dann berichten, durch ihren Eingriff erst hervor. Jede Umfrage experimentiert in diesem Sinne, da sie das Meinungsklima, das sie angeblich doch erst ermitteln will, schon durch die Nachfrage gestaltet. Das, immerhin, lässt sich aus einem der bekanntesten Sozialexperimente, der berühmten Milgram-Studie aus der Mitte des vergangenen Jahrhunderts, lernen. Getestet werden sollte die Bereitschaft von Menschen, Befehlen auch dann zu gehorchen, wenn sie erkennbar schlimme Folgen haben. Der Versuch ergab, was er ergeben sollte: dass Menschen manipulierbar sind – vor allem dann, wenn sie auf Wissenschaftler hören. Die Versuchspersonen folgten den Anweisungen auch dort, wo sie annehmen konnten oder mussten, dass sie anderen Menschen nicht nur Schmerzen, sondern auch schwere, am Ende sogar tödliche Verletzungen zufügten. Die Vermutung, dass sie das Spiel durchschaut hatten und nur deshalb mitmachten, weil sie sich auf das Experiment nun einmal eingelassen hatten, lag auf der Hand, ist aber ernsthaft nie erwogen worden. Sie hätte das Vertrauen in die Wissenschaft, zumindest in diese Art von Wissenschaft, ja erschüttern und alle Welt daran erinnern können, dass der Versuch nur so viel hergibt, wie die Versuchsanordnung erlaubt oder erzwingt. Auch das Sozialexperiment kommt nicht umhin, den Gegenstand, den es erforscht, zu manipulieren.

Ihre üppigsten Blüten hat diese Experimentalgesinnung dort getrieben, wo die Gestaltung von Mensch und Umwelt zum Parteiprogramm erhoben worden ist, in den Ländern des real existierenden Sozialismus also. In seinem Revolutionsroman «Sonnenfinsternis» hat Arthur Koestler ausgemalt, wohin die Bereitschaft, den Menschen selbst auf dem Wege von Versuch und Irrtum zu verbessern, im äußersten Fall führen kann; als Renegat wusste er, wovon er sprach. In der Verhörszene zwischen dem abtrünnigen Skeptiker Rubatschow und dem gläubigen Zyniker Iwanoff kommt beides zur Sprache: die Auflehnung gegen die Idee, ein ganzes Volk zum Versuchsgegenstand zu machen, und die kühle Gelassenheit, mit der der andere erklärt, warum es nötig sei, gerade dies zu tun. Iwanoff wischt alle humanitären Einwände vom Tisch und beruft sich auf das Beispiel der Natur: «Jahr für Jahr sterben Millionen sinnlos als Opfer von Epidemien und Naturkatastrophen; und da sollten wir davor zurückschrecken, einige Hunderttausende dem sinnvollsten Experiment der Geschichte zu opfern? Ganz zu schweigen von den Legionen jener, die an Unterernährung und Tuberkulose, in den Kohlegruben und Quecksilberminen, auf den Reisfeldern und Baumwollplantagen zugrunde gehen. Kein Hahn kräht nach ihnen, kein Mensch fragt, warum und wofür; aber wenn wir hier ein paar tausend objektiv schädliche Leute umlegen, steht den Humanisten in der ganzen Welt der Schaum vor dem Munde.» Und dann, die Argumentation zusammenfassend: «Die Natur ist großzügig mit ihren sinnlosen Experimenten an der Menschheit, und du wagst es, der Menschheit das Recht abzusprechen, an sich selbst zu experimentieren?»[7]

Hier ist alles beisammen: der Wille, die Welt zu verändern, die Bereitschaft zum Experiment und die Gleichgültigkeit gegen das Opfer. Bert Brecht hat es besungen: «Versinke im Schmutz, umarme den Schlächter, aber ändere die Welt: Sie braucht es!» Die revolutionäre Moral beruft sich auf das Beispiel der Natur, um Forderungen zu begründen, die sie im eigenen Namen nicht vorzutragen wagt. Sie missbraucht die Natur in der Absicht, ein Ethos zu propagieren, das diesen Namen nicht verdient. Sie kennt nur ein Gebot, das Überleben, und das erlaubt fast alles und verbietet nichts. Wie sich der Mensch im Einzelfall entscheidet, ist eine Frage des Kalküls: Solange es vorteilhaft erscheint, die Regeln des Anstands zu beachten und dem in Not Geratenen zu helfen, sollte man das natürlich tun; wenn aber nicht, dann eben nicht. Für eine selbständige Tugendlehre mit Pflichten, die unabhängig von dem, was die Biologen dazu sagen, Gültigkeit beanspruchen können, ist im Weltbild der modernen Wissenschaft kein Platz.

Ein Evolutionsgläubiger müsste die Geschichte vom schiffbrüchigen Passagier, der einen schwächeren Konkurrenten ins Wasser stößt, um sich selbst zu retten, ganz anders erzählen, als es Annette von Droste-Hülshoff in der Ballade, die von der Gerechtigkeit handelt und «Die Vergeltung» heißt, für richtig hielt. Im Kampf ums Dasein tut der Mann ja nichts Verkehrtes, als er einen anderen, ihm unbekannten, offensichtlich kranken und hinfälligen Menschen von der Planke vertreibt; blutsverwandt dürften die beiden auch nicht sein, sodass der Altruismus als Motiv, dem eigenen Genpool Überlebensvorteile zu verschaffen, ausscheidet. Bitten um Anstand und Mitleid sind in solchen Fällen sinnlos, weil gegen die Regeln der Natur. Das wusste die Droste noch nicht, als sie den Kranken «Barmherzigkeit, ich kann nicht kämpfen!» rufen ließ: Schließlich ist Kampf der Inhalt des Lebens! Das Weitere ist denn auch schnell erzählt: «Ein heis'rer Schrei, den Wellen dämpfen: Am Balken schwimmt der Passagier». Damit ist die Sache im Sinne Darwins entschieden: Der Stärkere, Fittere, besser Angepasste hat gesiegt. Nicht er verdient einen Vorwurf, sondern das Schicksal, das ihm einen dummen und völlig unverdienten Streich spielt, indem es dafür sorgt, dass er an eben dem Balken aufgehängt wird, dem er seine Rettung aus Seenot zu verdanken hatte.

Natur ist weder gut noch böse, sondern von erhabenem Desinteresse an dem, was sie hervorbringt. Und der Naturwissenschaftler folgt ihrem Beispiel, wenn er genauso denkt wie sie. Die losgelöste Wissenschaft, «so wie sie faktisch ist und ständig fortschreitet», sei weder menschlich noch vernünftig, heißt es, grundsätzlich wie immer, bei Karl Jaspers, «sondern von neutraler Gleichgültigkeit außer gegen dies, dass richtig sein soll, was sie findet».[8] Sie will wissen, was ist, und das erlaubt vieles, rechtfertigt fast alles, auch Opfer. Descartes, auf den sich die Vorkämpfer der autonomen Wissenschaft so gern berufen, war noch nicht ganz so weit. Befangen in den Ansichten seiner Zeit, konnte er sich nicht vorstellen, an Projekten mitzuarbeiten, die nur deshalb für einige nützlich sind, weil sie anderen schaden.[9] Solche Empfindlichkeiten haben die Vertreter des modernen Forschungsapparats längst hinter sich gelassen; ohne den Mut zum Risiko und, eng damit verbunden, die Bereitschaft, Opfer zu bringen, aber auch zu fordern, wären die Fortschritte, auf die sie so stolz sind, nicht möglich gewesen. Der Appell an den Gesetzgeber, dem Tatendrang der Forscher keine allzu engen Grenzen zu setzen, zieht sich als Grundmotiv durch die Festreden, mit denen die Vorsitzenden und Präsidenten die Jahresversammlungen ihrer Gesellschaften eröffnen. Einwände werden nicht verschwiegen, aber als Herausforderungen dargestellt, die auf dem Wege von Trial and Error bestanden werden müssen. Der Kernphysiker Heinz Maier-Leibnitz, als Präsident der Deutschen Forschungsgemeinschaft jahrelang einer der einflussreichsten Wissenschaftsmanager des Landes, sprach für viele, als er den Vorschlag, bei seinen Experimenten Rücksicht zu nehmen auf Folgen «oder Nebenfolgen», empört zurückwies.[10] Irrtümer sind hilfreich, Fehlschläge führen weiter, und auch aus Opfern kann man etwas lernen.

Wie gründlich das Bestreben, an irgendeinem großen, weltverändernden Versuch mitzutun, alle gegenteiligen Erwägungen zum Schweigen bringen kann, dafür ist das Manhattan-Projekt, der Bau der Atombombe, immer noch das eindrucksvollste Beispiel. Als der Versuchsreaktor, der mitten in Chicago unter den Tribünen eines Baseball-Stadions errichtet worden war, kritisch wurde und die Bombe damit näher rückte, tat Enrico Fermi, einer der verantwortlichen Wissenschaftler, die hier und da laut gewordenen Bedenken mit der Bemerkung ab, man möge ihn damit in Ruhe lassen, denn das sei doch «so schöne Physik». Später, in Los Alamos, wo die Bombe zusammengebaut wurde, unternahmen er und Oppenheimer alles, um das Projekt sprachlich zu entschärfen und wie einen harmlosen Großversuch aussehen zu lassen. Man wählte eine Testsite aus, für die ein Testdesign entworfen wurde; die Bomben selbst hießen Devices, Gadgets oder Firecracker, und die Militärs machten mit, indem sie, als es so weit war, vom Battletest der neuen Waffe sprachen. Es war dann wieder Fermi,

51

der die Nervosität, mit der seine Kollegen der ersten Explosion entgegensahen, mit der Bemerkung aufzulösen suchte, dass es im Grund doch ganz gleich sei, ob die Bombe zünde oder nicht, ein lohnendes Experiment sei sie in jedem Fall gewesen.[11] Bezeichnend auch die Worte, mit denen Oppenheimer nach getaner Arbeit seine Mitarbeiter aus dem Projekt verabschiedete. Er nannte den Bau der Bombe eine «organische Notwendigkeit», die man als Wissenschaftler nicht aufhalten könne: «Als Wissenschaftler glaubt man, dass es gut sei, herauszufinden, wie die Welt beschaffen ist; dass es gut sei, zu entdecken, wie die Wirklichkeit aussieht; dass es gut sei, den Menschen die größte Macht in die Hände zu geben, damit sie die Welt beherrschen und mit ihr machen können, was sie wollen.»[12] Auch jetzt noch, angesichts der evidenten Tatsache, dass er und seine Freunde ein neues Zeitalter heraufbeschworen hatten, hielt Oppenheimer an der Fiktion der reinen, neutralen, auf Wissen und sonst nichts fixierten Forschung fest. Sie entlastete, und darauf kam es ihm in diesem Augenblick wohl an.

«Die Wissenschaftler, die die Atombombe erfanden: Was meinten sie, würde passieren, wenn man sie abwirft?», fragte eine junge Japanerin, Einwohnerin von Hiroshima, angesichts von Zehntausenden bis zur Unkenntlichkeit verbrannten und verstümmelten Leichen. Sie hatte die Schule besucht, als das Inferno losbrach: nah genug, um alles mitzubekommen, aber fern genug, um zu überleben. Die Antwort wäre einfach gewesen: Die Wissenschaftler hatten Wissenschaft betrieben. Sie wollten wissen, «wie die Natur es macht», um es ihr nachzumachen. Sie hatten experimentiert und konstruiert und waren dabei weit, jedoch nicht weit genug gekommen. Jetzt brauchten sie genauere Angaben über Explosionsstärke, Druckwelle, Hitzeentwicklung und Strahlenbelastung; auch das gehörte zum Geschäft, war Teil ihrer Aufgabe als Forscher, Manager und Organisatoren. Deswegen saßen einige von ihnen in den Begleitflugzeugen, die den Bombern auf ihrem Wege nach Hiroshima und Nagasaki folgten, waren auch später noch im Einsatz auf dem Boden, um die Dokumentation dieses beispiellosen Großversuchs zu vervollständigen: kein Versuch ohne Protokoll.

Was sie dabei über die Wucht der Explosion, das Ausmaß der Zerstörung und die endlosen Leiden der Opfer erfuhren, hat einige von ihnen nachdenklich gemacht, manche sogar zum Abschied aus der Kriegswirtschaft veranlasst. Die meisten trösteten sich aber damit, dass sie das taten, was sie am besten konnten, nämlich rechnen. Sie verglichen die realen Zahlen der japanischen Opfer mit der hypothetischen Zahl amerikanischer Soldaten, die bei der Eroberung des Kernlandes ums Leben gekommen wären, und waren beruhigt, als sie zu dem Ergebnis kamen, dass die Rechnung stimmte. Die Neigung, das ganze Unternehmen als Versuch zu betrachten, war stark genug, um einem untadligen Mann wie Max von Laue einen Kommentar wie den zu entlocken, dass es sich hier, in Hiroshima und in Nagasaki, «rein physikalisch betrachtet» um das größte Experiment gehandelt habe, das jemals von Menschenhand angestellt worden sei. «Es war die glänzende Bestätigung einer kühnen, von der Überzeugung der objektiven Wahrheit der Physik getragenen Voraussage.»[13]

Ein Zeugnis für Zynismus ist das sicher nicht, eher ein Indiz für die Armseligkeit und die Enge einer wissenschaftlich entleerten Welt. Erwin Schrödinger, der dieses Weltbild kannte, allerdings nicht liebte, hat es beschrieben: Es liefert eine Menge an Daten, Fakten und Informationen, «aber es hüllt sich in tödliches Schweigen über alles und jedes, was unserem Herzen wirklich nahesteht, was uns wirklich etwas bedeutet. Es sagt uns kein Wort über rot und blau, bitter und süß, körperlichen Schmerz oder körperliche Lust; es weiß nichts von schön und hässlich, gut oder schlecht, nichts von Gott und der Ewigkeit». Gelegentlich bemühe sich zwar auch die Wissenschaft, auf solche Fragen einzugehen, «aber die Antworten sind oft so albern, dass wir sie nicht ernst nehmen können».[14] Dass ausgerechnet dies schlichte, geradezu primitive Weltbild «von erschreckender, ja abstoßender Abstraktheit» die ganze Wahrheit, ja noch viel mehr: ein Kompendium aller menschlichen Tugenden und Werte enthalten soll, ist eine Berufsideologie, die vom Prestige lebt, das sich die Naturwissenschaften als die modernste Form von Machtausübung erworben haben.

Was es mit diesen Tugenden auf sich hat, haben die Atomkatastrophen von Tschernobyl und Fukushima gezeigt, friedliche Parallelen zum militärischen Desaster von Hiroshima und Nagasaki. Auf beide haben die Physiker in aller Welt genauso nüchtern reagiert wie auf die Nachricht vom Einsatz der Bomben über Japan. Für sie war die Kernschmelze ein technisches Versagen, das technisch zu bewerten war; was klare Worte über die unmittelbaren Gefahren, die der Bevölkerung durch radioaktive Strahlung drohten, und über die langfristigen Risiken, die mit dem Gebrauch der Kernenergie zwangsläufig verbunden sind, offenbar ausschloss. Aus wissenschaftlicher Sicht handelte es sich um Betriebsunfälle, die im Interesse der guten Sache – des Fortschritts, der sicheren Versorgung mit Energie und wie die Schutzheiligen des modernen Lebens sonst noch heißen – hinzunehmen sind. Über alle Systemgrenzen hinweg hielten die Experten der Scientific Community, angeführt von der Internationalen Atomenergie-Agentur, zusammen, zeigten sich hier und da sogar erleichtert über die Aussicht, mit Tschernobyl, «abgesehen von der Tragik der Ereignisse», nun endlich ein Laboratorium zur Verfügung zu haben, in dem sich studieren ließ, wie es aussieht, wenn das Unmögliche passiert. Kurz vor dem Ende der Sowjetunion zeigte das Unglück von

Tschernobyl, wie tief sich die Experimentalgesinnung in den Köpfen der Mächtigen eingenistet hatte. Der Vorsitzende des Staatlichen Komitees zur Nutzung der Kernenergie zog daraus nur die letzte Konsequenz, als er fürs Weitermachen mit dem Hinweis warb, die Wissenschaft verlange eben Opfer.[15] Gewiss waren das Auswüchse des utopischen Denkens, das unter den Bedingungen totalitärer Herrschaft offenbar besonders gut gedeiht; aber der amerikanische Kernphysiker Edward Teller argumentierte nicht viel anders, als er durchblicken ließ, dass die Chance, über den Marshallinseln eine Wasserstoffbombe zu testen, mit ein paar Menschenleben nicht zu hoch bezahlt worden sei.[16]

Naturwissenschaftler lieben es, das Leben als Glücksspiel zu betrachten. Treffer werden belohnt, Fehler bestraft und Versager so lange aussortiert, bis der Sieger feststeht. Nutzen und Nachteile miteinander zu verrechnen und am Ende Bilanz zu ziehen, ist Aufgabe des buchführenden Fachmanns. Einer von denen war Felix Wachsmann, seinerzeit Direktor am Institut für Strahlenschutz in Neuherberg bei München. Bei seinen umständlichen, methodisch anfechtbaren Untersuchungen über Chancen und Gefahren der ionisierenden Strahlung kam er zu dem Ergebnis, dass ihre Vorteile die Risiken bei weitem überwögen, zur Besorgnis also kein Anlass bestünde. Diese Schlussfolgerung war das Ergebnis einer abenteuerlichen Rechnung. Gleichgültig, ob Wachsmann mit seiner Schätzung von zweihunderttausend Strahlenopfern pro Jahr einigermaßen richtig lag oder ob die Zahl bei ungünstigen Annahmen zu verdoppeln war – entscheidend war die Folgerung, die Wachsmann daraus zog. Sie klang bedrohlich, denn er versicherte, er sei angesichts des überragenden Nutzens, den die ionisierende Strahlung verspreche, «gern» dazu bereit, auch vierhunderttausend Tote in Kauf zu nehmen.[17]

Gewiss, Statistiken bluten nicht. Bedrohlich sind sie streng genommen auch nicht, da alles davon abhängt, welche Größen in die Rechnung eingehen und welche nicht und was man aus ihnen folgert. «Grenzwerte sind wie Namen Schall und Rauch; entscheidend sind die ihnen zugrunde liegenden Konventionen über Messverfahren, Analyse, Statistik und Konsequenzen der Überschreitung», meint der frühere Präsident des Bundesumweltamts, Heinrich von Lersner.[18] Gerade diese Willkür macht Statistiken aber auch gefährlich; sie spiegelt Gewissheiten vor, die es nicht gibt, und lässt durch ihre Anonymität die lebendigen Menschen vergessen, die hinter ihr stehen. Eine Statistik kennt nur aggregierte Größen, keine Menschen. Sie begünstigt eine Haltung, die sich anmaßt, im Namen der Wissenschaft Schicksal zu spielen und Chancen, die das Leben bereithält, nach irgendeiner Systematik neu zu verteilen. Was für den Fachmann zählt, sind Zahlen; für alle anderen zählt allerdings auch, wie diese Zahlen auf den Lauf der Dinge einwirken und das Leben verändern. Und das sieht manchmal eben doch recht blutig aus.

4 «WIR WOLLTEN NICHT KÖNNEN»

Mit der Entdeckung des nach ihm benannten Wirkungsquantums, das die physikalische Weltanschauung revolutionierte, hatte Max Planck das zwanzigste Jahrhundert eröffnet. Diese Naturkonstante bot etwas von der Art, was Wissenschaftler in aller Welt seit langem gesucht hatten: eine feste Größe, die der weiteren Theoriebildung als Ausgangspunkt dienen konnte. Insoweit trug die Quantentheorie ihren Namen zu Recht. Sie war eine Theorie reinsten Wassers, weit entfernt von der Aussicht, irgendwann einmal handfeste Konsequenzen zu haben. Von Albert Einsteins Relativitätstheorie, die das Äquivalenzprinzip von Masse und Energie formulierte, ließ sich für lange Zeit dasselbe sagen; auch sie war Theorie und sonst nichts. Planck und Einstein waren Vertreter einer Naturwissenschaft, die Theorie im ursprünglichen Sinn betrieb, nach Praxis also gar nicht fragte. Adolf von Harnack, der erste Präsident der Kaiser-Wilhelm-Gesellschaft zur Förderung der Wissenschaften, übertrieb keineswegs, als er, obwohl von Hause aus Theologe und Kirchenhistoriker, die Klage eines geisteswissenschaftlichen Kollegen über den Reputationsverlust der Philosophie mit der Bemerkung parierte, dass es die großen Philosophen immer noch gebe; sie säßen jetzt nur in der anderen Fakultät, und ihre Namen wären Planck und Einstein.

Und trotzdem haben diese beiden Philosophen stärker als alle Vorgänger und Zeitgenossen dazu beigetragen, dass die

Welt am Ende des Jahrhunderts anders aussah als zu Anfang. Ohne ihre Vorarbeiten wäre die Physik nicht so schnell und sicher auch nicht so erfolgreich in die atomaren und subatomaren Bereiche der Natur vorgedrungen, und die Atombombe, den Erstling dieses Unternehmens, hätte es später oder gar nicht gegeben. Beide haben unter dem Bewusstsein gelitten, den falschen Weg gezeigt zu haben, und ihre Bestürzung eingestanden, als sie merkten, dass sie den Lauf der Dinge, den sie so wirkungsvoll angestoßen hatten, nicht mehr aufhalten konnten. Die Mehrheit der Wissenschaftler, meinte Einstein am Ende seines Lebens, sei damit beschäftigt, die ohnehin schon beträchtlichen Vorräte zur Massenvernichtung von Menschen immer weiter auszubauen;[1] Planck hat sich im Alter ähnlich geäußert. Er sah die Welt am Abgrund und warnte vor den fröhlichen Barbaren, die nicht wahrhaben wollten, dass der Fortschritt eine neue, gefährliche Phase erreicht hatte. Nach den Katastrophen von Auschwitz und Hiroshima sprach er vom Bankrott aller herkömmlichen Begriffe und überlieferten Wertvorstellungen und rief mit Worten, die Ausdruck seiner Ratlosigkeit waren, zu einem neuen Denken auf.

Was konnte neu an diesem Denken sein? Vor allem die Bereitschaft, sich vom Begriff der reinen Forschung zu lösen. Der Wissenschaftler sollte sich nicht nur für die Richtigkeit, sondern auch für den Gegenstand seiner Erkenntnis verantwortlich fühlen; doch daraus ist bis heute nichts geworden. Schon als Begriff lebt Forschung von dem Anspruch, sich gegen jede Form von Nutzanwendung abzugrenzen; der «reine» Forscher ist stolz darauf, die Frage nach den Folgen nicht einmal zu stellen, und verteidigt das Dogma von der unbefleckten Erkenntnis umso energischer, je deutlicher es von der Wirklichkeit widerlegt wird. Der Gegensatz von Entdecken und Erfinden war und ist konstitutiv für das Selbstbewusstsein des zünftigen

Naturwissenschaftlers: Was ihn antreibe, komplizierte Versuche durchzuführen, langwierige Berechnungen anzustellen oder die Strapazen einer Forschungsreise auf sich zu nehmen, sei «ganz allein der Wunsch, Dinge zu erfahren, die noch kein Mensch weiß», versichert Arthur March in seiner Darstellung über «Das neue Denken der modernen Physik». Ob sich die Erkenntnis praktisch verwerten ließe, interessiere den Forscher nicht, «diese Frage zu prüfen, überlässt er dem Erfinder».[2] Neu ist an diesem «neuen Denken» die Vorstellung von Raum und Zeit, Materie und Energie; wo es um Verantwortlichkeit und Haftung geht, wiederholt es nur das alte Dogma, wonach der Forscher für die Wahrheit einzustehen habe und sonst nichts: das wohlbekannte Alibi, hinter dem die Wissenschaft seit jeher Deckung suchte, um den lästigen Fragen, die Planck und Einstein umgetrieben hatten, zu entkommen.

Nach diesem Muster wird dann auch das Schlüsselexperiment interpretiert, mit dem Otto Hahn im Dezember des Jahres 1938 bewies, dass sich der Atomkern aufbrechen lässt. Es habe sich, schreibt March dazu, um einen denkbar harmlosen Vorgang gehandelt, um das Auffinden einer schlichten Tatsache, vor der kein Mensch habe erschrecken müssen. Hahn sei bloß Entdecker, «erst dann kamen die Erfinder. Sie fragten sich, wozu man die Entdeckung gebrauchen könne, und kamen auf die Idee eines Sprengkörpers, der hunderttausendmal wirksamer ist als alle bis dahin bekannten Explosivstoffe. So kam die Atombombe zustande.» Das war – und ist – die quasi amtliche Version eines Vorgangs, der wie kaum ein anderer die Welt verändert hat. Sie ist aus allen möglichen Anlässen verkündet worden, auch von Hahn selbst, der in seiner Nobelpreisrede die Kernspaltung als ein Geschenk der Himmels an die Menschheit pries, das leider in entstellter Form, in der Gestalt von Bomben, die Erde erreicht habe: ein Missbrauch, wie er erläuterte, für den aber nicht die Großgemeinde der Wissenschaftler (er selbst natürlich auch nicht), sondern die anderen, das Militär und die Politik Verantwortung trügen. Diese Rückzugsposition wird von den Forschern hart verteidigt. Auf dem Höhepunkt der Anti-Atom-Bewegung hat Karl Jaspers versucht, sie mit seinem Traktat über «Die Atombombe und die Zukunft des Menschen» auch philosophisch zu befestigen. Er entbindet die Forscher in aller Form von der Verantwortung für die Folgen ihres Tuns: Keinen von ihnen könne ein Vorwurf treffen, «weil er entdeckt und erfindet, was die Gefahren bringt, deren Sinn die Bewährung und Verwandlung des Menschen selber ist». Als Weltenrichter, der mit großer Geste den Sinn des Daseins offenbart, redet der Philosoph den Leuten ins Gewissen: Wenn sie sich als Menschen erweisen wollten, so müssten sie «mit Wissenschaft und Technik auch wollen, dass die höchste Gefahr gewagt werde; wird sie nicht bestanden, so hat der Mensch sich seines Daseins nicht wert erwiesen.» Ganz im Sinne jener bequemen Dichotomie, die zwischen Absicht und Folge, Wirkung und Nebenwirkung, Brauch und Missbrauch unterscheidet, beschreibt Jaspers den Wissenschaftler als Türöffner, der Möglichkeiten erschließe, die «der Mensch» so oder so, zum Heil oder Unheil, ergreifen könne. «Diese Forscher treiben die Situation voran, damit wir erfahren können, was wir wollen müssen, wenn wir Menschen sind.»[3]

In Deutschland nennt man so etwas prometheisch: Prometheus als der Schutzheilige der Wissenschaftler, der sich der darbenden Menschheit annimmt und ihr das Geschenk des Feuers macht, das sie dann so oder so, zum Guten oder Bösen, verwenden kann. In dieser Doppelrolle als Feuergott und Friedensengel haben sich die meisten von denen gesehen, die mit der Atombombe in irgendeiner Form zu tun bekamen; der Bekannteste von ihnen war Carl Friedrich von Weizsäcker. Er zog damit die eigenwillige Konsequenz aus einem ungewöhnlichen Leben. Als Werner Heisenbergs Assistent und hochgeschätzter Mitarbeiter hatte er «die Plutoniums-Idee», wie er sie selbst genannt hat: den Einfall, das als Spaltmaterial ungeeignete Uran 238 durch Neutroneneinfang in spaltbares Plutonium zu verwandeln. Auf diese Entdeckung, der man tatsächlich prometheische Dimensionen zuschreiben kann, hatte er im Kriegsjahr 1941 ein umfangreiches Patent erworben. In dem Antrag, der als Kopie zuständigkeitshalber auch ans Heereswaffenamt ging, behandelt Weizsäcker neben einem Verfahren, das die Brüter-Technologie vorwegnimmt, die Eignung von Plutonium als Explosivstoff. «Dieser Sprengstoff», erläutert er mit der Präzision des gelernten Physikers, «würde an frei werdender Energie pro Gewichtseinheit jeden anderen pro Gewichtseinheit rund zehn Millionen Mal übertreffen und nur mit dem reinen U235 vergleichbar sein.» Aufgrund dieser Ausführungen erhob er folgenden Patentanspruch: «Verfahren zur explosiven Erzeugung von Energie und Neutronen aus Spaltung des Elements 94, dadurch gekennzeichnet, dass das ... Element 94 in solcher Menge an einen Ort gebracht wird, zum Beispiel in eine Bombe, dass die bei einer Spaltung entstehenden Neutronen in der überwiegenden Mehrzahl zur Anregung neuer Spaltungen verbraucht werden und nicht die Substanz verlassen.»[4] Das war eine recht genaue Beschreibung des Sprengstoffs, den die Amerikaner wenig später in Hanford erzeugen, in Los Alamos zu einer Bombe verarbeiten und am 9. August über der japanischen Stadt Nagasaki zur Explosion bringen sollten.

Weizsäcker hat nie verschwiegen, dass er über die Eignung von Plutonium als Brenn- und Sprengstoff frühzeitig Bescheid wusste; von einem Patentanspruch, der es darauf anlegte, aus der theoretischen Einsicht einen wie auch immer gearteten Gewinn zu ziehen, hat er aber nie etwas erzählt. Er wusste wohl, warum: Die Rolle des Vorkämpfers für Frieden und Abrüstung, die er nach Kriegsende so gern und mit so überwältigendem Erfolg gespielt hat, vertrug sich schlecht mit der des Patentinhabers für ein Massenvernichtungsmittel. Nachdem das Wissen, das er während des Krieges gesucht und gefunden hatte, in der Bundesrepublik nicht mehr zu gebrauchen war, setzte er auf ein anderes Wissen, das des Predigers und Visionärs, des Naturapostels und des Weltgewissens. In dieser Eigenschaft pflegte er sich leidenschaftlich über die charakterlosen Konstrukteure zu entrüsten, die mit aller Kraft darauf hinarbeiteten, «möglichst viele ihrer Mitmenschen auf eine möglichst rasche Weise zu töten».[5] Jetzt, nach dem Wechsel aus dem Laboratorium in den Hörsaal, konnte der Graben zwischen reiner Theorie und unreiner Praxis, die dem Alltag, der Wirtschaft und der Politik verhaftet war, gar nicht tief genug sein. Und weil er als Hochschullehrer, als Mann der Kirche und gefragter Publizist Einfluss und Resonanz genoss, kam er damit erstaunlich weit. Auf allen Ebenen bekämpfte er die Vorstellung vom Atomphysiker, der fieberhaft nach einem Schlüssel zu den im Kern verborgenen Naturkräften sucht; nichts, wiederholte er immer wieder, könne falscher sein als dies. In Wahrheit sei die Uranspaltung eine ungesuchte und unerwartete, rein wissenschaftliche Entdeckung gewesen, deren mögliche Folgen die Physiker «zwar bald erkannten, aber mit Überraschung erkannten». Um dann, mit Hinweis auf die eigene Biographie, die Legende vom tiefsinnigen, aber weltfremden, nur der Erkenntnis und sonst nichts ergebenen Forscher noch etwas weiter auszuspinnen. «Wir Atomforscher», versicherte er seinen Studenten, «waren froh, dass die menschliche Gesellschaft uns erlaubte, einer Forscherleidenschaft nachzuhängen, deren Funde voraussichtlich niemals in technischen Nutzen würden ausgemünzt werden können. Wir hatten etwas von der Unschuld und der Torheit spielender Kinder; und wenn wir Pathos hatten, so war es das der reinen, nutzlosen Wahrheit.»[6]

Weizsäcker hatte Anlass, die Dinge so darzustellen. Um als Friedensforscher Anhänger zu gewinnen, musste er den Kernphysiker, so gut es ging, vergessen machen; das tat er nun. In einer von Atomwaffen starrenden Welt gebe es Wichtigeres zu tun, als der Geschichte nachzusinnen und nachzuschreiben, antwortete er jedem, der ihn nach dieser Geschichte fragte. Als Mann des Friedens habe er sich um die Zukunft zu kümmern, nicht um die Vergangenheit – die ja auch wirklich etwas anders aussah als von ihm geschildert. Da war von Kinderspielen wenig zu entdecken. Im Einzelnen mochten die Experimente, die damals, in den dreißiger Jahren, von den Kernphysikern in aller Welt angestellt worden sind, manche Überraschung zutage gefördert haben: Derselbe Vorgang, in dem Hahn nach anfänglichem Zögern das Zerplatzen des Atomkerns erkannte, war von Enrico Fermi noch kurz zuvor ganz anders, als die Erschaffung eines Transurans, gedeutet worden. Dass sie sich auf vermintem Gelände bewegten, wussten diese Kinder aber ganz gut. Schon ziemlich früh hatte Ernest Rutherford vor «irgendwelchen Idioten» gewarnt, die aus Versehen das Universum in die Luft sprengen könnten; was als Beispiel für britischen Humor zwar oft zitiert, aber nie ganz ernst genommen wurde. Sein enger Mitarbeiter Frederick Soddy war noch deutlicher geworden, als er, und zwar im Jahre 1904, die atomare Energie als jenen Hebel beschrieb, mit dem ein entschlossener Mann, «wenn er nur wollte», eine Waffe in die Hand bekäme, mit der er die Welt in Schutt und Asche legen könnte. Dies immerhin zu einer Zeit, in der die Atomphysiker auf Modelle angewiesen waren und größere Experimente schon deshalb nicht unternehmen konnten, weil es die Maschinen, die sie dazu gebraucht hätten, noch gar nicht gab.[7]

Wenig später, im Jahre 1920, war man schon ein paar Schritte weiter. Damals spekulierte Rutherford in einer Rede vor der Royal Society über die Existenz eines Elementarteilchens, das keine Ladung trug und sich aus diesem Grunde frei durch die Materie bewegen konnte: Ohne es zu kennen, hatte er vom Neutron gesprochen, das bald darauf dann auch tatsächlich entdeckt werden sollte. Damit war greifbar geworden, was Einstein seinerzeit als möglich und nicht einmal unwahrscheinlich vorausgesagt hatte, die Erschließung von natürlichen Energiereserven in einem bisher unbekannten Ausmaß. Zwei Jahre danach zog Leo Szilard, ein umtriebiger und einfallsreicher Theoretiker ungarischer Herkunft, aus der Entdeckung des Neutrons den richtigen Schluss und erwarb ein Patent auf die Kettenreaktion, den Schlüssel für den Bau der Bombe. Die kritische Masse, die dazu nötig ist, hatte er einigermaßen richtig kalkuliert und auch vorausgesagt, dass bei hinreichend geringem Neutronenverlust eine Explosion möglich wäre.[8] Abermals zwei Jahre später, im Herbst des Jahres 1936, erwähnte Frédéric Joliot-Curie an prominenter Stelle, vor dem Nobelpreiskomitee in Stockholm, «Transmutationen explosiven Charakters», einen Vorgang, den die Forscher herbeiführen würden, wenn sie könnten; wobei sie hoffentlich, wie er hinzusetzte, die nötigen Vorsichtsmaßregeln beachten würden.[9] Mit dem ersten hatte er recht, beim zweiten nicht. Die Kinder spielten weiter, auch wenn sie ahnten, dass sie mit Schießbaumwolle hantierten. Noch einmal zwei Jahre danach war es dann so weit, und Otto Hahn hatte das Streichholz gefunden, mit dem sich die Welt in Brand setzen ließ.

Überall, wo Kernphysik auf anspruchsvollem Niveau betrieben wurde, in Deutschland, England, Frankreich und den Vereinigten Staaten, hatten die Forscher auf die Lösung eines Rätsels gewartet, das sie jahrzehntelang beschäftigt hatte. Wie diese Lösung schließlich gelang, war überraschend, dass sie gelang, aber nicht; jedenfalls war die Internationale der Atomforscher gut vorbereitet und brauchte nur wenige Wochen, um aus Otto Hahns grundlegender Entdeckung ein paar technisch brauchbare Schlüsse zu ziehen. Nachdem Niels Bohr, der als Theoretiker der Kernphysik einen großen Namen hatte, in Washington über die Einzelheiten berichtet hatte, war dort ein regelrechtes Kettenreaktions-Fieber ausgebrochen. Hörbar genervt berichtet Edward Teller aus jenen Tagen, er habe nur «Uran» sagen müssen, um volle zwei Stunden lang den Vorschlägen und Anregungen seiner militärisch interessierten Kollegen lauschen zu können.[10] Was fehlte, war der große Auftrag und das große Geld; als beides nach dem Überfall der Japaner auf die amerikanische Flotte im Hafen von Pearl Harbor beisammen war, machten sich die Physiker, von wenigen Ausnahmen abgesehen, voller Begeisterung an die Arbeit. Für sie war das «Manhattan-Projekt» das größte Experiment in der Geschichte der Physik; da wollten sie nicht fehlen.

Wie dieses Experiment ausging, ist bekannt. Die Amerikaner setzten die Bombe ein, weil sie die Bombe erfunden hatten; so lautete die entwaffnende Begründung Präsident Trumans.[11] Er hat die Entscheidung niemals bereut, genauso wenig wie die Mehrzahl der Wissenschaftler, die ihm zu dieser Option verholfen hatten. Gewiss überkam den einen oder anderen bei dem Gedanken an ihre «Kriegsarbeit» ein Gefühl der Beklemmung oder des Versagens; im Rückblick auf Los Alamos hat ja selbst Oppenheimer von der Erfahrung der Sünde gesprochen.[12] Er verstand sich aber auf die Kunst, solche Eingeständnisse in einem Schwall von Worten aufzulösen; jedenfalls scheint die Erfahrung der Sünde kein Sünden- und erst recht kein Schuldbewusstsein hervorgebracht zu haben, weder bei ihm noch bei der Masse seiner Leute. Die Forderung nach Verantwortlichkeit, meinte er mit dem für ihn bezeichnenden Sarkasmus, laufe doch auf nichts anderes hinaus als auf die Einladung, sich bei der Arbeit möglichst unbehaglich zu fühlen; mehr sei mit ihr nicht anzufangen. Verantwortlich sei der Wissenschaftler aber doch nur für seine Wissenschaft, «für ihre Reinheit und innere Stärke». Zu verlangen, dass seine Erkenntnisse das Glück der Menschheit mehren oder, im Falle einer absehbaren Gefahr, ihr vorenthalten werden sollten, galt ihm als eine verhängnisvolle Torheit.[13] Wie alle, die zusammen mit ihm nach Los Alamos gegangen waren, um dort die Bombe zu entwickeln, war Oppenheimer stolz auf seine «Sünde»; und dieser Stolz schloss vieles ein: das Bewusstsein, den Gegner militärisch besiegt, ihn wissenschaftlich übertrumpft und moralisch diskreditiert zu haben.

Umgekehrt litten die deutschen Wissenschaftler unter dem bedrückenden Gefühl, dreimal versagt zu haben: militärisch, wissenschaftlich und moralisch. Die Gespräche, die sie kurz nach Kriegsende in Farm Hall, einem englischen Landsitz in der Nähe von Cambridge, geführt haben, lassen erkennen, wie tief ihr Bewusstsein, Angehörige einer ehrenwerten Nation zu sein, durch die Niederlage erschüttert worden war.[14] Die Nachricht vom Abwurf einer Atombombe über Japan traf sie am 6. August genauso unvorbereitet wie alle Welt; zunächst wollten sie nicht glauben, was ihnen der zuständige Offizier da erzählt hatte. Nachdem die BBC-Abendnachrichten seine Angaben dann aber bestätigt hatten, konzentrierte sich das Interesse der Internierten, der Koryphäen der deutschen Kernphysik, auf Fragen technischer Natur: ob tatsächlich eine «Bombe neuen Typs» zum Einsatz gekommen wäre? Ob die Amerikaner hoch angereichertes Uran 235 oder Plutonium verwendet hätten? Ob sie am Ende gar keine Bombe, sondern nur einen primitiven Reaktor über Hiroshima abgeworfen hätten, um die Bevölkerung radioaktiv zu vergiften? Die Deutschen glaubten ja immer noch, den Amerikanern wenn schon nicht mit dem Bau der Bombe, so doch bei der Konstruktion einer brauchbaren Uranmaschine zuvorgekommen zu sein. An diesem Glauben hing ihre Hoffnung, sich in wissenschaftlicher Hinsicht als gleichwertig, moralisch sogar als überlegen zu erweisen.

Die Internierten wollten beides behaupten, ihren Ruf als Wissenschaftler und ihr Ansehen als Deutsche. Aber das war nicht so einfach. Klar war ja nur, dass Deutschland die Bombe nicht besaß, offen jedoch, warum nicht. Hatten die Deutschen nicht gekonnt oder nicht gewollt? Von der Antwort hing beides ab, ihre wissenschaftliche Reputation und ihre moralische Integrität. Und beides war nötig, wenn sie in England, Amerika oder sonst wo auf der Welt wieder ins Geschäft kommen wollten. Die Suche nach einer Formel, die es den Deutschen erlaubte, wissenschaftlich und moralisch gleichermaßen gut dazustehen, bestimmte den weiteren Verlauf der Gespräche in Farm Hall. Es kam zu einem kurzen Duell zwischen dem Chemiker Hahn und dem Physiker Heisenberg, der das deutsche Uranprojekt geleitet hatte. In dieser Stellung seine selbstgesteckten Ziele nicht erreicht zu haben, musste ihn als Wissenschaftler belasten, moralisch allerdings heben, während Hahn zwar eine wissenschaftliche Sensation in die Welt gesetzt hatte, moralisch aber unter Druck stand, seitdem die Folgen seiner Entdeckung offenbar geworden waren. Entsprechend setzten beide die Akzente. Hahns giftige Bemerkung, Heisenberg sei mit dem 6. August «einfach zweitklassig» geworden, die Amerikaner hätten ihn abgehängt, er könne jetzt «einpacken», wurde von diesem und ein paar anderen mit einer unverhohlenen Anspielung auf Hahns Mitschuld an der Katastrophe von Hiroshima beantwortet: «Wer ist daran schuld?» vermerkt das Protokoll, und als Antwort den anonymen Zuruf: «Hahn ist schuld!» Hahn reagierte darauf ähnlich wie sein akademischer Lehrer, der Chemiker Fritz Haber, der im Ersten Weltkrieg den Einsatz von Giftgas propagiert hatte, und tröstete sich mit der Überlegung, dass die Atombombe dazu beigetragen habe, den Krieg zu verkürzen. Und Heisenberg beeilte sich, durch eine exakte Berechnung der kritischen Masse seinen Ruf als Koryphäe der deutschen Kernphysik wiederherzustellen; was ihm nach ein paar Tagen auch gelang.

In dieser seltsamen, durch Ehrgeiz, Enttäuschung und gegenseitigen Schuldvorwürfen belasteten Atmosphäre kam das erlösende Wort von Carl Friedrich von Weizsäcker. Mit sicherem Gespür für politische Opportunitäten fand er die Formel, die er nach kurzem Hin und Her im Namen aller, also auch derer, die mehr oder weniger offen opponiert hatten, feierlich verkündete: Wir konnten, aber wir wollten nicht. «Hätten wir alle den Sieg Deutschlands in diesem Krieg gewollt, dann wären wir auch erfolgreich gewesen», hieß Weizsäckers Version, die aus dem Nichtgelingen kurzerhand auf ein Nichtwollen schloss. Das Manöver war zu durchsichtig, um nicht auf Einwände zu stoßen; sie kamen denn auch umgehend, unter anderem von Erich Bagge, der sich als Wortführer der Jüngeren verstand und Weizsäcker an eine Fachkonferenz erinnerte, die am 8. September 1939, nur eine Woche nach Ausbruch des Krieges, in Berlin stattgefunden hatte. Ein Teilnehmer nach dem anderen, unter ihnen die Kernphysiker Walther Bothe, Hans Geiger und Paul Harteck, hätte sich damals erhoben und erklärt: «Meine Herren, wenn es auch nur die geringste Aussicht auf Erfolg gibt, dann müssen wir es machen!» Es, das meinte irgendein Großvorhaben im Stil des amerikanischen Manhattan-Projekts. Doch Bagges Einspruch, obwohl mit Namen und Daten gut belegt, verfing nicht; Weizsäcker hatte die zweckmäßigeren Argumente zur Hand und setzte sich durch. Seine Begründung

68

war einleuchtend: Würden die Versammelten erklären, dass sie gekonnt, aber nicht gewollt hätten, dann wären sie nicht nur als Wissenschaftler, sondern auch als Gegner des Regimes fein raus, gewissermaßen «entnazifiziert» und auf moralisch höherem Gelände. Das überzeugte, und Weizsäcker konnte ein apologetisches Schlusswort sprechen. Die Geschichte, sagte er voraus, werde festhalten, dass zu derselben Zeit, als die anderen Bomben bauten, die Deutschen unter Hitler damit beschäftigt waren, eine einsatzfähige Maschine, den Uranbrenner, fertigzustellen. «Mit anderen Worten: die friedliche Nutzung der Atomenergie wurde von den Deutschen vorangetrieben, während Engländer und Amerikaner eine grauenhafte Waffe konstruierten.»

Damit war eine neue Legende in der Welt, der Köhlerglaube an die friedliche Nutzung der Kernenergie. Deutsche und Japaner, die Verlierer des letzten Krieges, haben ihn mit besonderer Hingabe gepflegt; sie hofften wohl, auf diesem Wege vom Makel des Militarismus freizukommen und einen moralisch einwandfreien Beitrag zur Befestigung des Weltfriedens zu leisten. Als Botschafter des friedlichen Atoms hätten sie mit den Amerikanern gleichziehen, sich ihnen gegenüber sogar als Vorbild aufspielen können, wie Weizsäcker es in Farm Hall vorgemacht hatte. In beiden Ländern wurde das Bekenntnis zur friedlichen Nutzung der Kernenergie zu einem Fetisch, an den die Forscher immer dann appellieren konnten, wenn es darum ging, nicht nur technisches Können, sondern auch moralische Überlegenheit zu demonstrieren. Der Schriftsteller und Friedensaktivist Robert Jungk, von Weizsäcker nicht zu Unrecht als *anima candida* belächelt, ist dieser Propaganda auf den Leim gegangen, als er die deutschen Atomphysiker zu passiven Widerstandskämpfern verklärte; durch ihr riskantes, aber überaus geschicktes, zwischen vagem Versprechen und bewusster

Verzögerung changierendes Spiel hätten sie es fertiggebracht, das Uranprojekt zu hintertreiben und die Welt vor der Horrorvision einer Atombombe in Hitlers Händen zu bewahren.

Heisenberg und Weizsäcker, auf deren Zeugnis sich Jungk in seinem vielgelesenen Buch «Heller als tausend Sonnen» vor allem stützt, treten bei ihm als Helden auf, denen er nicht nur für ihre vorbildliche Haltung in einer schwierigen Situation, sondern auch dafür dankt, dass sie darauf verzichtet hätten, aus dieser Haltung Kapital zu schlagen. Hier endlich glaubte er gefunden zu haben, wonach er suchte, ein Zeichen für humane Umsicht, politischen Mut, intellektuelle Bescheidenheit und «ehrliche Gewissenserforschung».[15] Das war ein doppeltes Missverständnis, denn weder gibt es den geringsten Beweis für hinhaltenden Widerstand – der amerikanische Wissenschaftshistoriker Mark Walker spricht unumwunden von einer frei erfundenen Version –, noch haben Weizsäcker und Heisenberg darauf verzichtet, aus ihrem Verhalten Kapital zu schlagen. Es war gerade umgekehrt: Die Behauptung, zwar gekonnt, aber nicht gewollt zu haben, war das einzige Kapital, mit dem sich nach dem verlorenen Krieg noch etwas anfangen ließ; und beide haben es entschlossen ausgespielt. Später, im Vorwort zu Mark Walkers Buch über die deutsche Uranmaschine, hat Jungk widerrufen: Er sei auf ein Märchen hereingefallen, an das ihre Erfinder am Ende wohl selbst geglaubt hätten.[16] Aber da war es schon zu spät; die Legende war in der Welt und ist nie mehr aus ihr verschwunden.

Mit der Erklärung der «Göttinger Achtzehn» vom April 1957 wurde die Floskel von der friedlichen Atomkraft unter tätiger Mitwirkung Weizsäckers in den Rang einer nationalen Selbstverpflichtung erhoben. Die Unterzeichner, durchweg illustre, auch im Ausland hochgeschätzte Namen, verlangten von der Bundesregierung den ausdrücklichen und freiwilligen

Verzicht auf den Besitz von Atomwaffen, verbanden damit allerdings ein vorbehaltloses Eintreten für die zivile Nutzung der Kernkraft, deren Ausbau sie «mit allen Mitteln» unterstützten.

Da die Unterzeichner Fachleute waren, die sich auf ihren Sachverstand beriefen, musste und sollte wohl auch der Eindruck entstehen, dass es zwischen der einen und der anderen Form eine technisch garantierte Grenze gäbe oder geben könnte – eine Annahme, ohne die ein solches Plädoyer viel von seiner Durchschlagskraft verloren hätte. Doch diese Annahme ist falsch. Es mag friedfertige Absichten geben; eine friedliche Technik gibt es nicht, kann es auch gar nicht geben, weil die Verwendung zu beliebigen Zwecken ja gerade das Kennzeichen der Technik ist. Nachdem er, wie er selbst einmal gesagt hat, in Los Alamos die Arbeit des Teufels getan hatte, hat eine Autorität wie Robert Oppenheimer in Vorträgen und Veröffentlichungen immer wieder daran erinnert, dass die wissenschaftlichen, technischen und industriellen Verfahren, die den zivil genannten Gebrauch der Kernkraft möglich machen, nicht von denen zu trennen sind, die der Herstellung von Atomwaffen dienen; das gleiche Material, Uran, werde ebenso für die Energiegewinnung wie für den Bombenbau benötigt. «Die Elektrizität erzeugenden Kernkraftwerke mögen für die Herstellung von Bombenmaterial nicht sonderlich geeignet sein, aber in einer Notlage – und jeder Atomkrieg wäre eine Notlage – kann man sie immerhin verwendbar machen.»[17] Nicht nur in einer Notlage, wäre aus heutiger Sicht zu ergänzen, denn alle Staaten, die sich Atomwaffen zugelegt haben, um ihr politisches Gewicht zu erhöhen – Indien und Pakistan, Israel und Nordkorea, demnächst wohl auch noch der Iran –, haben den unverdächtigen Umweg über den Reaktor genommen, um militärisch aufzurüsten. Sodass sich eine Weiterverbreitung der Waffentechnik und der Waffenproduktion allenfalls durch

71

politische Absprachen, natürlich auch durch politischen Druck, doch ganz bestimmt nicht durch technische Vorkehrungen verhindern lässt. Die Legende von der friedlichen Kernkraft hat die Gefahr, die sie bannen wollte, allgegenwärtig gemacht. Sie bietet jedem Machthaber, der genug Geld hat, um Material und Wissen einzukaufen, eine moralisch einwandfreie Ausrede, die Welt noch etwas unsicherer zu machen, als sie ohnehin schon ist.

Pragmatisch denkende Völker wie die Engländer, Amerikaner und Franzosen wissen das auch und setzen deshalb konsequent auf beides, auf die zivile und die militärische Option. Nach ihrer Meinung garantiert die Atomkraft Fortschritt und Freiheit, Handlungsfähigkeit nach innen und Unabhängigkeit nach außen. Genauso konsequent ist allerdings der nach langen und zähen Debatten gefasste Entschluss Deutschlands, auf beides zu verzichten. Er wird Nachfolger finden, spätestens dann, wenn irgendwo auf der Welt der nächste Reaktor durchgebrannt ist; womit weit häufiger zu rechnen ist, als die Wahrscheinlichkeitstheoretiker uns glauben machen wollen. Mit jedem dieser Ereignisse wird sich die Debatte um das friedlich genannte Atom neu beleben und die Regierungen, die der Legende aufgesessen sind, unter Druck setzen, ganz gleich, wo das Debakel sich ereignet hat; denn diese Energie nimmt, einmal freigelassen, keine Rücksicht auf nationale Grenzen. Die Ereignisse von Tschernobyl und Fukushima haben gezeigt, dass auch der «segensreiche» Gebrauch der Kernkraft Verheerungen anrichten kann, die bei realistischer Berechnung, also unter Einschluss von Versicherungskosten, Gesundheitsschäden, Schutzvorkehrungen, Rekultivierung und wirtschaftlichen Verlusten, ein Ausmaß erreichen, das mit dem Einsatz schwerer Waffen vergleichbar ist.

Die Wissenschaft als Lebensmacht wirft Fragen auf, auf die

sie keine Antwort weiß. Mit der Unterzeichnung jenes verhängnisvollen Briefes an Roosevelt, der den Anstoß gab zum Bau der Bombe, hatte sich Einstein in ein Dilemma verwickelt, aus dem er nicht mehr herausgekommen ist. Obwohl er zu Recht daran erinnert hat, dass in dem Schreiben nicht mehr als Experimente im Großen zur Untersuchung der Möglichkeit einer Atombombe angeregt wurden, machte er sich über die Folgen dieser Anregung und die Eigengesetzlichkeit, mit der die Dinge dann weiterliefen, keine Illusionen.[18] Unter dem Bewusstsein, mitschuldig geworden zu sein am Tod Zehntausender Menschen, hat er sein Leben lang gelitten. Man kann das Tragik nennen; allerdings nur dann, wenn man auch den Begriff der Schuld akzeptiert, ohne den Tragik nicht denkbar ist. Sein Freund Max Born, einer der wenigen Kernphysiker von Rang, die mit dem Manhattan-Projekt nichts zu tun haben wollten, sah in Einsteins Schicksal ein Beispiel dafür, dass bestes Wissen und reinstes Wollen nicht davor bewahrt, Entscheidungen zwischen zwei Möglichkeiten zu treffen, die beide gleich abscheulich sind.[19] Wie Planck war Einstein Vertreter einer Wissenschaft, die den Phänomenen der Natur nachging, weil sie in ihnen ein Muster für Schönheit und Harmonie, innere Ordnung und höhere Vernunft wahrzunehmen glaubte: für all das also, wovon die machtbewussten und geschäftstüchtigen Figuren, die nach ihnen kamen, nichts mehr wissen wollen.

5 «WIR WOLLTEN UND KONNTEN»

Die Entdeckung, die dem Nuklearchemiker Otto Hahn zusammen mit seinem Assistenten Fritz Straßmann gegen Ende des Jahres 1938 am Kaiser-Wilhelm-Institut in Berlin-Dahlem geglückt war, bewies den hohen Rang, den sich die deutschen Naturwissenschaftler auch unter den widrigen Umständen des Dritten Reichs bewahrt hatten. Erstaunlich schnell hatte sich die Forschung von den Folgen des Ersten Weltkriegs erholt und ihren alten Stand erreicht, ja übertroffen. Die Naturwissenschaft spricht Deutsch, hatte Erwin Schrödinger in den besten Jahren der Weimarer Republik festgestellt; sie tat das immer noch, als Hahn über den spektakulären Versuch berichtete, mit dem er gezeigt hatte, dass der Atomkern unter bestimmten Bedingungen tatsächlich zerplatzt. Zwar hatten viele, vor allem jüdische Gelehrte das Land verlassen, die Stimmung hatte sich verdüstert, und die Wissenschaft litt. Weil aber auch die Nazis wussten, dass gute Wissenschaft ein Mindestmaß an Freiheit braucht, hielt sich der Druck in Grenzen. Heisenberg wurde, nachdem er vom SS-Organ «Das Schwarze Corps» verunglimpft worden war, durch eine Ehrenerklärung Heinrich Himmlers rehabilitiert: Deutschland, meinte der Reichsführer SS, könne es sich nicht leisten, auf einen Mann wie ihn zu verzichten.

Auch in Moskau, dem ideologischen Gegenpol des Dritten Reichs, fühlt sich das Regime zur Rücksicht auf die Wissenschaft genötigt. Natürlich war dort, wo sich die Partei im Alleinbesitz der Wahrheit dünkt, für eine freie und unabhängige Forschung kein Raum; aber die Wissenschaftler, die Techniker und die Ingenieure waren für den sozialistischen Aufbau, der Wohlstand im Überfluss schaffen wollte, unentbehrlich. Nur sie konnten die Kraftwerke errichten, die nötig waren, um Lenins Vision wahrzumachen, durch das Bündnis von Sowjetmacht plus Elektrifizierung die kommunistische Zukunft zu gestalten. Man mochte sie nicht, aber man brauchte sie, und das sicherte ihnen ein Überleben zwar nicht in Freiheit, aber unter den vergleichsweise erträglichen Bedingungen eines privilegierten Standes. Es gab Angriffe und endlose Debatten über die Verträglichkeit von Quantentheorie und Sozialismus; am Ende siegte dann aber der pragmatische Zynismus Stalins. «Lasst die Physiker in Ruhe», soll er die Heißsporne in der Parteiführung, die die Kernphysiker an die Leine nehmen wollten, beschieden haben. «Wir können sie später immer noch erschießen.»[1]

Als dann der Krieg zu Ende war, sah alles anders aus. Nicht nur in den totalitär regierten Staaten, auch in den USA, dem Heimatland der Freiheit, hatten die Forscher zu spüren bekommen, was es bedeutet, kriegswichtig zu sein; auch dort war ihnen ihre Freiheit Stück für Stück genommen worden. Das Manhattan-Projekt, das die neue Energiequelle erschließen sollte, hatte mit freier Wissenschaft im Dienst von freier Welt und freiem Handel von Anfang an nicht viel zu tun; die Lebens- und Arbeitsbedingungen, die sich General Groves, der militärische Leiter des Unternehmens, für die amerikanischen, englischen und kanadischen Bewohner der Wissenschaftsstadt auf der Hochebene von Neu-Mexiko ausgedacht hatte, waren alles andere als freiheitlich. Seit Ende des Jahres 1941 herrschte zwischen Deutschland und den USA Krieg, und der bestimmte die Art, wie Wissenschaft betrieben wurde, sowohl hier wie dort. Wer in Los Alamos mit dabei sein wollte, bekam einen neuen Namen und einen falschen Pass; seine Verbindungen zu Freunden und Verwandten wurden überwacht, Telefongespräche aufgezeichnet, Post mitgelesen und zensiert; an freien, grenzüberschreitenden Meinungsaustausch, den Lebenssaft der Forschung, war ohnehin nicht mehr zu denken. Im Krieg sieht die Wissenschaft in allen Staaten der Welt ziemlich ähnlich aus; sie dient ja auch demselben Zweck, der Entwicklung von möglichst wirkungsvollen Waffen.

Was den Amerikanern den Vorsprung vor den Deutschen sicherte, war nicht die freiheitliche Verfassung ihres Forschungsbetriebs, sondern der Umstand, dass der richtige Mann (Albert Einstein) im richtigen Augenblick (gleich nach Ausbruch des Krieges) einen Brief an die richtige Adresse (den amerikanischen Präsidenten) geschrieben hatte, in dem von Bomben neuen Typs die Rede war, mit denen sich Zerstörungen von bisher unbekanntem Ausmaß anrichten ließen. Etwas Ähnliches hat es in Deutschland nicht gegeben. Es gab Berichte, Hinweise und mehrere Versuche, die Wehrmacht oder ein Ministerium für die Sache zu gewinnen; zu Hitler selbst sind die Kernphysiker nie vorgedrungen. Ein Vorstoß hätte wohl auch nichts gebracht, weil die Aussichten zu vage waren und Hitler, von dem die Entscheidung letztlich abhing, dem revolutionären Charakter der neuen Technik nicht gewachsen war. Der Gedanke, Masse in Energie zu verwandeln, habe sein Begriffsvermögen überstiegen, wusste, nachträglich zumindest, Albert Speer.[2] Ganz anders in Amerika, wo Einsteins Brief, wenn auch mit einiger Verzögerung, einen Prozess in Gang setzte, der dann nach eigenen Gesetzen weiterlief und mit technischer Präzision die Atombombe erzeugte.

Robert Oppenheimer, der charismatische Chef des Manhattan-Projekts, hat einmal gesagt, dass Erfindungen nicht deshalb gemacht würden, weil sie nützlich, sondern weil sie möglich sind. Was man machen könne, das werde auch gemacht, irgendeine Begründung finde sich nachträglich immer. «What works, is correct» hieß die Kurzformel der amerikanischen Pragmatisten, mit der sie das Mittel zum Zweck erhoben, der um seiner selbst willen untersucht, vorangetrieben und verwirklicht wird. Verantwortliche gibt es dann nicht mehr, nur noch Unfreie, Ehrgeizige und Getriebene, die sich Sachzwängen unterwerfen, die sie selbst in die Welt gesetzt haben. Heisenberg hat das als Schicksal beschrieben, Einstein als Verhängnis, der elegante und geschickte Oppenheimer als organische Notwendigkeit.[3] Tatsächlich hat es keinen ernsthaften Versuch gegeben, die Entwicklung, die mit Einsteins Brief begonnen hatte und in Hiroshima endete, aufzuhalten; dafür war es in jedem Fall zu spät. Mit Hahns Entdeckung war der Geist aus der Flasche, und kein Wissenschaftler war glücklich, mutig oder raffiniert genug, um ihn zu überreden, noch einmal in die Flasche zurückzukehren und dort für alle Ewigkeit zu bleiben.

Experten sind nicht unempfänglich für die Stimme der Moral; sie wissen mit ihr nur nichts anzufangen. Lässt sie sich nicht mehr überhören, reagieren sie je nach Temperament verlegen oder ärgerlich, hilflos oder frivol, fast immer aber so, als käme der Anspruch aus einer fernen, fremden Welt, die sie, die Spezialisten, längst verlassen hätten. Von Sünde, Schuld, Verantwortung und Haftung reden sie wie Kinder, die einen Text hersagen, den sie irgendwann einmal gelernt, aber nie richtig verstanden haben. Hans Bethe, der sich mit Edward Teller und Stanislaw Ulam den Ruhm teilen darf, Vater der Wasserstoffbombe zu sein, spricht von Gewissensnot und dem bedrückenden Gefühl, das Falsche getan zu haben; allerdings nur, um weitere Fragen oder Überlegungen mit dem Satz abzuschneiden: «Aber ich habe es getan!» Andrej Sacharow, Bethes Gegenüber auf russischer Seite, reagiert ähnlich: Er ist entsetzt über die Verwüstungen, die sein «Produkt», die H-Bombe, angerichtet hat, und quält sich mit Selbstvorwürfen. Seine Autobiographie ist voll von Äußerungen des Mitgefühls für die geschundene Natur, verletzte Tiere und die horrende Zahl von Opfern. Er sucht der Frage nach dem eigenen Beitrag auch nicht auszuweichen, sie macht ihn allerdings nur ratlos, und eine Antwort weiß er nicht: «Ich fühlte mich nicht konkret schuldig an diesen Todesfällen, doch konnte ich mich auch nicht völlig von jeder Mitschuld freisprechen.»[4] Schuld, Mitschuld oder Unschuld sind offenbar Begriffe, die in die Wirklichkeit der neuen Zeit nicht länger passen.

Begriffe wie Wille, Vorsatz und Absicht auch nicht. Im Zuge seiner unermüdlichen Versuche, Technik und Wissenschaft vom Vorwurf der Verantwortungslosigkeit zu befreien, hat Hermann Lübbe die Idee einer aufs Mittel fixierten, rein instrumentellen Vernunft eine Behauptung «von großer anthropologischer und kultureller Unwahrscheinlichkeit» genannt. Dass irgendjemand Verluste oder Katastrophen, wie sie den Fortschritt seit jeher begleiten, habe herbeiführen wollen, sei eine sinnlose Unterstellung. Um dann mit großer Geste fortzufahren: «Wer hat den sauren Regen gewollt? Wer ist für das vermutete oder gar schon vermessene Loch im Ozonschutzmantel unserer Atmosphäre verantwortlich? Wessen Absicht war es, die Dronte auszurotten und seither Arten in dramatisch gestiegener Zahl? Wer wollte den Salm aus dem Rhein vertreiben und wer die Herztodquote auf ihren heutigen Stand bringen?»[5] Die Antwort heißt natürlich: Niemand! Sie besagt nur nichts, weil es um Absicht gar nicht geht. Aus gutem Grund kennt die Rechtswissenschaft neben dem Vorsatz ja auch den bedingten Vorsatz, das billigende In-Kauf-Nehmen von Folgen oder Nebenfolgen, die keiner gewollt hat. Und es ist diese Art von Vor-

79

satz, über den zu reden wäre, wenn über den Fortschritt und seinen Preis gestritten wird.

Der Techniker will, dass es funktioniert; alles andere muss demgegenüber zurückstehen. Sacharow berichtet, wie ihm der zuständige Ingenieur mit dem Ruf «Es ist gutgegangen, es hat geklappt» entgegengelaufen kam, nachdem das «Produkt» endlich gezündet hatte. Anders als die Legende will, scheint Oppenheimer auf die Test-Explosion der neuen Waffe wörtlich genauso reagiert zu haben. Natürlich wusste er, dass die Geschichtsschreibung von ihm, dem Mann, der die Welt ins Atomzeitalter gestoßen hatte, mehr erwartete als ein paar dürre Worte: irgendetwas Welthistorisches über den Anbruch einer neuen Epoche und das Glück, dabei gewesen zu sein, nach dem Vorbild Goethes. Und er entsprach dieser Erwartung, als er davon erzählte, wie ihm beim Aufblitzen des Feuerballs zwei Verse aus der Bhagavadgita durch den Kopf gegangen seien: «Ich bin der Tod, der alles raubt, Erschütterer der Welten.» Sein Bruder Frank, der in dem entscheidenden Moment neben ihm stand, erinnert sich freilich anders. Genau habe er Roberts Worte im Augenblick der Explosion nicht mehr im Kopf, «aber ich glaube, wir sagten: Es hat funktioniert. Ich glaube wirklich, wir haben gesagt: Es hat funktioniert.»[6] Warum auch nicht? Tatsächlich gibt es für den Fachmann ja nur ein Desaster: dass das, was er entworfen hat, nicht funktioniert.

Oppenheimer war zu klug, um sich über die machtpolitischen Konsequenzen der neuen Waffe zu täuschen. Wenn es eng wurde, griff allerdings auch er auf die Entlastungsstrategie zurück, die Präsident Roosevelt, psychologisch geschickt, den Wissenschaftlern angeboten hatte, als er ihnen riet, sich nicht selbst für die moderne Kriegstechnik verantwortlich zu fühlen, sondern die Verantwortung denjenigen anzulasten, die den Fortschritt zu inhumanen Zwecken missbraucht hätten.[7] Der

Fachmann fragt nicht, was draus wird, er will das gar nicht wissen, weil ihn die Frage irritieren könnte. Als Teller zu Oppenheimer ins Büro kam, um seine Ansicht über eine Denkschrift zu erfragen, die davor warnte, die Bombe ohne Warnung über Japan abzuwerfen, sprach der sich gegen jeden Interventionsversuch seitens der Wissenschaftler aus: Es sei nicht ihre Sache, Verantwortung für Dinge zu übernehmen, die in die Kompetenz der Regierung fielen. Dass das eine Ausrede war, wusste niemand besser als Oppenheimer, war er doch Mitglied jenes exklusiven Zirkels, der die Regierung in allen Fragen der atomaren Bewaffnung beriet und den sofortigen Einsatz der neuen Waffe ausdrücklich empfohlen hatte. Sein Selbstverständnis als Mann der «reinen» Wissenschaft blieb davon freilich unberührt. Er brauchte diese Illusion, um alle Kräfte zu mobilisieren und das gewaltige Projekt, an dessen Spitze er stand, in knapper Zeit zum Erfolg zu führen. Verräterisch das Argument, mit dem er sich dem Vorschlag widersetzte, die Japaner durch eine Explosion in großer Höhe vor den Konsequenzen einer verzögerten Kapitulation zu warnen. Er fragte nur: «Und was, wenn die Bombe nicht zündet?»[8] Dann hätten er und seine Leute als Versager dagestanden, und das wollte er vermeiden. Technik bewährt sich dadurch, dass sie funktioniert.

Oppenheimer war kein bornierter Fachmann, spielte ihn aber, weil er glaubte, in dieser Rolle am schnellsten ans Ziel zu kommen. Er war ehrgeizig und eitel wie die meisten seiner Kollegen, anders als sie aber auch geschmeidig, einfühlsam und von erstaunlicher Beredsamkeit. Neben unbestrittener Sachkunde besaß er das Talent, die Menschen für sich einzunehmen und ihnen gegenüber jene natürliche Autorität zu entfalten, die nötig ist, um ein so abenteuerliches Unternehmen wie das Manhattan-Projekt zum Erfolg zu führen. Belesen und schlagfertig, aber auch hochmütig bis hin zur Arroganz, beeindruckte Oppenheimer gerade dadurch, dass er im Gegensatz zu den Spezialisten, die sich im Fachlichen erschöpfen, nicht aus einem Stück war. Seine Interessen waren weit gestreut, umfassten Kunst, Natur und Politik; die Einladungen, bei denen er selbst die Cocktails mixte, waren berühmt. Max Born, sein akademischer Lehrer in Göttingen, beschrieb ihn als einen Menschen mit hoher Begabung, aber ohne jede geistige Disziplin; nach außen trete er bescheiden auf, im Grunde sei er aber ziemlich arrogant; mit keinem seiner Studenten habe er mehr zu leiden gehabt als mit ihm. Andere fühlten sich von ihm düpiert, weil er sie seinen Anspruch auf intellektuelle Überlegenheit allzu deutlich spüren ließ. Glenn Seaborg, einer seiner Mitarbeiter im Los Alamos, beschwerte sich, gewiss nur halb ironisch, über Oppenheimers Neigung, Fragen zu beantworten, bevor sie überhaupt gestellt worden waren.[9]

Seine Unrast und sein offensichtliches Vergnügen, Fragen nicht nur schneller, sondern auch anders zu beantworten als alle anderen, haben seine Mitarbeiter immer wieder irritiert. Sie dürften den Ausschlag gegeben haben für die nach langem Hin und Her getroffene Entscheidung, ihm die Clearance, die Unbedenklichkeitsbescheinigung, die Voraussetzung war für den Zugang zu den Geheimnissen der Rüstungsindustrie, zu entziehen. In Gang gebracht hatte das Verfahren der Vorsitzende der Atomenergie-Kommission Lewis Strauss, ein denkbar harter Bursche. Waffennärrisch und machtbesessen wie er war, konnte er nicht verstehen, warum sich Oppenheimer der Entwicklung der «Super», wie die Wasserstoffbombe im Jargon der Militärtechniker hieß, widersetzt hatte. Ihm dazu eine halbwegs stimmige Erklärung zu entlocken, gelang aber auch Strauss und seinen Leuten nicht. Oppenheimer blieb undurchsichtig; er versicherte, sich beim Gedanken an die von ihm gebaute Bombe nicht sonderlich wohl zu fühlen, wollte von Reue aber nichts wissen; er gab zu, Einwände gegen die Wasserstoffbombe zu haben, «aber keine moralischen»; er behauptete, dass ihn das Problem gereizt habe, er sich die Lösung aber nicht zugetraut hätte. Das meiste von dem, was er in dem Untersuchungsverfahren, einer juristischen Farce, vorbrachte, klang vieldeutig; er liebte das Geheimnisvolle, die Ausweichmanöver und die taktischen Winkelzüge und legte, offenbar bewusst, auch falsche Spuren. Nachdem er seine Sorgen und Ängste vor einem atomaren Wettrüsten eingestanden hatte, nannte er in einer berühmt gewordenen Wendung die H-Bombe ein «sweet problem», und wirklich kommt man auf der Suche nach einem schlüssigen Motiv mit diesem Ausdruck immer noch am weitesten.[10] Mit dem Erfolg von Trinity, dem Codewort für den Test in der Wüste von Alamogordo, und den Angriffen auf Hiroshima und Nagasaki hatte Oppenheimer seine Herausforderung bestanden. Er hatte sein Problem gelöst und einen unübersehbaren Beweis für sein Können als Wissenschaftler, Techniker und Manager geliefert. Teller, sein ewiger Konkurrent, war noch nicht so weit. Deswegen unternahm er alles, um mit «seiner», der H-Bombe, aller Welt zu demonstrieren, dass er genauso gut wie Oppenheimer war.

Die Logik des Systems, dem Oppenheimer diente, verschluckte die Freiheit. Alles hätte er getan und jeden Auftrag erfüllt, hat er versichert, wenn er ihn denn für technisch durchführbar gehalten hätte: eine Art Befehlsnotstand in wissenschaftlich konditionierter Form. Bis zum Abschied aus der Waffenschmiede von Los Alamos war er stolz auf seine Arbeit und ein erklärter Gegner aller, die sich Gedanken darüber machten, was aus der Sache werden würde, wenn sie erst einmal Gegenstand von politischem Kalkül und militärischer Planung geworden wäre. Erst als die Arbeit getan und das «sweet problem» gelöst war, wechselte der Ton. Jetzt äußerte Oppenheimer Zweifel an einer Logik, die alles auf Spieltheorie reduzierte, und es begann der zweite Teil seines Lebens, in dem er sich vergeblich darum bemühte, eine Entwicklung in den Griff zu bekommen, die er im ersten Teil mit so durchschlagendem Erfolg in Gang gebracht hatte. Er habe, meinte ein nüchterner Beobachter, die Welt beweint, sei aber nicht bereit gewesen, sie zu verändern: ein glänzender Vertreter jener technizistischen Amoral, die sich darin gefällt, die Menschen mit Aufgaben zu konfrontieren, denen sie nicht gewachsen sind. Als ein Kongressabgeordneter, entsetzt über die Aussicht, dass sein Land unversehens in die Katastrophe stolpern könnte, von ihm wissen wollte, was für ein Instrument er benutzen würde, um eine in New York versteckte Bombe aufzuspüren, antwortete er lapidar: einen Schraubenzieher. Den brauche man nämlich, um jede Kiste, jeden Kasten und jeden Koffer zu öffnen und ihren Inhalt zu filzen.[11] Stolz auf seine freiheitliche Tradition, hat sich Amerika lange Zeit geweigert, einen so rabiaten Schluss zu ziehen. Inzwischen, nach den Anschlägen vom 11. September, ist es allerdings so weit, und das Land macht seine Erfahrungen mit dem Satz, den Herman Melville seiner Erzählung über den Glockenturm vorangestellt hat: dass der Mensch in seinem Bestreben, mehr Freiheit zu gewinnen, die Herrschaft des Notwendigen erweitert.

Leo Szilard, ein gebürtiger Ungar, den es über Deutschland und England in die USA verschlagen hatte, wo er zusammen mit Enrico Fermi die erste sich selbst erhaltende Kettenreaktion in Gang setzte, machte sich ähnliche Gedanken. Anders als Oppenheimer, der die Welt aus dem fatalen Zustand, in den er sie versetzt hatte, befreien wollte, hatte sich Szilard aber in den Kopf gesetzt, sie an diesen Zustand zu gewöhnen. Als junger Mann hatte er vor der Gefahr gewarnt, die von einem atomar bewaffneten Nazi-Deutschland ausgehen könnte, und Ge-

genrüstung, also Vorrüstung, verlangt. Später entwarf er, zusammen mit Edward Teller, den von Einstein unterzeichneten Brief, der Präsident Roosevelt auf das gewaltige Zerstörungspotenzial von Bomben neuen Typs hinwies und wieder einmal Vorrüstung verlangte. Am Manhattan-Projekt war Szilard nur indirekt, als Stichwort- und Ideengeber, beteiligt, da er mit seiner Neigung zum Sarkasmus die Sicherheitsbehörden gegen sich aufgebracht hatte. Er war unbequem, nicht einzubinden und einer der Ersten, die den Amerikanern davon abrieten, die neue, absolute Waffe einzusetzen: Szilard sah voraus, dass dieser Schritt die Technik, zu der er so viel beigetragen hatte, mit einem unauslöschlichen Makel behaften würde, und hat damit auch recht behalten. In einem Memorandum, dem vielzitierten Franck-Report, wies er die Wissenschaftler darauf hin, dass die Zeit, in der sie sich von der Verantwortung für den Gebrauch ihrer Erfindungen freizeichnen konnten, vorbei sei. Von nun an müssten sie einen «aktiven Standpunkt» beziehen, «weil die Erfolge, die wir auf dem Gebiet der Kernenergie errungen haben, mit unendlich viel größeren Gefahren verbunden sind als alle bisherigen Erfindungen».[12]

Verglichen mit seinen Fachkollegen, die sich als Physiker verstanden und andere als technisch motivierte Einwände nicht gelten ließen, wirkt Szilard vielseitiger, skeptischer, moderner. Im Grenzgebiet zwischen dem technisch Möglichen, dem politisch Aussichtsreichen und dem moralisch Gebotenen verliert aber auch er die Orientierung und flüchtet sich, wo er nicht weiterweiß, in den Zynismus. Der Soziologe Edward Shils, der ihn aus einigen gemeinsam an der Universität von Chicago verbrachten Jahren gut kannte, beschreibt ihn als einen Mann, den seine überquellende Phantasie daran hinderte, seinen Einfällen bis ans Ende nachzugehen. Respektvoll, aber auch verwundert spricht er von Szilards «fast schon perversem» Talent, weiter

zu blicken als seine Zeitgenossen. Konfrontiert mit den über-
raschenden Konsequenzen seiner Einfälle und Pläne, habe er
niemals Zeit gehabt, genauer hinzusehen, weil er immer schon
etwas weiter gewesen sei als die anderen; die Gegenwart habe
ihn gelangweilt, meint Shils, und so flüchtete er in die Zukunft.[13]

Szilard agiert und redet wie ein Spieler. Wann und womit
und ob es ihm überhaupt mit irgendetwas ernst war, wird nie
ganz klar. Nachdem er im Jahre 1944 den Gebrauch der Bombe
gegen Deutschland empfohlen hatte, riet er nur ein Jahr später
von ihrem Einsatz gegen Japan ab: Seine Meinungen wechsel-
ten, die Begründungen auch.[14] Er liebte die Dialektik und genoss die Verblüffung, die er damit erzeugte. «Wir brauchen die
Bombe, um sie nicht einzusetzen» – mit solchen Aussprüchen
wurde er zum Ahnherrn einer Doktrin, die unter Begriffen wie
«Abschreckung», «Selbstabschreckung» und «Gegenabschre-
ckung» Eingang gefunden hat ins Arsenal des Grauens. In einer
utopischen Erzählung, die er zur Zeit der Kuba-Krise unter dem
Titel «Die unterminierten Städte» erscheinen ließ, malt er sich
einen Zustand aus, in dem Amerika und Russland vereinbart
haben, unter einer Reihe von Großstädten der jeweils anderen
Seite ein paar Wasserstoffbomben zu verstecken. Bewacht
und bei Bedarf gezündet werden diese Bomben durch Mann-
schaften der Gegenseite, sodass die amerikanischen Soldaten
Millionen von Russen und russische Soldaten Millionen von
Amerikanern buchstäblich in der Hand haben. Zur Entschädigung, als Lohn für die Angst, im Ernstfall in die Luft gejagt zu
werden, erhalten die Bewohner der unterminierten Städte eine
Entschädigung von dreitausend Dollar im Jahr; und sind damit,
wie Szilard glauben machen will, hochzufrieden.[15] In seiner
technischen Utopie haben die Menschen gelernt, die Dinge auf
die leichte Schulter zu nehmen, mit dem Risiko zu leben und

aus der Gefahr ein Geschäft zu machen. Szilard kann rechnen, hat aber kein Verständnis für das, was sich in Zahlen nicht ausdrücken lässt, für den Verlust von Sicherheit und Zuversicht, von Freiheit und Vertrauen; es fehlt ihm an humaner Phantasie. Seine kalte Logik verbirgt nur schlecht, dass Szilard angesichts der fatalen Lage genauso hilflos war wie Oppenheimer.

Seitdem die Bombe in der Welt war, schwankten die Kernphysiker zwischen der Hoffnung auf einen lauen Frieden und der Angst vor dem großen Krieg. In diesem Auf und Ab gab es nur einen, der jederzeit genau wusste, was er wollte; das war Edward Teller. Er wollte Waffen, immer größere und schrecklichere Waffen, und immer mehr von ihnen. Zur Begründung verwies er auf seine Lebensgeschichte, die ihn zwei Weltkriege habe miterleben lassen; ein drittes Mal wolle er so etwas nicht erleben. Keiner von denen, die ihn besser kannten, hat ihm das geglaubt; seine Waffenliebe war zu obsessiv, um nicht auf andere, tiefere, irrationale Wurzeln schließen zu lassen. Fasziniert von der Aussicht auf die pure Macht der Zerstörung, hatte er schon in Los Alamos auf die Entwicklung der «Super» gedrängt und die Zusammenarbeit mit Oppenheimer und seinen Kollegen verweigert, als er damit nicht durchkam. Den Krieg zu planen, um den Frieden zu bewahren: Das sei es, was Teller laut und mit Bewusstsein vor sich hertrage, meinte sein älterer Kollege Wolfgang Pauli. Tellers Unbewusstes sehe aber doch wohl anders aus, das wolle er lieber nicht kennenlernen.

Unter den Atomforschern seiner Generation war Teller eine ungewöhnliche Erscheinung. Seine Empfindlichkeit, seine Geltungssucht und seine Entschlossenheit, der Geschichte den Stempel aufzudrücken, dürften nicht viel größer gewesen sein als die der meisten anderen; er übertraf sie aber durch die rücksichtslose Art, in der er Widerstände aus dem Wege räumte und dabei keinen verschonte, auch Kollegen nicht. Das von dem Kommunistenjäger McCarthy angeheizte Klima allgemeiner Verdächtigungen kam ihm gerade recht, um Oppenheimer, seinen alten Chef, zu diskreditieren und mit Stanislaw Ulam, seinem Konkurrenten, abzurechnen. Danach war über Teller nur noch selten ein gutes Wort zu hören; man sprach von ihm in einem Ton, der eine geradezu archaische Abneigung gegen den Mann verriet, der mit seiner fanatischen Waffenliebe das Böse selbst zu verkörpern schien. Ihm war jedes Mittel recht; ob zur Verteidigung, zum Angriff oder zur Vernichtung, konnte ihm egal sein, weil sich der Unterschied angesichts der überwältigenden Zerstörungskraft moderner Kampfmittel ohnehin verlor. Die Wasserstoffbombe und die Strategische Verteidigungsinitiative gehen denn auch in gleicher Art auf ihn zurück: Technisch reizvoll waren ja beide. Blass vor Wut soll er geworden sein, als ihm ein Mitarbeiter mit dem Nachweis kam, dass die erhoffte Superbombe aus technischen Gründen unmöglich sei.[16] So etwas spornte ihn nur an, mit irgendeiner ausgefallenen Idee das Gegenteil zu beweisen und der Sache doch noch zum Erfolg zu verhelfen. Entspannung war ihm unerträglich; kamen sich die Großmächte wirklich einmal etwas näher, unternahm Teller alles, um die Aussicht auf eine weniger bedrohliche Welt schon im Ansatz zu hintertreiben. Sämtliche Versuche, den Rüstungswettlauf zu begrenzen oder umzukehren, sind von ihm bekämpft worden, auch nach dem Ende der Sowjetunion und ihrer Satelliten. Er war und blieb sein Leben lang ein Falke.

Angesichts dessen, was er gewollt und getan hat, wirkt es wie ein Hohn, dass auch Teller bei Bedarf die Fluchtposition des reinen Wissenschaftlers bezog. Er ist noch jedes Mal auf sie zurückgekommen, wenn es darum ging, seine Idiosynkrasien und deren Ausgeburt, das Gleichgewicht des Schreckens, zu verteidigen. Dann appellierte er an die demokratischen Instinkte des Landes und die Urteilsfähigkeit des amerikanischen Volkes. Nach Tellers Doktrin hatte der Wissenschaftler nur zwei Pflichten: die Natur zu erforschen und über das, was er dabei herausgefunden habe, in klaren und verständlichen Worten zu berichten, «sodass die daraus folgenden Entscheidungen von jedermann in unserem Lande verständnisvoll getroffen werden können. Denn die Macht der Entscheidung gehört dem Volk, und es ist das Volk, das die Folgen der Entscheidung zu tragen hat.»[17] Geholfen hat ihm Teller dabei nicht, im Gegenteil, er hat verharmlost und getäuscht, so gut es ging. Wo er über sein Hobby, die Waffenproduktion, referierte, versprach er «saubere» Atombomben, fabulierte von «humanen» Formen der radiologischen Kriegsführung und stellte die taktisch genannten Sprengköpfe, die Mini-Nukes, im Stil von Konrad Adenauer als eine verbesserte Artillerie vor.[18] Teller, hat einer seiner Kollegen zu solchen Einlassungen bemerkt, sei nicht ehrlich; er sei jedoch zu clever, um offen zu lügen.

Tatsächlich lügt er nicht, wenn er berichtet, wie ein Versuchsgelände aussieht. Die Wahrheit sagt er aber auch nicht, denn er verschweigt, was Test-Explosionen von Megatonnenstärke in der Natur anrichten. «Mike», das erste Monster dieser Art, verdampfte eine ganze Insel, brachte das Meer zum Kochen und hinterließ einen Krater von drei Kilometern Durchmesser. Davon liest man bei Teller nichts. Atomsprengstoffe, schreibt er in seinem «Ausblick in das Kernzeitalter», würden in schöner und unberührter Landschaft getestet; das habe seinen guten Grund, den radioaktiven Fallout, der für die Menschen unerfreulich, für die Natur jedoch, wie Teller weiß, nicht weiter schädlich sei: Natur ist das, was übrig bleibt, wenn die Kultur aus ihr vertrieben worden ist. Dass der Mensch die Natur braucht und sie schon deshalb schonen sollte, weil er selbst ihr Geschöpf ist und ohne sie nicht leben kann, kommt bei Teller nicht vor; für ihn sind das Sentimentalitäten, die schon deshalb nicht zählen, weil sie sich nicht berechnen lassen. Als Techniker sieht er in der Natur einen Gegenstand, mit dem man machen kann, was man will. Wir haben die Möglichkeit, hat er erklärt, uns gegen die Natur zu wehren, und sollten das auch tun, weil die Natur nicht Freund, sondern Feind des Menschen ist.[19] Damit stand Teller nicht allein.

6 FEINDSCHAFT GEGEN DIE NATUR

Sich als Naturwissenschaftler zur Widernatürlichkeit zu bekennen, verlangt Mut. Nur wenige haben ihn aufgebracht, und wenn, dann in ganz unterschiedlicher Absicht. Ein Biologe, der den Menschen rät, sich der eigenen Natur zu widersetzen und den angeborenen Vermehrungstrieb zu zügeln, meint etwas anderes als der verbohrte Waffennarr, der nach den Menschen nun auch der Natur den Krieg erklärt. Seitdem Descartes und Bacon die Menschen dazu aufgerufen hatten, sich zu Herren und Meistern der Natur aufzuwerfen, war diese Feindschaft, wie unbestimmt auch immer, allerdings zu spüren; erobern muss man ja nur das, was einem nicht gehört, was fremd ist und sich freiwillig nicht fügt. Der Feldzug begann, als die spektakulären Anfangserfolge der industriellen Revolution den Menschen klargemacht hatten, dass ein Sieg über die Natur möglich war, wie er aussah und was er brachte. In England sprachen John Stuart Mill und seine Anhänger, die Utilitaristen, ganz offen von dem verderblichen Wirken der Natur, in Deutschland war es die Gesellschaft der Naturforscher und Ärzte, die ähnliche Gedanken propagierte und zur «Befreiung des Menschen von der Übergewalt der Natur» aufrief.[1] Die Menschen hatten die Mittel in die Hand bekommen, sich gegen die Natur zu wehren; jetzt wollten sie die Mittel auch verwenden.

Sich vorzustellen, wie die Natur aussehen würde, wenn der Kampf gegen sie entschieden wäre, war nicht mehr Sache der wissenschaftlichen, sondern der utopischen Literatur. In ihr ist das Motiv der Naturfeindschaft am klarsten formuliert und bis zur letzten Konsequenz vorangetrieben worden. Unbeschwert vom Anspruch auf Wissenschaftlichkeit, der selbst einen Hitzkopf wie Du Bois-Reymond zur Mäßigung gezwungen hatte, konnten die Romanciers ihre Neigung zur Phantasterei hemmungslos ausleben. Sie haben sich ausgemalt, wie es in einem Paradies zugeht, aus dem nicht etwa der Mensch, sondern die Natur vertrieben worden ist.

In seinem utopischen Roman «Der Rote Planet», zehn Jahre vor der Oktoberrevolution erschienen, hat Alexander Bogdanov die Idee der Herrschaft über die Natur zu Ende gedacht. Die Handlung spielt denn auch nicht mehr auf Erden, auf irgendwelchen entlegenen Inseln oder in unbekannten, fernen Ländern, sondern auf dem Mars, dem Roten Planeten, wo die Natur von Hochhäusern und Fabrikanlagen, von Autobahnen, Flughäfen und Kanälen restlos überwuchert worden ist. Eine fortschrittliche Variante der Gattung Mensch hat dort, angeleitet von Forschern, Technikern und Ingenieuren, einen Wohlstand erzeugt, der eine Bewirtschaftung der ehemals knappen Güter überflüssig macht; jeder kann nehmen, so viel er will, und zwar von allem. Den Preis dafür zahlt die Natur, die es, ähnlich wie Religion und Gottesdienst, in ihren bekannten und vertrauten Formen nicht mehr gibt. Sie ist der letzte, hartnäckige Feind, gegen den sich eine Gesellschaft, die im Zustand des ewigen Friedens lebt und sich eines grenzenlosen Glücks erfreut, verteidigen muss: «Bei uns», erklärt der fortschrittliche Marsbewohner dem antiquierten Erdenmenschen, «herrscht Frieden unter den Menschen, das ist wahr, aber kein Friede mit der elementaren Natur. Den kann es auch nicht geben. Die Natur ist ein Feind, der immer von neuem besiegt werden muss.»[2] Der Krieg wird ewig weitergehen, denn je enger die Marsmenschen im Kampf gegen die bedrohliche Natur zusammenrücken, desto erbarmungsloser schlägt die geschundene Natur zurück.

Die ständige Gefahr verlangt die Ausbildung von Tugenden, die den Revolutionären immer schon die liebsten waren, von Wachsamkeit und Kampfbereitschaft, diesmal nicht gegen den Klassenfeind, sondern gegen die Tücken der Natur gerichtet. Der Angriff muss in jedem Fall gewagt werden, weil wir, wie Bacon lehrt, «beim Unterlassen den Verlust eines unschätzbaren Gutes riskieren, beim Misserfolg aber nur den vergeblichen Aufwand von menschlicher Arbeitskraft».[3] Die Natur wird zum Gegenstand, dessen Wert nach seinem Nutzwert für den Menschen berechnet wird: Der technisch versierte Naturforscher erkennt schon im Stein den Baustein, im Baum den Mastbaum, im Tier das Nutztier und so weiter durch alle Ebenen und Winkel der belebten und der unbelebten Natur. Vieles von dem, was sich die frühen Programmatiker ausgedacht haben, ging über die Möglichkeiten ihrer Zeit hinaus, war also nicht viel mehr als Zukunftsmusik. Aber ihr Ziel war klar; was fehlte, war nicht der Wille, sondern die Fähigkeit, die Natur in ihrem Sinne umzugestalten.

Diese Fähigkeit besaß der Engländer James Watt. Seine Erfindung, die Dampfmaschine, bewies in großem Stil, was es heißt, die Natur zu zähmen und ihre Kräfte in den Dienst des Menschen zu stellen. Als experimentierfreudiger Mechanikei hatte er das konventionelle Handwerk, vertreten durch die gewerkschaftlich organisierten Hammermänner, gegen sich aufgebracht. Sie misstrauten dem Fortschritt, weil sie befürchteten, durch ihn ihre Arbeit zu verlieren; nicht ohne Grund, wie die Entwicklung noch zeigen sollte. Daraufhin hatte Watt, vermittelt durch Adam Smith, der als Gelehrter vom Fortschritt andere Vorstellungen besaß als die Arbeiter von Glasgow, eine Stellung an der Universität erhalten; er nutzte sie, um unter

dem Schutz der akademischen Freiheit seine Erfindung einsatz-
reif zu machen. Nachdem er auf die Dampfmaschine ein Patent
erworben hatte, tat er sich mit dem Unternehmer Boulton zusammen und gründete die Maschinenfabrik Watt & Boulton.
Das Unternehmen florierte, und so wurde Watt zum Ahnherrn
einer Revolution, die das Gesicht der Welt ebenso gründlich
verändert hat wie der Umsturz, der sich zur selben Zeit in
Frankreich abspielte. Die Gleichzeitigkeit der Ereignisse hat
immer wieder verblüfft und dazu eingeladen, die beiden Gewalten, die da so plötzlich in die Welt getreten waren, die der
Maschinen und die der Massen, miteinander zu vergleichen.
Der deutsche Staatsrechtslehrer Lorenz vom Stein war nicht
der Einzige, der dabei in der Maschine die größeren Kräfte wirken sah: Die wahre Revolution sei von ihr ausgegangen, denn
sie beherrsche die materielle Welt mit Auswirkungen bis tief
ins Geistige hinein.[4]

Wie tief, ist eine Frage, die die politische Philosophie nicht
mehr losgelassen hat. Rubatschow, der skeptische Held aus
Arthur Koestlers Revolutionsroman, sah die Welt seit der
Erfindung der Dampfmaschine in einem permanenten Aus-
nahmezustand; Kriege und Revolutionen wären dafür nur der
sichtbare Ausdruck. Der Kapitalismus habe es nicht vermocht,
das Begriffsvermögen der Massen auf die Höhe der Zeit zu
bringen, notierte er in seinem Tagebuch; das sei jetzt Aufgabe
des Sozialismus.[5] Der hat es tatsächlich versucht, ist damit aber
noch viel gründlicher gescheitert als sein Konkurrent. Um jenen Überfluss an Gütern zu erzeugen, auf den das Versprechen
einer herrlichen Zukunft für alle Menschen gegründet war,
ist die Natur vom Sozialismus in einem Umfang ausgebeutet
worden, der die Feldzüge der Kapitalisten bei weitem übertraf.
Das hat sich gerächt; die meisten der herkulischen Projekte, mit
denen Stalin den Umbau des Landes beschleunigen wollte, sind

unter horrenden Kosten für Mensch und Natur misslungen. Stimmen, die dazu rieten, es mit dem Umbau nicht zu weit zu treiben, hat es auch unter den widrigen Bedingungen der Parteidiktatur genug gegeben; sie sind nur nicht beachtet worden.

Beflügelt von den Vorgaben immer neuer Fünfjahrespläne, haben die Funktionäre und ihre technischen Assistenten alle Warnungen in den Wind geschlagen und die Natur, begleitet vom Jubel der parteikonformen Intelligenz, Schritt für Schritt zurückgedrängt. «Ein Funkspruch aus Moskau, Signalflaggen winken, schon ändert der Strom seinen uralten Lauf. / Die Wüste ist durstig? Die Wüste soll trinken! So trinke und treibe! Die Schleusen sind auf!», reimte Kurt Barthel, Kuba genannt, auf das gigantische Aufbauwerk im roten Osten.

Das Werk sah vor, die großen sibirischen Ströme, den Ob, den Jenissei und die Lena, die allesamt nordwärts fließen, um sich dann nutzlos, wie die Wasserbauingenieure vorwurfsvoll bemerkten, ins Eismeer zu ergießen, aufzustauen und das Wasser nach Süden, in die kasachische Steppe umzuleiten. Auf den riesigen Nutzflächen, die dort entstehen sollten, wären Heerscharen von Erntesoldaten in die Ernteschlacht gezogen, um dem Boden das Letzte abzugewinnen. Der nach seinem Erfinder Dawydow benannte Plan ist über Ansätze nicht hinausgekommen; was realisiert wurde, hat allerdings genügt, den Spiegel des Aralsees, das ehemals größte Binnengewässer der Erde, so weit abzusenken, dass die Wüste wuchs. Wie viele andere Großvorhaben ist auch dies Projekt auf halber Strecke liegengeblieben, sodass das Wasser, statt die Wüste zu tränken, im Sande verlief.[6] Der Glaube, es besser zu wissen und zu können als die Natur, hat sich auf katastrophale Weise nicht ausgezahlt. Er hat die Sowjetunion nicht reicher, sondern ärmer gemacht und den Zusammenbruch eines Systems, das angetreten war, die Welt zu beherrschen, besiegelt.

Dem Rest der Welt war das Debakel eine Lehre. Angesichts dessen, was beim Kampf gegen die Natur herauskommen kann, fällt die Bilanz ernüchternd aus. Man ist misstrauisch geworden gegen die Projektemacher, die die Natur verändern wollen, ohne sie zu verstehen. Die Mehrzahl der Industrieländer will einlenken und auf Verbesserungen, die keine sind, verzichten. Begriffe wie ökologisches Gleichgewicht, nachhaltiges Wirtschaften und qualitatives Wachstum werden nicht länger als Launen oder Marotten einer grünen Minderheit belächelt, sondern als Alternativen zum eingefahrenen Betrieb ernst genommen. Sie formen das Bewusstsein und beeinflussen die Politik – leider nicht weit und breit genug, um auch jene Länder mitzunehmen, die im Bemühen, den gleichen Wohlstand wie die alten Industrieländer zu erlangen, den Fortschritt von gestern praktizieren. Dass man Natur auch anders denn als Gegenstand der Ausbeutung betrachten kann, haben sie unter dem Ansturm der Moderne vergessen.

Man muss weit zurückgreifen, um dieser anderen Naturauffassung zu begegnen. Die klarsten Spuren hat sie in der Literatur hinterlassen, bei Stifter oder Eichendorff, Fontane oder Büchner. Büchner ist interessant, weil er als Arzt und Anatom von den natürlichen Phänomenen genauso viel verstand wie ein Naturforscher von heute; er fühlte allerdings ganz anders, wie er sich überhaupt von einem modernen Physiologen dadurch unterschied, dass er Gefühle hatte, sich zu ihnen bekannte und über sie schreiben konnte. Sein «Lenz» ist der wohl eindrucksvollste Versuch, der geheimnisvollen Korrespondenz zwischen Außen- und Innenwelt, Natur- und Seelenleben nachzugehen. Die kurze Erzählung beginnt mit einer Schilderung der winterlichen Vogesen, in die sich Jakob Lenz, der Titelheld, in seiner Seelennot geflüchtet hatte: «Es war nasskalt; das Wasser rieselte die Felsen hinunter und sprang über den Weg. Die Äste der

Tannen hingen schwer herab in der feuchten Luft. Am Himmel zogen graue Wolken, aber alles so dicht – und dann dampfte der Nebel herauf und strich schwer und feucht durch das Gesträuch, so träg, so plump.» Dann, ohne Übergang, der Wechsel von außen nach innen: «Er ging gleichgültig weiter, es lag ihm nichts am Weg, bald auf-, bald abwärts. Müdigkeit spürte er keine, nur war es ihm manchmal unangenehm, dass er nicht auf dem Kopf gehen konnte.» Danach zerfließt die Grenze zwischen Gesehenem, Erlebtem und Gefühltem völlig. Die Stimmung wird opak und lässt bewusst unklar, ob sich in der Natur das Wesen des Menschen offenbart oder im Menschen der Zustand der Natur: «Anfangs drängte es ihm in der Brust, wenn das Gestein so wegsprang, der graue Wald sich unter ihm schüttelte und der Nebel die Formen bald verschlang, bald die gewaltigen Glieder halb enthüllte; es drängte ihn ihm, er suchte etwas, wie nach verlorenen Träumen, aber er fand nichts. Es war ihm alles so klein, so nahe, so nass; er hätte die Erde hinter den Ofen setzen mögen.»

Lenz trifft auf keine friedliche und keine freundliche Natur; es sind vielmehr ihre harten und wilden, ihre «natürlichen» Züge, die ihm so etwas wie Erleichterung, ja Glück verschaffen: «Nur manchmal, wenn der Sturm das Gewölk in die Täler warf und es den Wald heraufdampfte und die Stimmen an den Felsen wach wurden, bald wie fern verhallende Donner und dann gewaltig heranbrausten, in Tönen, als wollten sie in ihrem wilden Jubel die Erde besingen, und die Wolken wie wilde, wiehernde Rosse heransprengten, und der Sonnenschein dazwischen durchging und kam und sein blitzendes Schwert an den Schneeflächen zog, sodass ein helles, blendendes Licht über die Gipfel in die Täler schnitt; oder wenn der Sturm das Gewölk abwärts trieb und einen lichtblauen See hineinriss und dann der Wind verhallte und tief unten aus den Schluchten, aus den

Wipfeln der Tannen wie ein Wiegenlied und Glockengeläute heraufsummte und am tiefen Blau ein leises Rot heraufklomm und kleine Wölkchen auf silbernen Flügeln durchzogen und alle Berggipfel, scharf und fest, weit über das Land hin glänzten und blitzten – riss es ihm in der Brust, er stand, keuchend, den Leib vorwärts gebogen, Augen und Mund weit offen, er meinte, er müsse den Sturm in sich ziehen, alles in sich fassen, er dehnte sich aus und lag über der Erde, er wühlte sich in das All hinein, es war eine Lust, die ihm wehtat; oder er stand still und legte das Haupt ins Moos und schloss die Augen halb, und dann zog es weit von ihm, die Erde wich unter ihm, sie wurde klein wie ein wandelnder Stern und tauchte sich in einen brausenden Strom, der seine klare Flut unter ihm zog. Aber es waren nur Augenblicke; und dann erhob er sich nüchtern, fest, ruhig, als wäre ein Schattenspiel vor ihm vorübergezogen – er wusste von nichts mehr.»

Romantisch wird man das nicht nennen wollen. Bei aller Bereitschaft, den Gefühlen, den eigenen und den fremden, auf den Grund zu kommen, war Büchner viel zu sachlich, zu sehr Anatom, um sich in Schwärmereien zu verlieren; für seine medizinische Probevorlesung an der Universität Zürich wählte er das betont nüchtern formulierte Thema «Über Schädelnerven». Was ihn von einem modernen Naturwissenschaftler unterscheidet, ist seine Leidenschaft fürs Ganze. Er schildert die Natur so, wie sie auf ihn wirkt, unverstellt durch technische Hilfsmittel und unberührt durch das methodische Getue, mit dem sich die moderne Wissenschaft in Szene setzt. Statt die Natur zu zergliedern und in Funktionszusammenhänge aufzulösen, atmet er sie ein. Osmotisch, wie im Traum müsse man die Natur in sich aufnehmen, «wie die Blumen mit dem Zu- und Abnehmen des Mondes die Luft», meint Büchners Held, der unglückliche Dichter Jakob Lenz. «So von dem eigentümlichen Leben jeder Form berührt zu werden, für Gesteine, Metalle, Wasser und Pflanzen eine Seele zu haben», bereite ihm ein unendliches Wonnegefühl. Wo die Wissenschaft herrscht, wird sich dies Wonnegefühl nicht so bald einstellen. Büchners «Lenz» erzählt von einer Natur, die erlebt, nicht untersucht werden will; für das Erlebnis hat die moderne Form der Naturbetrachtung aber keine Zeit.

Sie will vor allem eins: herausfinden, wie die Natur funktioniert, wie viel sie einbringt, hergibt oder abwirft, wenn man sie in die Hand bekommen hat, und was sich daraus machen lässt. Die Forderung nach Effizienz bedeutet für den Naturforscher etwa das, was für den Soldaten der Befehl ist: Da gibt es keinen Widerspruch, er muss gehorchen. Selbst Oppenheimer, der als erfolgreicher Manager ein hohes Maß an Unabhängigkeit genoss, hat sich gelegentlich wie ein Befehlsempfänger aufgeführt. Wenn die Verhältnisse danach sind – und im Krieg sind sie das immer –, kann diese Empfänglichkeit dazu führen, dass sich Nobelpreisträger wie Massenmörder äußern. Es war Fermi, der Oppenheimer mit dem Vorschlag überraschte, die Spaltprodukte, die beim Bau der Atombombe anfielen, zu benutzen, um die Lebensmittel des Feindes radioaktiv zu vergiften und so, wie er als Kernphysiker natürlich wusste, ein Massensterben zu verursachen, dass vor allem Frauen und Kinder getroffen hätte. Oppenheimer war unsicher und besprach die Sache mit Teller, der offenbar keine Einwände hatte und als geeignetes Material Strontium 90 empfahl, ein Isotop, das sich im Knochengerüst ablagert und Krebs verursacht. Der Vorschlag wurde dann fallengelassen; allerdings nicht aus humanitären Erwägungen, sondern weil, wie Oppenheimer an Fermi schrieb, «wir einen solchen Plan nur dann verfolgen sollten, wenn wir genug Lebensmittel vergiften könnten, um eine halbe Million Menschen zu töten».[7] Man wollte Effizienz, ein möglichst günstiges Verhältnis von Aufwand und Ertrag, mit welchen Mitteln und wozu auch immer.

Aus dieser Sicht, also «rein sachlich», als technisches Problem betrachtet, das Kosten mit Nutzen vergleicht, erscheint nicht Auschwitz, sondern Hiroshima als die Untat, die dem Jahrhundert sein Gepräge gab. Die Atombombe war moderner als Genickschussanlagen, Gaskammern und das, was die Nazis «Vernichtung durch Arbeit» nannten; Hiroshima steht als Symbol für eine technisch anspruchsvollere Form des Tötens. Die bürokratische Effizienz, mit der die Nazis den Völkermord betrieben, blieb hinter der technischen Effizienz, mit der innerhalb weniger Sekunden ganze Städte ausgelöscht und Zehntausende von Menschen zu Asche verbrannt worden sind, weit zurück. Die Einzelheiten der erbarmungslosen Maschinerie, die von der SS in Gang gesetzt worden war, um das Programm zu erfüllen: die Planung, der Aufbau, die Verwaltung und die Kontrolle eines riesigen Lagersystems; das Aufspüren, Zusammentreiben, Verfrachten, Selektieren, Vergasen und Verbrennen der Opfer; die Leichenhaufen, deren Anblick ausgehalten zu haben «und dabei, abgesehen von Ausnahmen menschlicher Schwäche, anständig geblieben zu sein», wie es Himmler in seiner Posener Rede als ein niemals geschriebenes und niemals zu schreibendes Ruhmesblatt der deutschen Geschichte verherrlicht hat – all das also, was Täter und Opfer miteinander in Berührung bringen musste, entfiel beim Einsatz aus der Luft. Die Angriffe auf Hiroshima und Nagasaki waren exakt geplant und sauber ausgeführt. Verlangt waren die Tugenden des technisch versierten Soldaten, nicht die des Fanatikers, den das Morden kaltlässt, oder des Sadisten, dem es auch noch Freude macht. Die Männer in den Bombenflugzeugen mussten funktionieren, genauso präzise und exakt wie die Maschinen, die sie flogen, und die Waffen, die sie mit sich führten. Sie mussten steuern,

Kurs halten, Schalter bedienen, Instrumente ablesen, das Ziel ausmachen, die Bombe schärfen, sie ausklinken – und dann so schnell wie möglich abdrehen, um nicht selbst Opfer der Zerstörungskraft zu werden. Es ist die Effizienz, der optimale Wirkungsgrad, der die Atombombe zu einem Kennzeichen der Moderne gemacht hat. «More bang for the buck» – frei übersetzt: Mehr Krach für die Kohle – hieß denn auch die Formel, mit der später, als der Rüstungswettlauf in Gang gekommen war, Außenminister John Foster Dulles seine Landsleute von den Vorzügen der atomaren Kriegführung zu überzeugen suchte; nicht ohne Erfolg. Laut Rudolf Peierls, der sich schon früh mit der Kettenreaktion und ihrer Eignung für den Krieg beschäftigt hatte, liegt das Revolutionäre der neuen Waffe weniger im Ausmaß der Vernichtung als in der Mühelosigkeit, mit der sie angerichtet werden kann. Ein einziges Flugzeug genügte, um Zerstörungen von einem Umfang zu bewirken, für den früher massive Militäroperationen mit Zehntausenden von Soldaten nötig gewesen wären; das habe dem Krieg bisher unbekannte Möglichkeiten erschlossen, ihm eine neue Dimension verliehen.[8] Die Bombe hat alles, was man von einer effektiven Technik erwarten darf, zu ihrer positiven Kosten-Nutzen-Relation kommen psychologische Vorzüge: Sie hält Täter und Opfer auseinander, erspart den einen den Anblick der anderen, schont also die Gefühle und leistet damit einen wichtigen Beitrag zur Wehrwilligkeit des Volkes. Die Pilotenkanzel der «Enola Gay», aus deren Bombenschacht die erste Atombombe auf Japan fiel, ist deshalb ganz zu Recht im Washingtoner Air and Space Museum zu bewundern; schließlich hat sie das Gadget ins Ziel getragen und damit den handfesten Beweis für die Überlegenheit der amerikanischen Kerntechnik erbracht. «Rein physikalisch betrachtet» war Hiroshima ja wirklich nicht mehr als die Bestätigung einer kühnen, bislang unerprobten Theorie. Man musste nur wissen, was aus der Theorie zu machen war, und das wussten die Fermis, die Oppenheimers und die Tellers ganz gut.

An ihrem Anspruch, zuständig für das Gute in der Welt zu sein, haben sie festgehalten. Solange Frieden herrschte, entwarfen und entwickelten sie ihre schrecklichen Waffen, um den Frieden zu sichern. Wenn trotzdem Krieg ausbrach, entwarfen und entwickelten sie noch schrecklichere Waffen, um den Krieg zu verkürzen und Menschenleben zu retten. Fritz Haber mag das wirklich noch geglaubt haben; bot Gas denn nicht die Möglichkeit, die Front in Bewegung zu setzen, den Stellungskrieg zu beenden, den Gegner zurückzuwerfen, auf Paris zu marschieren und den Krieg nach kurzer Dauer siegreich zu beenden? Seine Frau sah das anders und brachte sich um. Eine Generation später, im Munde seines Assistenten Otto Hahn, klang das Entlastungsargument dann schon viel schwächer. Der Krieg war ja entschieden, Deutschland besiegt und Japan kapitulationsbereit, als Hahn unter dem Eindruck der Hiroshima-Bombe die Hoffnung äußerte, mit der Steigerung des Schreckens seine Dauer verkürzt und so, gewissermaßen dialektisch, dem Menschenwohl gedient zu haben.[9] Vollends durchsichtig wird die Entlastungsstrategie dann bei einem Rechner wie Hans Bethe. Auf seine Mitverantwortung für die neue Waffe angesprochen, bezog er einen «pragmatischen Standpunkt» und wog ab. Die Bombe, meinte er, habe nicht nur Amerikanern, sondern auch Japanern das Leben gerettet (wie vielen, sagte er nicht), ihr Einsatz habe sich gelohnt. Das sei, betonte er, sein wichtigstes Argument.[10]

Teller war ehrlicher. Der moralische Dilettantismus, den seine Kollegen an den Tag legten, wenn sie versuchten, sich mit Tugenden zu schmücken, die sie nicht besaßen, war ihm fremd. Wenn es ihm passte, konnte auch er über Freiheit und

Frieden räsonieren; er hat aber immer durchblicken lassen, dass es im Letzten eben doch die Waffe selbst war, die ihn faszinierte und deren Sprengkraft er bis aufs Äußerste steigern wollte. Das machte ihn großzügig in der Wahl seiner Verbündeten und seiner Helfer. «Wenn ich schon nicht mit den Friedenstiftern arbeiten kann, dann arbeite ich eben mit den Faschisten: Irgendjemand», notierte sein Erzrivale Oppenheimer, als sich die beiden vor dem Untersuchungsausschuss gegenüberstanden, «hörte Edward Teller das sagen: Wer?»[11] Die Absicht war klar, Oppenheimer wollte Teller diskreditieren, er hatte ja auch Grund dazu. Gelingen konnte das aber nur, weil das Zitat, beglaubigt oder nicht, zu Tellers zynischem Naturell passte. Er wusste genau, was die humane Vernunft von ihm verlangte, empfand ihren Anspruch aber als so lästig, dass er ausfällig wurde, wenn er an ihn erinnert wurde. Dann machte er deutlich, dass seine Loyalität der Wissenschaft gehörte und nicht den Forderungen einer wie auch immer definierten Moral.

Neben Teller verkörpert den Typ des bornierten, auf eine einzige Idee fixierten Forschers kein anderer so rein wie der Raketenbauer Wernher von Braun. Sein ganzes Leben lang wollte er nur eins: auf den Mond; mit wessen Hilfe, um welchen Preis und unter welchen Opfern, war ihm egal. Die Amerikaner mochten ihn nicht; sie haben ihn als Helden gefeiert, nachdem er den Wettlauf zum Mond gewonnen hatte, in seinem rücksichtslosen Einsatz für die eigene Person und das eigene Programm aber nie ganz ernst genommen. Sie hatten nicht vergessen, dass er ihnen ihre Redstone-, Jupiter- und Saturnraketen genauso bereitwillig geliefert hatte wie Hitler seine V2. «Once the rockets are up, who cares, where they come down? That's not my profession, says Wernher von Braun», höhnte ein Lied, das in den sechziger Jahren, als die USA am Weltraumfieber litten, überaus populär war. Die Deutschen waren da groß-zügiger. Sie sahen in ihm den Mann, der aller Welt bewiesen hatte, was deutsche Wertarbeit vermochte. Wie die Werte aus-sahen, die mit dieser Arbeit bewahrt, verteidigt oder vernichtet werden sollten, scheint sie nicht weiter interessiert zu haben.

7 RAUMFAHRT IST NOT!

Die Atombombe, die es einer Handvoll technisch versierter Soldaten erlaubt, auf einen Schlag Zehntausende von Menschen umzubringen, kam der Vorstellung von der perfekten Waffe ziemlich nahe, erfüllte sie aber noch nicht ganz. Sie zwang ja immer noch zur Annäherung an den Feind und brachte damit auch die eigenen Leute in Gefahr. Hitlers Vergeltungswaffe gegen England, die V2, hatte bei aller technischen Perfektion einen anderen Nachteil: Zwar erlaubte sie den Angriff aus großer und ziemlich sicherer Entfernung, doch war ihre Zerstörungskraft gering, da sie nur eine Tonne Sprengstoff ins Ziel tragen konnte – ein Bruchteil dessen, was die alliierten Luftflotten Tag für Tag und Nacht für Nacht über deutschen Städten abluden. Der Fortschritt war in beiden Fällen gut vorangekommen, nur eben auf getrennten Wegen; um ihn zu vollenden, mussten sich beide Wege treffen. Das geschah in Gestalt der Interkontinentalrakete, die ihre atomare Nutzlast um die halbe Welt transportieren konnte. Sie war von den Militärtechnikern schon früh ins Auge gefasst worden; als der Zweite Weltkrieg zu Ende war, machten sie sich an die Arbeit, um diesen Rückstand zu beheben.

Herold der neuen Epoche war, neben dem alten Waffenenthusiasten Teller, der Deutschamerikaner Wernher von Braun. Schon während seiner Tätigkeit als technischer Direktor der Heeresversuchsanstalt in Peenemünde, der «Geburtsstätte der Raumfahrt», wie sie bei ihren technischen Verehrern heute noch heißt, hatten er und seine Mitarbeiter Interesse für die vagen Möglichkeiten gezeigt, die sich mit der damals noch ganz neuen Atomtechnik verbanden.[1] Sie kamen seinerzeit nicht weiter, da die Deutschen, aus welchen Gründen auch immer, die Entwicklung der Atombombe allenfalls nachlässig betrieben; die Amerikaner waren entschlossener und schneller und wollten, als der Krieg zu Ende war, den Vorsprung, den sie so teuer bezahlt hatten, nicht so bald wieder hergeben. Die Strategie der technischen Überlegenheit, für die sie sich in der Frühphase des alten Krieges entschieden hatten, versorgte die Rüstungsforschung und die ihr zugewandte Industrie mit Aufträgen. Das Ziel war klar: Die amerikanische Bombe verlangte nach der deutschen Rakete (oder umgekehrt, aber dafür war es nun zu spät). So erhielt Wernher von Braun die Chance, in Amerika das nachzuholen, was er in Deutschland verpasst hatte. Nur ein Jahr nach seinem Wechsel in die USA, im Frühjahr 1946, verfasste er ein Memorandum, dessen Titel «Use of Atomic Warheads in Projected Missiles» die Absicht deutlich genug aussprach.[2] Der Leitsatz der Bombenbauer: zu machen, was man machen kann, war auch Brauns Maxime; und machen ließ sich allerlei, wenn man die technischen Möglichkeiten von Peenemünde mit denen von Los Alamos verschmolz.

Braun wusste, was er wollte: nach zwei verlorenen Kriegen «für diesmal», wie er einen Vertrauten wissen ließ, bei den Siegern sein. Seine Koffer seien gepackt, erklärte er ihm beim Spaziergang am Strand der Ostsee, alle Unterlagen und die Namen der wichtigsten Mitarbeiter habe er beisammen, er werde seine Dienste den Amerikanern anbieten, «und dann werde ich meine Weltraumrakete bauen».[3] Andere wie Helmut Gröttrup oder Manfred von Ardenne zogen andere Konsequenzen und suchten ihre Zukunft bei den Russen; weiter-

106

machen wollten sie aber alle. Die Leichtigkeit, mit der ihnen das gelang, und die Beliebigkeit, mit der sich die einen in den Westen, die anderen nach Osten absetzten, hat oft Verwunderung erregt; ein amerikanischer Nachrichtenoffizier, dem Braun und seine Leute nach der Kapitulation in die Arme gelaufen waren, äußerte sich sarkastisch über die deutschen Opportunisten, die das Abendland gegen den Ansturm der asiatischen Horden verteidigen wollten, gleichzeitig aber durchblicken ließen, dass sie sich an eben diese Horden verkaufen würden, falls sie bei den Amerikanern nicht zum Zuge kämen.[4] Aber was sonst war von Fachleuten zu erwarten, die nach dem Herrn, dem sie dienten, nicht lang fragten, solange der Herr sie machen ließ, wovon sie träumten? Braun war ein Mann der Tat, er liebte die klaren Verhältnisse und den kurzen Prozess. Am liebsten wäre ihm, hat er einmal gesagt, ein Vorgesetzter, der ihm erklärt: Einverstanden, wir lassen dich zwei Jahre lang in Ruhe, aber wenn du keinen Erfolg hast, machen wir dich einen Kopf kürzer.[5] Um erfolgreich zu sein, boten die Amerikaner mehr: Das war es, was in seinen Augen zählte, und deshalb ging er nach Amerika.

In der Wahl seiner Mittel war Braun ebenso großzügig wie in der Wahl seines Herrn. Schon in den Rüstungsbetrieben von Peenemünde hatte er bereitwillig auf die Zwangsarbeiter zurückgegriffen, die ihm von der SS angeboten worden waren. Nachdem ein englischer Luftangriff die dortigen Fabriken weitgehend zerstört hatte, wurde die Raketenproduktion ins Mittelwerk unter den Kohnstein verlegt, das Häftlinge aus dem Konzentrationslager Buchenwald in eine unterirdische Fabrik verwandelt hatten. Dort wurden die Wunderwaffen zusammengebaut, die Flugbombe V1 und die Rakete V2, die Hitler den Endsieg bringen sollten. Über die Umstände, unter denen das geschah, liegen zahlreiche Berichte vor; ein Zwangsarbeiter, Häftlingsnummer 31573, erinnert sich an Wernher von Brauns Besuche in Dora so: «Mehrmals ging er am Eingang der Halle 36 vorbei, sechs Meter lange morsche Holzpritschen nahmen drei Viertel ihrer Fläche ein. Am Ende der Halle, wo sie an den Gang A grenzte, spielte sich der schändlichste Akt von Dora ab. Auf einer kleinen Fläche neben der Ambulanzbude lagen tagtäglich haufenweise die Häftlinge, die das Arbeitsjoch und der Terror der rachsüchtigen Aufseher zu Tode gequält hatten. Die Leichname sahen von weitem wie eine große Masse aus, an der Professor von Braun vorbeiging, so nah, dass er die Leichen fast berührte.»[6]

Braun hat sein Leben lang bestritten, von den tatsächlichen Zuständen in der Waffenschmiede gewusst zu haben. Bei seinen Besuchen sei es um Qualitätskontrolle gegangen und um sonst nichts. Niemals habe er einen toten Häftling gesehen, am Schlagen, Hängen und an den anderen Strafmaßnahmen, die in den Kavernen des Mittelwerks und dem ihm zugeordneten Konzentrationslager Dora gang und gäbe waren, sei er nicht «beteiligt» gewesen – was immer das heißen mag. Wahrscheinlich hat er selbst an seine Unschuld geglaubt; ihm wird das leichtgefallen sein, weil Begriffe wie Schuld und Unschuld ihren Sinn verlieren, wenn sie sich nicht aufs Ganze des Lebens beziehen; dann versündigt man sich nicht mehr an Menschen, sondern nur noch an irgendwelchen Steckenpferden, zum Beispiel der Technik. Ein englischer Journalist, der mit Braun und dessen militärischem Vorgesetzten Walter Dornberger kurz nach deren Übertritt zu den Amerikanern gesprochen hatte, schildert ihn als einen Mann, dessen einzige Leidenschaft seine Raketen waren: «Es war für ihn nicht von Belang, ob sie auf den Mond geschossen wurden oder auf die Häuser von London niedergingen, solange sie nur bewiesen, dass seine Erfindung funktionierte. Er hatte keinerlei Schuldgefühl. Er sprach gutes

Englisch, nur gelegentlich unterbrochen durch General Dornberger, einen kleinen, rattenhaften Mann vom Typ des steifen deutschen Offiziers.»[7] Ein Mann wie er wollte funktionieren, genauso zuverlässig und erbarmungslos wie seine Konstruktionen. Natürlich war auch Braun nie um das große Wort verlegen, das den Pionieren der Raumfahrt immer dann zur Verfügung steht, wenn sie für ihre Sache werben wollen. Dann sprach er von dunklen Trieben, die dem Menschen die Sehnsucht nach der Schwerelosigkeit, den Sternen und dem All eingepflanzt hätten und die nun endlich ausgelebt werden könnten. Raumfahrt, schreibt der deutsche Raketenfachmann Eugen Sänger, «kommt über uns als ein aus den tiefsten Tiefen der Menschenseele geborenes Naturereignis, vor dem wir nur demütig oder trotzend stehen können. Raumfahrt kommt über uns, ob wir sie lieben oder hassen oder nicht beachten». Nach diesem Credo zählt Sänger die technischen Herausforderungen auf, die angenommen und bestanden werden müssen. Es geht um die Eroberung von neuen Lebensräumen, diesmal nicht in Afrika, in Russland oder sonst wo auf der Welt, sondern jenseits des Mondes und der Sonne, ja sogar über die Milchstraße hinaus. Verglichen mit dem, was jetzt bevorsteht, war das Leben auf der Erde nur ein kümmerlicher Anfang, ein erster Schritt, mehr nicht. Sänger ist längst über die Grenzen der Erdenwelt hinaus, blickt zurück und stellt fest, dass es für die Liebe zur irdischen Kultur und den Entschluss, sie noch ein bisschen weiterzuentwickeln, letztlich «nur einen einzigen rationalen Grund gibt: Raumfahrt».[8]

Es sind die Möglichkeiten, die das Ziel bestimmen, nicht umgekehrt. Und weil die Möglichkeiten wachsen, wachsen die Ziele mit; der Fortschritt lässt die Sättigung nicht zu. Die mehrstufigen Raketen, mit denen der Weltraumphantast Hermann Oberth die Erde verlassen wollte, waren ja nur der erste Schritt, «um das Problem des weiter hinauf und hinaus in den Weltraum zu lösen». Der zweite Schritt war der Weltraumhafen, der aber auch nur Mittel zum Zweck, Sprungbrett für immer kühnere, immer weiter ausgreifende Unternehmungen quer durch das ganze Sonnensystem sein sollte: «Von hier aus wird man den Weltraumflug anstreben, aber auch den Bau weiterer Stationen mit speziellen Aufgaben in Angriff nehmen.» Oberth wusste selbst nicht mehr, wozu das Ganze dienen sollte, und delirierte, nachdem er den Zustand intellektueller Schwerelosigkeit gewonnen hatte, von Dauersiedlungen auf dem Mond, in deren künstlichem Klima sich die Menschen «genauso wohlfühlen werden wie wir heute im Winter im künstlichen Klima unserer Städte». Mit seinem Lieblingsprojekt, dem großen Weltraumspiegel, wollte er das Polareis schmelzen, die Tundra erwärmen, die Erde beleuchten, das Wetter verändern, das Klima «verbessern» und vieles mehr: all das also, was wir heute mit gutem Grund um jeden Preis verhindern wollen.[9] Man muss nur warten, um im Fortschritt von gestern den Unfug von heute zu erkennen.

Aber Oberth wollte nicht warten, wie alle Utopisten hatte er es eilig. In seinem Kopf war die Weltraumstation längst fertig, als er überlegte, was man mit ihr denn «sonst noch» anfangen könnte. Das war nicht schwer zu sagen, das Hauptstück, die Eroberung des Weltraums mit den von ihm erdachten Wohnrädern und Wohnwalzen, stand ja noch bevor. In diesen künstlich erschaffenen Siedlungsräumen der Zukunft war die Natur bis auf den letzten Rest verschwunden. Lampen ersetzen die Sonne, Spiegel das Feuer, es gibt einen künstlichen Horizont, einen künstlichen Himmel, einen künstlichen Tag und eine künstliche Nacht, künstliche Höhenzüge «mit hübschen kleinen Wäldern» und anderes mehr. Am Ende, prophezeite Oberth, würden die im Weltraum lebenden Menschen kaum noch etwas davon merken, dass ihre Heimat kein Planet mit einer gewachsenen und gewordenen Natur, sondern ein technisches Kunstwerk sei – und das gefiel ihm. Naturkatastrophen seien nun ausgeschlossen, und technische Katastrophen, die es auch weiterhin geben werde, zahlreicher sogar als früher, hätten ihren Reiz: Sie würden dem Leben der Weltraummenschen «die zum wahren Glück unerlässliche ernste Note» verleihen.[10] Für solche Beiträge zur Weltraumphilosophie ist Hermann Oberth von seiner dankbaren Fan-Gemeinde noch zu Lebzeiten mit einem eigenen Museum geehrt worden. Er war auch in Amerika dabei, als die Saturnrakete zum Mond abhob. Die kleine, aber gut organisierte Interessengemeinschaft der Weltraumenthusiasten besaß Ansehen und Einfluss und sorgte dafür, dass ihre Leute auf der Bühne saßen. Eugen Sänger war jahrelang Präsident der Internationalen Astronautischen Gesellschaft und Namenspatron eines europäischen Raumgleiters, der dem amerikanischen Spaceshuttle Konkurrenz machen sollte, glücklicherweise aber nie gebaut worden ist. Und Braun brachte es trotz seiner anrüchigen Vergangenheit zum Direktor des amerikanischen Raumfahrtzentrums in Huntsville, zum technischen Leiter des Apollo-Programms und zu einem der mächtigsten Lobbyisten des Landes. Gleichermaßen talentiert als gläubiger Missionar und wissenschaftlicher Experte, verstand er es glänzend, die Einsatzbereitschaft des amerikanischen Volkes für seine ehrgeizigen Pläne einzuspannen. Kritiker pflegte er mit demselben Argument auszumanövrieren, das ihm schon in Peenemünde dazu gedient hatte, seine Gefolgschaft beisammenzuhalten: mit dem Ausblick in eine Zukunft, die ganz anders aussehen würde als die leidige Gegenwart. Die militärische Phase, sagte er dann, sei doch nur eine Zwischenlösung, ein Umweg, den er habe einschlagen müssen, um dem gemeinsamen Ziel, der großen Weltraumrakete, näherzukommen. Es sei nun einmal eine traurige Wahrheit, dass wichtige Erfindungen nur dann auf Interesse stießen, wenn sie als Waffen tauglich wären. Die V2 sei lediglich der Anfang, Beginn eines langen Weges, Zeichen einer neuen Zeit.[11] Da zumindest hatte Braun auch recht. Ähnlich wie Mittelbau-Dora stand Peenemünde in der Tat für eine neue Zeit, für die moderne Symbiose von Technik und Barbarei.

Über den wahren Charakter der Raumfahrt wusste niemand besser Bescheid als Wernher von Braun. Die Redstone-Rakete, sein Erstlingswerk in den USA, war eine weiterentwickelte V2; sie diente auch denselben Zwecken. Ohne die kräftige Unterstützung durch das Pentagon und die konkurrierenden Waffengattungen des Heeres, der Luftwaffe und der Marine wäre das Programm zur Erforschung des Weltraums, wie es amtlich hieß, nicht so schnell in Gang gekommen. Braun war die Hilfe recht, auch wenn sie nicht umsonst zu haben war, denn Aufrüstung versprach Geld. Er habe nichts dagegen, dass «unsere geliebte Raumfahrt» unter die Fuchtel der Militärs geraten sei, schrieb er an einen skeptischen Kollegen, der sich mit dieser Abhängigkeit nicht abfinden mochte und der Illusion einer freien Wissenschaft auch in der Luft- und Raumfahrt nachhing. Natürlich sei es bedauerlich, ging Braun auf die Bedenken ein, wenn Raketen als Waffen verwendet würden; als Fachmann müsse sich der Kollege aber doch klar darüber sein, «dass dies außerhalb unserer Kontrolle liegt».[12] Es war dasselbe Argument, mit dem Oppenheimer in Los Alamos seinen Kritikern widersprochen, die Empfindlichen beruhigt und die Gewissenhaften getröstet hatte. «That's not my department», pflegte nicht nur Wernher von Braun zu sagen; das haben alle Techniker gesagt, wenn sie auf die unerfreulichen Konsequenzen ihrer Tätigkeit angesprochen wurden.

Als Fritz Haber im Ersten Weltkrieg den Gaskrieg betrieb

und seinen Assistenten Otto Hahn an die Front schickte, um dort als Chemiker seinen Dienst zu tun, mochten sich beide auf ein höheres Gebot, auf den Einsatz für Gott, König oder Vaterland berufen. «Im Frieden für die Wissenschaft, im Krieg fürs Vaterland» hieß die Devise. Selbst Edward Teller konnte sich noch einreden, mit seiner Obsession für die H-Bombe die Freiheit des Westens gegen Stalin und die Rote Armee zu verteidigen. Aber Braun? Anders als diejenigen, die jedenfalls rhetorisch für mehr als ihre Idée fixe ins Feld zogen, hat Braun nie einen Zweifel daran gelassen, dass die große Weltraumrakete alles war, was er im Kopf hatte. Die Apotheose des Fortschritts, gegen den er sich «versündige», wenn er die beim Bau der V2 gesammelten Erfahrungen nicht weitergäbe, enthält auch schon die ganze, banale Wahrheit. Denn was heißt Fortschritt? Fortschrittlich waren die in Peenemünde entwickelten «Langstrecken-Präzisionsraketen», fortschrittlich waren die russischen Interkontinentalraketen, fortschrittlich waren die amerikanischen Abfangraketen, und fortschrittlich ist auch das, was in China, Pakistan und Nordkorea hergestellt wird. Braun wäre das egal gewesen, er stand im Dienst der Technik. Er sei «ein Mann des Weltraums», hat er erklärt, und würde seinen Beruf verraten, wenn er nicht alles unternähme, um einen Menschen auf den Mars zu schießen. Daher sein Einsatz für «das beste und machtvollste Raumfahrtprogramm» und seine Versicherung, dass es sich «anständig auszahlen» werde.[13] Auszahlen für wen?

Auf jeden Fall für ihn selbst. Mit dem gewaltigen Programm hat Braun sich einen Lebenstraum erfüllt; für alle anderen war es, realistisch betrachtet, ein Verlustgeschäft. Dass Raumfahrt lohnt, ist eine Legende, die von dem Kunstgriff lebt, Kosten von heute mit Erträgen von morgen zu verrechnen. Allein das Apollo-Programm, das insgesamt zwölf Amerikaner auf den Mond brachte, soll an die fünfundzwanzig Milliarden Dollar gekostet haben. Man schätzt, dass jeder Flug der Weltraumfähre statt der gut zehn Millionen, die zunächst veranschlagt worden waren, fünfhundert Millionen Dollar verschlungen hat – Ausgaben, die ohne die kollektive Hysterie, die das Land befallen hatte, nachdem es befürchtete, beim Aufbruch in den Weltenraum zu spät zu kommen, kaum möglich gewesen wären. Die Mondlandung war ein Prestigeprojekt, das die Russen düpieren und die Amerikaner für den Einsatz an einer New Frontier, diesmal im leeren Raum, gewinnen sollte. Mit seiner Rede vom Menschen, der sich danach sehnt, die Fesseln der Schwerkraft abzustreifen, weil er nun einmal in den Weltenraum «gehört», hat Braun diese uramerikanischen Gefühle ausgebeutet. Er drängte auf den Bau von immer größeren und schwereren Raketen – so lange, bis er vor der Frage stand, «was wir mit den gewaltigen Träger-Kapazitäten, über die wir da verfügen, denn anfangen sollten».[14] Das war der Punkt, auf den er zugesteuert hatte. Als Lobbyist in eigener Sache hatte er Mittel geschaffen, die nun nach einem Zweck verlangten. Man hatte die NASA aufgebaut, um Raumfahrt zu treiben; jetzt musste man Raumfahrt betreiben, um eine Behörde, die über einen Jahresetat von etlichen Milliarden Dollar gebot, mit Arbeit zu versorgen. Die Technik diente nicht mehr, sie herrschte.

Wie alle Techniker halten sich die Pioniere der Raumfahrt auf ihren Realismus einiges zugute. Hermann Oberth hat seine Phantasmagorien über das Leben von «Menschen im Weltraum» als eines der realistischsten Bücher bezeichnet, die je geschrieben worden sind. Tatsächlich wimmelt der Anhang von Skizzen, Formeln und Gleichungen, das Buch gibt sich so «wissenschaftlich» wie nur möglich. Es ist jedoch eine eigene Art von Wissenschaft, die sich da austobt: «Auf geht's!», beginnt Oberth seinen Bericht über einen Ausflug mit dem von ihm ersonnenen Mondauto. «Wir kommen in Fahrt und reisen bald schnell über die bizarre Ebene des großen Kraters dahin. Wunderbar ist diese geschwinde Fahrt durch die fremde, tote Märchenwelt unseres Trabanten. Das ist etwas ganz anderes als das mühsame Dahinschleichen, wie es uns sonst oft geschildert wird.» Der Verdacht, sich mit solchen Erlebnisberichten lächerlich zu machen, muss ihm dann aber selbst gekommen sein, denn er fährt fort: «Man sage mir nicht: So ein flottes Mondfahrzeug ist utopisch! Wer eine Weltraumstation errichten und ein Raumschiff bauen kann, das den Mond erreicht, der bringt auch ein anständiges Fahrzeug für eine sichere, schnelle Fortbewegung auf dem Mond zustande.» Die alte Rede aller Utopisten: Die Utopie ist gar keine! Sie ist der blanke Realismus! Und so folgt gleich darauf das nächste Abenteuer: «Jetzt betätigt der Fahrer einige Hebel, drückt einen Schalter – das Ergebnis ist erstaunlich. Wir spüren einen plötzlichen Andruck. Es ist uns, als würde unser Fahrzeug auf einmal steil in den Himmel jagen. Aber das Gefühl vergeht sofort wieder. Es macht einem anderen Platz, das auf plötzliche Andruckfreiheit hinweist», und so weiter in Oberths wissenschaftlicher Version von Peterchens Mondfahrt.[15]

Man könnte das als Humbug abtun, wenn dieser Humbug nicht so tiefe Spuren hinterlassen hätte. Oberth hat Märchen erzählt, die von den kleinen und großen Kindern, die in der Raumfahrtindustrie den Ton angeben, begeistert aufgegriffen worden sind. Themen wie «Leben im All», «Besiedlung fremder Sterne» oder «Suche nach außerirdischer Intelligenz» beschäftigen Kongresse und Parlamente, ihre wissenschaftliche Bearbeitung wird als dringlich angesehen und hoch subventioniert. Forschung, hat ein erfahrener Mann einmal gesagt, sei eine praktische Methode, privaten Leidenschaften auf öffentliche Kosten nachzugehen. Die Chefs der Raumfahrtindustrie wissen das, sie machen es wie Oberth und verlassen sich auf die Zugkraft des «Weiter hinauf und hinaus in den Weltraum», wenn sie die Reise zum Mars, zur Venus und so weiter in Aussicht stellen und dafür Geld erwarten. Das Sonnensystem ist groß, die Milchstraße ist größer, das Universum hat ohnehin keine Grenzen, sodass der Phantasie (und den Ansprüchen) auch keine gesetzt sind. Zurzeit sind Exoplaneten Mode, erdähnliche Trabanten, über die man wenig weiß, also viel behaupten (und verlangen) kann.

Was weiß die Wissenschaft? Was weiß ein Kosmologe von den zeitlosen Zeiten und den raumlosen Räumen, aus denen er so gern berichtet? Und was weiß jeder andere, was hat er gelernt und was verstanden, wenn er gelesen hat, was ihm der Herausgeber der Zeitschrift «Nature» über den Ursprung des Universums mitteilt: «Bis vor etwa zehn bis zwanzig Milliarden Jahren gab es nichts, nicht einmal den leeren Raum. Dann entstand spontan ein winziges Körnchen Raum, das mit einer so gewaltigen Energiemenge angefüllt war, dass es die einhundert Milliarden Sterne der Milchstraße hervorbrachte, eine ähnlich große Anzahl von Galaxien jenseits unserer eigenen, darüber hinaus die Strahlung, die jeden Winkel des Weltalls erfüllt, und den Impuls, der noch immer dessen Ausdehnung vorantreibt».[16] Was da verkündet wird, sind letztlich Wunder: Wahrheiten, die man zwar glauben, aber nicht verstehen kann. Ohne die Bereitschaft zum *Credo quia absurdum* ist der Sprung vom Nichts zum Etwas (oder zurück vom Etwas zum Nichts) auch für den Fachmann nicht zu schaffen; der Autor selbst markiert den Punkt, an dem er springt, mit dem Wort «spontan», das ja nicht zufällig in den Erzählungen der Kosmologen eine so bedeutsame Rolle spielt. Tatsächlich wimmelt es in den spekulativen Texten, die vom Urknall, von der Entstehung des Lebens oder der Zukunft des Universums handeln, von Spontaneitäten aller Art; sie stehen da, wo in der älteren Literatur von Gott die Rede war. Nüchtern betrachtet, hat der Engländer Peter Medawar einmal gesagt, bedeute der beliebte Hinweis auf die Spontaneität eines Phänomens nichts anderes als das Eingeständnis, dass wir nicht wissen, was seinem Auftauchen vorangegangen ist.[17] Spontaneitäten, Emergenzen oder Fulgurationen – ein von Konrad Lorenz geprägter Begriff, der das plötzliche Auftreten einer bisher unbekannten Eigenschaft bezeichnen soll – sind schöne Leerformeln, die vorgeben, man hätte verstanden, was man (noch) nicht verstanden hat. Deswegen sind sie so beliebt. Auch Wissenschaftler müssen sich verkaufen, und sie verkaufen sich gern, wenn es der guten Sache dient. Ihre eifrigsten und erfolgreichsten Botschafter sind die Film- und Fernsehproduzenten, die nicht beschreiben, sondern den Leuten vor Augen führen, wie es jenseits des Mondes, der Sonne und der Milchstraße aussehen könnte. Sie sind empfänglich für den fabulösen Stoff, der ihnen da geboten wird, und haben die Raumfahrt populär gemacht. Schon Fritz Lang ließ sich bei der Arbeit an seinem Film «Die Frau im Mond» von Hermann Oberth beraten; im Gegenzug erfand er den dramatisch effektvollen Countdown, der seitdem jeden Raketenstart zu einem werbewirksamen Spektakel macht. Stanley Kubrick verfuhr ähnlich, als er bei den Dreharbeiten zur «Odyssee im Weltraum» mehrere Raketentechniker beschäftigte, um seinen Raumschiffmodellen ein möglichst realistisches Aussehen zu geben. Die NASA hat das honoriert, noch Jahre später lobte sie den Streifen als den wirklichkeitsgetreuesten Spielfilm, der je über die Raumfahrt gedreht worden sei.

Die Grenze zwischen Science und Fiction, ohnehin schon offen, wird dabei immer durchlässiger. In den «Zukunftsvisionen», einem Buch des in Amerika lehrenden und forschenden Urknalltheoretikers Michio Kaku, ist sie so gut wie vollständig verschwunden. Es geht dabei um «allerletzte Dinge», und das erfordert Mut. Kaku ist längst nicht so bescheiden wie Du Bois-Reymond, dem schwindelig wurde bei der Aussicht, wohin der Fortschritt «in hundert, in tausend, in zehntausend, in hunderttausend Jahren» führen würde; er geht aufs Ganze und sagt die Zukunft des Universums gleich «für die nächsten einhundert Milliarden Jahre» voraus. Ihn ernst zu nehmen, ist nicht ganz leicht; er lässt aber keinen Zweifel, dass er es ernst meint und auch als Wissenschaftler ernst genommen werden will. Für ihn steht die Menschheit noch am Anfang, befindet sich, zivilisatorisch gesehen, auf der Entwicklungsstufe null. Die Stufe eins wird sie erreichen, wenn sie die Energievorräte der Erde vollständig in den Griff bekommen hat; die Stufe zwei, wenn sie bei der Suche nach weiteren Energiereserven über ihren Heimatplaneten hinausgreift; die Stufe drei, wenn sie, hungrig auf Energie, das Sonnensystem hinter sich lässt und die Milchstraße erobert. Dann allerdings wird es schwierig, und es sieht fast so aus, als könnte das Universum und, zusammen mit ihm, auch das intelligente Leben aus Mangel an Energie zugrunde gehen: eine bedrückende Perspektive, die sich jedoch vermeiden lässt, wenn die Welt auf Michio Kaku hört. Dann nämlich könnte es der einen oder anderen Zivilisation gelingen, die Stufe vier zu erreichen und so die Fähigkeit zu erwerben, «die vierte Säule der Naturwissenschaft zu manipulieren, das Kontinuum von Raum und Zeit». Eine solche Zivilisation müsste nur die Wurmlöcher vergrößern, die die verschiedenen Universen miteinander verbinden, und in ein anderes Universum auswandern. In diesem Fall hätte sich die «eine Theorie für alles und jedes», die Unified Theory of Everything, der die Naturwissenschaftler mit so viel Eifer (und so wenig Erfolg) nachspüren, als Rettung des intelligenten Lebens nicht nur auf Erden, sondern überhaupt erwiesen.[18] Noch ist es nicht so weit, noch fehlt diese Theorie, aber wenn den Forschern auch in Zukunft genug

Geld zufließt, werden sie irgendwann fündig werden und mit der einheitlichen Theorie, Kakus Arbeitsgebiet, der Menschheit den letzten und größten Dienst erweisen: sie von der Erde zu lösen und im Weltraum heimisch zu machen.

Soll man das ernst nehmen, glauben, weiterzahlen? Die große Zeit der Weltraumfahrer und ihrer mehr oder weniger wissenschaftlich geschulten Angestellten scheint zu Ende zu gehen. Sie haben davon gelebt, einer Welt Hoffnungen vorzugaukeln, die ohne Hoffnung offenbar nicht leben kann. Unter dem Eindruck abenteuerlicher Kosten und einer mageren Rendite haben sich diese Hoffnungen zerschlagen und der Erkenntnis Platz gemacht, dass es Besseres und Wichtigeres zu tun gibt, als Menschen auf den Mond zu schießen. Das Shuttle-Programm wurde aufgegeben, der Flug zum Mars auf unbestimmte Zeit vertagt, und nachdem eine russische Rakete ihr Ziel, die Internationale Weltraumstation, verfehlt hat, ist die Aussicht gewachsen, den Kuckuck endlich aus dem Nest zu werfen. Er könne nicht erkennen, was die Raumfahrerei zum Wohlstand beigetragen habe, hat Max Born gesagt, «ganz abgesehen vom wahren Glück, der Sicherheit und der Zufriedenheit der Menschen».[19] Dies Glück mag überall zu finden sein, nur ganz bestimmt nicht auf dem Mond.

8 Der hörige Fachmann

Der Spezialist, der Himmel und Hölle in Bewegung setzt, um
seine Einfälle zu realisieren, ist keine moderne Erscheinung.
Seitdem das Wissen, neben Kapital und Arbeit, als dritter Pro-
duktionsfaktor umworben wird, hat er jedoch eine Schlüssel-
stellung inne. Von den Achtundsechzigern ist er beschimpft,
bekämpft und als Fachidiot verspottet worden; aber schon Präsident Dwight D. Eisenhower wusste, von wem und von was
er sprach, als er in seiner Abschiedsrede die Amerikaner vor
dem Machtanspruch einer wissenschaftlich-technischen Elite
warnte und dabei den Begriff des militärisch-industriellen
Komplexes erfand. Gefragt, an wen er dabei gedacht habe, antwortete er ohne Zögern: an Edward Teller und Wernher von
Braun.[1]

Leute wie sie verbinden das Wissen des Fachmanns mit
dem Fanatismus des Gläubigen und einem beträchtlichen Talent, Politik und Öffentlichkeit für ihre Sache einzunehmen.
Zeiten des heißen oder kalten Krieges sind ihnen günstig, weil
der Wille zum Sieg genauso bedenkenlos macht wie die Angst,
im Wettstreit mit dem Konkurrenten zu unterliegen. So gut
wie alle technisch anspruchsvollen Projekte der Neuzeit, vom
Düsenmotor über die Kernkraft und die Satellitennavigation
bis hin zu den unendlichen Möglichkeiten der Informations-
technologie, gehen in ihren Ursprüngen auf den offenbar un-
ausrottbaren Wunsch der Menschen zurück, einander tot-

zuschlagen. Soweit sie nicht, wie Artillerie und Giftgas, eigens zu diesem Zweck erdacht worden sind, dient ihnen der Krieg als der große Exerzierplatz, auf dem sie sich bewähren und reifen können. Wenn irgendwo, gilt das Heraklit zugeschriebene Wort vom Krieg als Vater aller Dinge für die moderne, wissenschaftlich fundierte Technik.

Es ist deshalb nicht ohne tiefen, wenn auch ironischen Sinn, dass der bekannteste Wissenschaftspreis den Namen eines Mannes trägt, der seinen märchenhaften Reichtum dadurch erwarb, dass er in den zahlreichen Kriegen, die in der zweiten Hälfte des neunzehnten Jahrhunderts in Europa ausgefochten wurden, grundsätzlich beide Seiten mit Sprengstoff belieferte. So bekam der Name Dynamit-Nobel einen dubiosen Klang; von dem ihn der Nobelpreis dann wieder reinigte. Ursprünglich nur für eine einzige Leistung, für die Beförderung des Friedens ausgeschrieben, ist er dann bald für weitere Sparten geöffnet worden, sodass er schließlich das Spektrum der modernen Naturwissenschaften einigermaßen vollständig abdeckte: das, was dem Frieden dient, genauso wie das, was ihn dann wieder ruiniert. Die Wissenschaft muss das nicht stören, sie ist an Dual Use gewöhnt und begeht das Nobelpreisritual Jahr für Jahr wie eine profane Messe.

Der fanatisierte, einem einzigen Gedanken bedingungslos ergebene Forscher ist überall dort zu Hause, wo sich die Wissenschaft zum Nährboden der Wirtschaft entwickelt hat, in den neuerdings sogenannten Wissensgesellschaften also. Im Nachkriegsdeutschland war der Reaktorbauer Wolf Häfele jahrzehntelang sein glanzvollster Vertreter. Nach Lehrjahren in Amerika, wo er das Modell des schnellen Brüters kennen- und lieben gelernt hatte, war er zu Beginn der sechziger Jahre nach Deutschland zurückgekehrt; seither stand er im Banne dieses Wunderdings, das mehr Energie liefern als verbrauchen sollte.

In einer Zeit, die sich daran gewöhnt hatte, ihren Wohlstand nach der Menge der verbrauchten Energie zu bemessen, war das ein ziemlich sicheres Geschäft; und Häfele wusste, wie man es anging. Als Chef der Großforschungseinrichtung in Karlsruhe hatte er Zugang zu den leitenden Herren in Politik und Wirtschaft, die er für seine abenteuerlichen Pläne einzunehmen wusste. Während der endlosen Vortragsreisen, auf denen er für sein Projekt warb, verstieg er sich zu der Behauptung, der Brüter werde Energie so billig liefern, dass man auf Bezahlung verzichten könne; mit seiner (und Gottes) Hilfe werde es das Perpetuum mobile am Ende doch noch geben.[2] Das war zwar Unsinn, aber wissenschaftlich drapierter Unsinn; und diese Draperie machte so viel Eindruck, dass nur wenige wagten, dem Reaktortheologen, wie Häfele in Anspielung auf seine Herkunft aus einem evangelischen Pfarrhaus genannt wurde, ins Wort zu fallen.

Dass die Fakten ganz anders aussahen als von Häfele und seiner Gemeinde dargestellt, kam erst ans Licht, als der Versuchsreaktor in Kalkar am Niederrhein fast fertig war. Da wurden die Einwände lauter, die Teilerrichtungsgenehmigungen spärlicher, bis schließlich das große Kartenhaus, das Häfele in Absprache mit Politik und Wirtschaft errichtet hatte, in sich zusammenfiel. Über kein zweites Großvorhaben hätten Fachleute und Interessenten so viele Illusionen, Irrtümer und Lügen verbreitet wie über die wirtschaftliche Machbarkeit und die technische Beherrschbarkeit des Brüters, hieß es in einem bitteren Nachruf auf das gescheiterte Projekt.[3] Aufgegeben wurde es erst, nachdem zehn Milliarden Mark verplempert worden waren. Heute dient die Anlage, in der Energie im Überfluss erzeugt werden sollte, als Freizeitpark mit Rutschbahn, Karussell und Klettergarten.

Einer der eifrigsten Befürworter des schnellen Brüters war der Kernphysiker und kämpferische DFG-Präsident Heinz

Maier-Leibnitz. Als Mitglied einer vom Bundestag eingesetzten Enquete-Kommission, die über die Zukunft der Kernenergie beraten sollte, hatte er sich über die argumentative Willkür einiger Kommissions-Mitglieder geärgert, die den schnellen Brüter bekämpften. Seinen besonderen Ingrimm hatten einige Studenten aus der damals noch wild bewegten Universität Bremen erregt, die sich Experten nannten, aber keine waren. Um weiterzukommen und den Stellungskrieg zwischen Gutachtern, Gegen-Gutachtern und Ober-Gutachtern zu beenden, schlug Maier-Leibnitz vor, zwischen wahren und falschen, glaubwürdigen und unglaubwürdigen Experten dadurch zu unterscheiden, dass man ihre Aus- und Einlassungen auf Stimmigkeit überprüft. Unregelmäßigkeiten, Schlampereien und offene Widersprüche könnten auch Laien feststellen; Fehler unterliefen jedem, «aber unglaubwürdig wird man erst, wenn sich die Fehler in einer Weise häufen, dass einem niemand mehr glauben kann». Um mit der wissenschaftlichen Politikberatung, einem satzungskonformen Auftrag der Deutschen Forschungsgemeinschaft, Ernst zu machen, müsse man die Unseriösen brandmarken und kaltstellen: «Wer sich einmal unglaubwürdig gemacht hat, ist weg.»[4]

Voreingenommen und unseriös, abhängig und irrational: Das waren die Begriffe, mit denen der (konventionelle) Experte Maier-Leibnitz gegen die (alternativen) Experten ins Feld zog; wahrscheinlich zu Recht. Denn damals, wenige Jahre nach ihrer Gründung, genoss die Bremer Universität einen Ruf wie Donnerhall. Parteilichkeit galt dort nicht als ein Makel, sondern als Berufs- oder besser: Berufungsvoraussetzung für Professoren. Nur dass sich gegen Maier-Leibnitz und seine Expertise dasselbe sagen ließ: Auch er war ja Partei. Als schlüssig, objektiv und rational konnte er seine Argumentation nur deshalb ausgeben, weil er alles, was ihr im Wege stand, als irrelevant bei-

seitegeräumt hatte; und davon gab es eine ganze Menge. Dass
das im Brüter als Kühlmittel vorgesehene Natrium gefährlich,
weil leicht entzündbar war; dass es das gesetzlich vorgeschrie-
bene Endlager für ausgediente Brennelemente nicht gab (und
immer noch nicht gibt); dass der Gebrauch von Plutonium,
einer radioaktiven Substanz mit einer Halbwertszeit von mehr
als zwanzigtausend Jahren, den Maßstab für verantwortliches
Handeln in einer beispiellosen Weise sprengen würde: Alles
das war zwar bekannt, kam in Maier-Leibnitz' Rechenexem-
peln aber nicht vor. Auch seine Rationalität war einseitig, nur
anders gepolt als die seiner Gegner. Sein Anspruch auf Wissenschaftlichkeit beruhte auf der Kühnheit, mit der er Überlegungen und Besorgnisse, die jenseits seines Horizonts lagen,
als unwissenschaftlich abtat.

Angesichts solcher Kunststücke fragte ein unbeteiligter Beobachter wie Niklas Luhmann, mit welchem Recht die Schul-
wissenschaft für ihre Aussagen eine Rationalität beansprucht,
die sie den Ansichten ihrer Gegner abspricht. Für die Entscheidung dieser Schlüsselfrage gebe es keine von vornherein fest-
stellbaren Kriterien von Rationalität, «sondern eben wiederum
nur Meinungen». Argumente hülfen da wenig, im Gegenteil.
Zu argumentieren sei riskant, weil es die Wahrscheinlichkeit
erhöhe, dass unüberbrückbare Meinungsverschiedenheiten
sichtbar würden, die eine Verständigung unmöglich machten:
so wie in Wyhl, in Wackersdorf oder in Stuttgart tatsächlich geschehen, wo die Proteste gegen ein Kernkraftwerk, gegen eine
Wiederaufarbeitungsanlage und einen unterirdischen Bahnhof
allen Schlichtungsbemühungen gespottet haben. Solche Folgen seien vorhersehbar und überraschten ihn nicht, behauptete
Luhmann; seit vielen Jahren erodiere das Vertrauen, «zunächst
in die Technologien, dann auch in die politische Kontrolle und
heute zunehmend in die Wissenschaft selbst».[5]

So schnell geben Naturwissenschaftler aber nicht auf. Sie setzen nach und bekämpfen den von Luhmann beklagten Vertrauensverlust mit eben den Mitteln, denen sie ihn zu verdanken haben. Nachdem die Katastrophe von Tschernobyl das riesige Ausmaß der Schäden, die ein durchgehender Reaktor anrichten kann, offenbart hatte, tat die Internationale der Kernphysiker alles, um die zum atomaren «Restrisiko» verharmloste Gefahr noch weiter zu verkleinern. Das fiel nicht schwer, weil ja das Risiko eine zusammengesetzte Größe ist, bestimmt als das Produkt aus Schadensumfang und Eintrittswahrscheinlichkeit. Man musste also nur die eine der beiden Größen gegen null laufen lassen, um das Ergebnis insgesamt auf null zu bringen; und das geschah. Das Restrisiko schrumpfte von Jahr zu Jahr und niemals schneller als in der Zeit nach Tschernobyl. Hatte es davor noch bei einmal in zehntausend Jahren gelegen, lag es danach nur noch bei einmal in einhunderttausend Jahren, ein echter Fortschritt, jedenfalls auf dem Papier. In einer von Atomwirtschaft und Atomwissenschaft gemeinsam verfassten Broschüre, die «Argumente statt Emotionen» verhieß, bekannten sich die Fachleute für Kernphysik zu ihrer Überzeugung, dass eine Kernschmelze nach menschlichem Ermessen «ausgeschlossen» sei, und begründeten das so: «Die Wahrscheinlichkeit, dass es zu einem schweren Reaktorunfall kommt, ist zwar nicht null, aber äußerst gering. Derartig kleine Wahrscheinlichkeiten entziehen sich dem menschlichen Vorstellungsvermögen; sie werden deshalb im üblichen Sprachgebrauch mit Bezeichnungen wie ‹gibt es nicht› oder ‹ausgeschlossen› versehen.»[6]

Ein sprachliches Kunstwerk: Da wird «möglich» zu «selten», «selten» zu «unwahrscheinlich» und «unwahrscheinlich» zu «nie», streng wissenschaftlich natürlich. Wem das zu schnell geht oder nicht ganz einleuchtet, wird mit einem knappen Hinweis auf die unvermeidlichen Risiken abgefertigt, «die in Kauf genommen werden müssen und können» – aber von wem? Den Physikern, den Industriellen, den Politikern oder der Bevölkerung? Die Kernkraftlobby war und blieb auch diesmal stur. Sie hatte nichts verstanden, nicht einmal, dass sie in einen Meinungskampf und keine Podiumsdiskussion verwickelt war und dass solche Kämpfe nicht mit Risikoanalysen, sondern von Mehrheiten entschieden werden, um die man sich bemühen muss. Auch zwanzig Jahre später hatte sie noch nichts begriffen, als sie Sturm lief gegen den Beschluss der Bundesregierung, unter dem Schock von Fukushima mit der Kernkraft in Deutschland Schluss zu machen. Die Spezialisten hatten sich mit Mächten eingelassen, deren Strategien sie nicht beherrschten, und das bekamen sie nun zu spüren.

Wie frei man eine Wissenschaft nennen kann, die auf das Verständnis und das Wohlwollen anderer Mächte angewiesen ist, war immer schon eine offene Frage; unter dem Eindruck der modernen, auf Anwendung fixierten Großforschung hat sie sich allerdings verschärft. Ideen reichen ja nicht mehr; um den Einfall zu erproben, zu entwickeln und anzuwenden, braucht man Gerät und Personal, und man wird einiges dafür tun, um beides zu bekommen. Das hat die Lage der «freien» Forschung grundsätzlich verändert und den Gelehrten, der seiner Arbeit in Einsamkeit und Freiheit nachgeht, zum Fossil gemacht. Bis in die sechziger Jahre, heißt es in einer kritischen Bilanz der Max-Planck-Gesellschaft, sei der Grundlagenforscher, der möglichst viele Preise, aber nicht möglichst viel Geld verdienen will, unter den Instituts-Direktoren dieser mächtigen Institution zur Förderung der Wissenschaften die herrschende Gestalt gewesen; mittlerweile aber sei sie durch die in Amerika heimische Figur des forschenden Unternehmers (oder unternehmerischen Forschers) verdrängt worden. Damit steht nun auch Deutschland

vor der Frage, wie die organisierte Wissenschaft auf einen Forscher reagieren soll, der nicht nur erkennen, sondern am Ver-
kauf seiner Erkenntnisse auch verdienen will.

Die Max-Planck-Gesellschaft nimmt diese Frage ernst.
Beunruhigend lang nennt sie die Liste der Normverstöße in der
Grauzone zwischen Grundlagenforschung und ihrer industriellen Verwertung, «sie umfasst Desinformation, Geheimhaltung
von Daten und Erkenntnissen, Fälschung von Daten und die
Publikation von gefälschten Daten, die Veröffentlichung nicht
reproduzierbarer Ergebnisse, Diebstahl, Einbruch, Betrug und
unfairen Umgang mit privilegierten Informationen», kurz-
um all das, was zu erwarten oder zu befürchten ist, wenn die
Gewinn- und Verlustrechnung auch in der Wissenschaft zum
Maßstab aller Dinge werden soll.[7] Der Ruf nach Anwendung;
die Verachtung der brotlos genannten Künste; der Tanz um die
Leistung, die «sich wieder lohnen soll»; die Einrichtung von
Transfer-Agenturen, die aus der Theorie so schnell wie möglich
Praxis machen sollen: All das hat ein Klima erzeugt, in dem die
Nähe zum Kommerz, die früher als ein Makel galt, als Auszeich-
nung empfunden wird. Zumal in den prosperierenden Lebens-
wissenschaften ist die Personalunion von Forscher, Berater,
Geschäftsführer und Spekulant zu einem gängigen Phänomen
geworden. Wer die Interessenverflechtung kritisiert, muss sich
Wirtschafts- oder Fortschrittsfeindlichkeit vorhalten lassen.

Schon 1962 hatte Rachel Carson, die Heroine der amerikanischen Umweltschutzbewegung, auf die fatalen Folgen auf-
merksam gemacht, die der Ökologie aus ihrer engen Bindung an
die chemische Industrie erwuchsen. Bei genauerem Hinsehen
stoße man überall auf Gestalten, deren gesamtes Forschungs-
programm von irgendeinem großen Unternehmen gesponsert,
also bezahlt, also gesteuert würde; das Ansehen dieser Leute,
manchmal auch ihre Stellung im Beruf hingen von der Bereit-

schaft ab, für Produkte und Prozeduren einzutreten, mit denen ihr Pate sein Geld verdient. «Können wir erwarten, dass sie sich ins eigene Fleisch schneiden?», fragt sie im «Stummen Frühling», einer Anklage gegen den rücksichtslosen Einsatz von DDT und anderen Insektiziden. «Wenn wir wissen, dass sie voreingenommen sind: Wieweit dürfen wir ihnen dann glauben?»[8] Die Wissenschaftsbürokratie hat diese Frage bis heute nicht verstanden. Im Gegenteil legt sie es darauf an, die ohnehin schon starke Abhängigkeit der Wissenschaft durch den faktischen Zwang, für jedes aufwendigere Forschungsvorhaben Drittmittel einzuwerben, immer weiter voranzutreiben. Forscher und ganze Institute sind zu Dienstboten der Industrie geworden, und wer die Szene überblickt, kennt nicht nur die Namen derer, die man fragen, sondern auch die Tarife, die man zahlen muss, um zu erhalten, was man braucht. Mit der Brutalität des erfolgreichen Geschäftsmannes hat ein amerikanischer Zigarettenhersteller die Verhältnisse dargelegt, als er vor Gericht versprach, seine Produktion einzustellen, sobald ihm die Gefährlichkeit des Rauchens «durch meine eigenen Wissenschaftler» bestätigt worden sei.[9] Der Forscher als Haustier, das die Hand, die ihm das Futter reicht, nicht beißt: Das ist eine neue, inzwischen nicht mehr ungewöhnliche Erscheinung. Mit dem Appell, die reine, die freie, die unabhängige und selbstbewusste Wissenschaft nicht zu verraten, wird man dagegen nicht viel ausrichten. Und daran, an der Entschlossenheit, ihre Grundsätze zu verteidigen und die Scheinheiligen, die sich Berater nennen, aber Dienstleister, Handlanger oder Büchsenspanner ganz anderer Mächte sind, öffentlich anzuprangern, lässt es die Wissenschaft bedauerlicherweise fehlen.

Theodor Mommsen, der Erfinder des Begriffs Großwissenschaft, hatte die Lage erkannt und nicht ohne Wehmut beschrieben. «Wir klagen nicht und beklagen uns nicht», meinte er gegen Ende seines Lebens als Forscher, Schriftsteller und Wissenschaftsorganisator, «die Blume verblüht, die Frucht muss treiben. Aber die Besten von uns empfinden es, dass wir Fachmänner geworden sind.» Nicht nur Fachmänner, wäre aus heutiger Erfahrung hinzuzufügen, sondern auch Interessenten: Als Interessent, der seine Herkunft vergessen hat, ist der Fachmann ja immer noch am besten definiert. Der Forscher will nun einmal forschen und ist beim Urteil über die Voraussetzungen, die ihm das möglich machen, alles andere als unbefangen. Der Physiker möchte das Higgs-Teilchen entdecken, der Molekularbiologe das Genom sequenzieren, der Astronaut im Shuttle um die Erde fliegen. Dazu brauchen sie immer größere und teurere Apparate, und um die zu bekommen, müssen sie Werbung betreiben, Werbung in eigener Sache. Vor Jahren konnte man beobachten, wie die führenden deutschen Kernphysiker von einer Veranstaltung zur nächsten zogen, um Reklame zu machen für «ihren» Reaktortyp. Für Wolf Häfele vom Kernforschungszentrum in Karlsruhe war das der schnelle Brüter, für Rudolf Schulten von der Kernforschungsanlage in Jülich der Hochtemperaturreaktor, für Klaus Pinkau, den Chef des Max-Planck-Instituts für Plasmaphysik in Garching, der Fusionsreaktor. Wem sollte man glauben?

Der frühere DFG-Präsident Wolfgang Frühwald berichtet von ähnlichen Erfahrungen beim Besuch eines Herzzentrums in Kanada. Drei Kollegen hätten ihm gegenübergesessen, um mit ihm Fragen der Forschungsfinanzierung zu besprechen, «doch unversehens geriet unser Gespräch zu einer Auseinandersetzung um die Möglichkeiten und die Grenzen ärztlichen Handelns. Die Perfektionierung der Transplantationsmedizin war das Anliegen des Leiters dieses Zentrums; er fühlte sich ethisch bedrängt durch die geringe Anzahl der zur Verfügung stehenden Organe, wodurch er jeweils in den Konflikt geriet, wem das nun endlich zur Verfügung stehende ‹eine› Organ zu übertragen sei. An einem künstlichen Herzen arbeitete der zweite Kollege, der uns ein etwa sechshundert Tage arbeitendes künstliches Organ vorstellte, wobei er es als seinen Traum bezeichnete, dass eines Tages ein perfektes künstliches Herz die Organtransplantation überflüssig machen werde. ‹An keine der beiden Möglichkeiten glaube ich›, sagte der dritte Kollege. ‹Ehe diese beiden Möglichkeiten so perfektioniert sind, dass auch die ethischen Probleme damit gelöst sind, wird die Molekularbiologie die Krankheitsursachen so weit aufgeklärt haben, dass wir auf beide Entwicklungen nicht mehr angewiesen sind.›»[10] Träume oder die Realität von morgen?, fragt Frühwald. Auf jeden Fall ein Beispiel dafür, wie schwer es ist, vom Eigeninteresse des Forschers auch dort abzusehen, wo das Motiv, den Menschen zu helfen, außer Frage steht.

Wissenschaftler sind es nicht gewohnt, als Interessenten angesprochen zu werden. Das passt nicht zu ihrem Selbstbild, das sie als Mitglieder der Scientific Community ausweist und zur Sachlichkeit verpflichtet. Die Annalen der Gemeinschaft sind denn auch voll von Lobliedern auf das Pflichtbewusstsein des Wissenschaftlers, seine Unbestechlichkeit, seine Einsatzfreude, seine Willensstärke und viele andere schöne Eigenschaften. Die gab es und die gibt es – aber doch nicht als Höchstleistungen einer akademischen Elite, sondern als Ausdruck einer Moral, die für alle gilt. Viel mehr als eine solche Alltagsmoral wird in den «Richtlinien für gute wissenschaftliche Arbeit», einer Gemeinschaftsarbeit, mit der die großen deutschen Forschungsförderungsorganisationen auf Missstände und Betrügereien reagiert haben, ja auch gar nicht verlangt. Da erfährt man, dass man nicht lügen, nicht fälschen und nicht stehlen soll – was ja ganz richtig ist, aber doch offenbar nur deshalb wiederholt und

131

eingeschärft werden musste, weil es sich eben nicht mehr ganz von selbst verstand.

Moralisch steht der Forscher vor denselben Anforderungen wie jeder andere Beruf: Er soll, wie Einstein sagt, ein sauberes Beispiel geben und den Mut haben, seine Überzeugungen von Gut und Böse in einer Gesellschaft von Zynikern ernsthaft zu vertreten. Von Richtlinien, Zielvereinbarungen oder ethischen Selbstverpflichtungen, wie sie inzwischen Mode geworden sind, versprach er sich nicht viel. Das Beispiel der Mediziner, die seit eh und je ihren hippokratischen Eid schwören, zeige ja, wie wenig mit einem Ethical Code auszurichten sei; bei den «eigentlichen Wissenschaftlern mit ihrem mechanisierten und spezialisierten Denken» vermutlich noch viel weniger, setzte Einstein hinzu. In ihrer großen Mehrheit seien die Scientists, wie er sie nannte, auch nicht anders als der Durchschnitt der Menschen, «und wenn sie anders sind, dann ist es nicht auf die Verstandesfähigkeit, sondern auf menschliches Format zurückzuführen, wie bei Laue».[11]

Dies Format hat Laue davor bewahrt, sich mit den Nazis einzulassen. Es war aber nicht stark genug, um im entscheidenden Moment dem Fachmann das Wort zu verbieten und die moralische Katastrophe zu ermessen, die mit den Bomben auf Hiroshima und Nagasaki angerichtet wurde; sie haben die Wissenschaft mit einem Makel behaftet, den sie nie wieder losgeworden ist. Laue hat auf die Nachricht vom «gelungenen Versuch» glaubwürdigen Berichten zufolge mit Erregung, ja mit Begeisterung reagiert: Er sah nur, was er sehen wollte.[12] Den Fürsprechern des modernen F&E-Betriebs – «F» für Forschung und «E» für Entwicklung – ist es denn auch nie schwergefallen, sich von der Verantwortung für das, was sie in Japan oder sonst wo angestellt hatten, freizusprechen. Wissenschaft, meinte einer ihrer eifrigsten Anwälte, müsse sich der Trümmer von

Hiroshima und Nagasaki nicht schämen: Die Scham sei Sache derer, die andere Götter verehrten als die der Wahrheit und des Glücks. Von diesen anderen Göttern gibt es offenbar zu viele; genug jedenfalls, um jedem Einzelnen Absolution zu erteilen und ihn sagen zu lassen: «Hätte ich es nicht getan, dann ein anderer.»[13] Eine Wissenschaft, die sich so herausredet, korrumpiert die Moral. Sie hätte zu akzeptieren, dass unter den Bedingungen verschachtelter Zuständigkeiten, einem Kennzeichen der Moderne, die Verantwortlichkeit mit der Entfernung zum Ort des Handelns eher zu- als abnimmt; aber das will sie nicht, weil es ihrem höchst einseitigen Verständnis von Freiheit widerspricht. Im Niedergang der hergebrachten Ethik hat Max Born denn auch eine Folge, sogar eine notwendige Folge des naturwissenschaftlichen Aufstiegs gesehen, der doch «an sich», wie er verzweifelt hinzufügte, eine der größten intellektuellen Leistungen der Menschheit war.[14] Tatsächlich haben die Naturwissenschaften den Menschen Mittel in die Hand gegeben, die jeden vernünftigen Zweck übersteigen. Von ihnen Orientierung zu verlangen, wäre naiv; die muss, wenn man sie will, von außen kommen. Die Frage ist, von wo.

9 ORIENTIERUNG DURCH WISSENSCHAFT?

Wo das Bedürfnis nach Orientierung wächst und Antworten auf die Frage nach dem Sinn des Lebens dringlich werden, muss man nicht lange warten, bis sich ein Geisteswissenschaftler angesprochen fühlt und «Hier!» ruft. Nachdem die eine, für alle verbindliche Moral in allerlei Sondermoralen zerfallen ist, trifft das Angebot von Philosophen, Theologen, Historikern und anderen «Papierwissenschaftlern» – ein polemischer Ausdruck des Chemikers Wilhelm Ostwald – auf wachsendes Interesse; nach langer Zeit glauben sie den Wind des Zeitgeists endlich wieder im Rücken statt im Gesicht zu spüren. In den Kommissionen, die sich damit beschäftigen, vertraute alte durch irgendwelche neuen Werte zu ersetzen, führen sie das große Wort; sie haben Ethiken des Wissens, des Heilens und des Helfens entworfen, aber auch solche des Saubermachens, des Bergsteigens und des Autofahrens; die Mutigsten von ihnen glauben sogar, eine Moral des Marktes entdeckt zu haben, und seitdem die Regierung eine Ethik-Kommission für die Zukunft der Kernenergie eingerichtet hat, sind Geisteswissenschaftler auch für die Energieversorgung zuständig. Mit dem «Jahr der Geisteswissenschaften», das für 2008 ausgerufen worden ist, hat diese Konjunktur einstweilen ihren Höhepunkt erreicht.

Zufrieden sind sie aber trotzdem nicht. Sie leiden darunter, dass sie so gut wie nie aus eigenem Recht zum Vortrag eingeladen werden und überall im Kielwasser ihrer großen Kon-

135

kurrenz, der Naturwissenschaften, segeln. Der Naturforscher sorgt für Aufregung, der Kulturforscher für Anregung; der Techniker stellt fest, der Historiker zur Diskussion; der eine sagt vor, der andere sagt nach: So etwa sieht die Rollenverteilung zwischen den beiden Fächergruppen aus. Das bekannteste Doppel dieser Art war das von Hubert Markl (Biologie) und Jürgen Mittelstraß (Philosophie), beide von der Universität Konstanz. Jahrelang waren die beiden auf allen möglichen Kongressen unterwegs, um den Teilnehmern den Unterschied zwischen (technischem) Verfügungswissen und (philosophischem) Orientierungswissen zu erklären. Ein schöner Einfall, nur an der Wirklichkeit vorbei, denn wenn der durchschnittlich aufgeklärte Zeitgenosse überhaupt noch irgendwo nach Orientierung sucht, dann da, wo er sich auch sonst umsieht, wenn es um Fragen von Lebensart, Lebenslust und Lebenssinn geht, bei den Naturwissenschaften also und der ihnen zugeordneten Technik. Es sind ihre Entdeckungen und ihre Erfindungen, für die er sich interessiert, auf die er sich «im Prinzip wenigstens» verlässt, an denen er Maß nimmt und das eigene Verhalten orientiert.[1] Und nicht an den schönen, aber luftigen Gebilden der Geisteswissenschaften.

Trotz aller äußeren Erfolge auf dem Weg zur Gleichstellung mit den verwöhnten Naturforschern hat sich an der abschätzigen Behandlung der Geisteswissenschaftler kaum geändert. Wo sie unter sich sind, geben sich die Wortführer der Naturwissenschaften wenig Mühe, ihren selbstbewussten Anspruch aufs Ganze der Erkenntnis zu verbergen. Alle Entdeckungen, «die uns wirklich weiterführen», seien doch den Naturforschern und ihren Verwandten, den Ingenieuren, zu verdanken, ohne deren erfinderische Künste aus den meisten dieser Entdeckungen «nichts Gescheites, vor allem keine marktgängigen Produkte und Verfahren entstanden wären», meint etwa Hubert Markl.[2]

Nützlich sind eben nur die Naturwissenschaften, zumal in ihrer angewandten Form, der Technik. Für Geisteswissenschaftler scheint im Pantheon der modernen Wissenschaftsreligion, in dem doch noch die sonderbarsten Götter willkommen sind, kein Platz zu sein. Unter den mehr als hundert Namen, denen der Wissenschaftsgroßhändler Michio Kaku für Anregungen und Auskünfte zu seinen abenteuerlichen «Zukunftsvisionen» dankt, finden sich haufenweise Physiker, Chemiker und Biologen, mehrere Zukunfts- und Friedensforscher, ein paar Journalisten und schließlich auch ein Mann, dessen Berufsbezeichnung als «Atombombenkonstrukteur» angegeben wird, aber kein einziger Geistes- oder Sozialwissenschaftler.[3] Offenbar kann die Zukunft, wie Kaku sie im Kopf hat, auf das Orientierungswissen dieser Fächer ganz gut verzichten.

Sein Buch vulgarisiert die These von den «Zwei Kulturen», die 1959 von Charles Percy Snow, einem ehrgeizigen Briten, der im Dreiländereck zwischen Naturwissenschaft, Literatur und Politik unterwegs war, aufgestellt worden war. Snows wechselvolle Karriere hatte ihn aus der Umgebung Ernest Rutherfords, den er zeitlebens als wissenschaftliches Leitbild verehrte, über allerlei Zwischenstationen auf den Posten eines wissenschaftlichen Chefberaters der Labour-Regierung unter Harold Wilson und damit auch ins Oberhaus geführt; sein Vortrag über «Die zwei Kulturen und die wissenschaftliche Revolution», eine Kampfansage an den akademischen Comment, hat dazu sicherlich beigetragen. Snows Kunstgriff bestand darin, den Sciences, denen die Zukunft «in den Knochen saß», nicht eigentlich die Geisteswissenschaften, sondern die von ihm sogenannten Non-Sciences entgegenzustellen, ein Sammelsurium von Tätigkeiten, deren Wertschätzung er für übertrieben und deren öffentliche Förderung er für überflüssig hielt: Kunst und Kunstgeschichte, Literatur und Literaturkritik, Philosophie, Philologie und mehr von dieser Art und Güte. Leute, die von Shakespeare alles, von den Hauptsätzen der Thermodynamik aber nichts verstanden und sich auf diese gewollte Einseitigkeit auch noch etwas einbildeten, mochte er nicht. Nicht in der Poesie, sondern in den Naturwissenschaften müsse sich auskennen, wer am öffentlichen Leben Anteil haben, mitreden und mitentscheiden wolle. Mit ihnen stehe und falle die Aussicht auf eine lebenswerte Zukunft, weil sich mit ihnen, und nur mit ihnen, die Hoffnung verbinde, den Kampf gegen Hunger, Krieg und Elend in aller Welt am Ende doch noch zu gewinnen.[4]

Fixiert auf seine zwei Kulturen, hatte Snow übersehen, dass es noch eine dritte Kraft gab, die ungeduldig darauf wartete, als gleichwertig anerkannt und promoviert zu werden. Das waren die Sozialwissenschaften. Vor allem in Amerika hatten sie einen märchenhaften Aufstieg hinter sich gebracht, den sie jetzt, nach dem Sieg der Alliierten im Zweiten Weltkrieg, in Europa wiederholen wollten. Ihr Anspruch ging dahin, das Versprechen der Geisteswissenschaften mit naturwissenschaftlichen Methoden einzulösen, Verfügungs- und Orientierungswissen also gewissermaßen aus einer Hand zu liefern und sich als «Wissenschaft vom Wissen» weniger neben als über den anderen Disziplinen zu etablieren. Zumal in Deutschland, wo die Soziologie, bedingt durch die Herrschaft der Nationalsozialisten und den verlorenen Krieg, zurückgefallen war, schien das ein aussichtsreiches Programm zu sein. Tatsächlich hat die Sozialforschung mit ihren Methoden und Zielen auf das intellektuelle Klima der jungen Bundesrepublik stark eingewirkt.[5] Als spätes Zeichen ihrer Vorherrschaft können die «Stichworte zur geistigen Situation der Zeit» angesehen werden, die gegen Ende der siebziger Jahre in der Edition Suhrkamp erschienen sind. Mehr als dreißig Mitglieder oder Anhänger der von Jürgen Ha-

bermas so genannten nachdenklichen Linken haben sich dort
Gedanken darüber gemacht, wie das richtige Leben im falschen
allen Widrigkeiten zum Trotz doch noch gelingen könnte; darunter allerdings kein einziger Naturwissenschaftler. Sie fehlen
ebenso wie die klassischen Geisteswissenschaften, die in den
betont ahistorischen Plan des Ganzen offenbar nicht passten.

Neben einem Theologen, der Ernst Bloch, und einem Germanisten, der Walter Benjamin verehrt, kommt als Historiker nur
Hans-Ulrich Wehler zu Wort. Er passte in das Programm, weil
er als Schulhaupt der Bielefelder dafür warb, Geschichte als historische Sozialwissenschaft zu betreiben.

Die Idee, die den «Stichworten» zugrunde lag, hieß Planung.
So wie die Naturwissenschaftler mit der Natur wollten die Sozialwissenschaftler mit der Gesellschaft verfahren, sie also, wie
es einer ihrer progressiven Vertreter formulierte, «auseinanderreißen und nachher in veränderter Form wieder zusammenkitten». Dass man so etwas tatsächlich für möglich hielt, zeigen
die Experimentalklauseln und ihr Pendant, die sozialwissenschaftliche Begleitforschung, die damals, auf dem Höhepunkt
der Planungsbegeisterung, jedem größeren Gesetzesvorhaben
mit auf den Weg gegeben wurden. Planung war die eine, Wissenschaft die andere Größe, auf die man sich verließ, weil man
von den Politikern ja nicht verlangen konnte, im Vertrauen auf
den vielberufenen Menschenverstand tätig zu werden, «solange das wissenschaftliche Bewusstsein nicht fähig ist, die strategische Planung mit der politischen, der ökonomischen und der
gesellschaftlichen Planung zu koordinieren».[6] Der alte Traum,
dem die Naturforscher seit Bacons Zeiten nachgehangen hatten, sollte mit Hilfe einer neuen Disziplin, der Wissenschaft
von der Gesellschaft, zu Ende geträumt werden. Wären die
Gesetze, nach denen das soziale Leben abzulaufen schien, erst
einmal entdeckt und allgemein bekannt, stünde dem Aufbruch

in eine bessere Zukunft, zu einem Leben in Wahrheit, Würde und Wohlstand, nichts mehr im Wege.

So spricht die Wissenschaft von der Gesellschaft. Wie die von der Natur will sie Regeln entdecken und Gesetze formulieren. Dazu muss sie vom Einzelmenschen absehen, von seinen Vorlieben und Aversionen, seinen Hoffnungen und Ängsten, seinen Launen, Ressentiments und Verstiegenheiten: von dem also, was nur individuell zu fassen oder zu verstehen ist. In Konkurrenz zur Biologie, die den Menschen als Gattungswesen betrachtet, behandeln ihn die Soziologen als Gesellschaftswesen, als «Menschen in der Mehrzahl», wie Eugen Rosenstock-Huessy sich ausdrückt. Ralf Dahrendorf hat es ähnlich gesehen und ganz zu Recht darauf bestanden, dass sein Fach, die Soziologie, als Wissenschaft vom Menschen höchst unzulänglich bestimmt sei; als Einzelwesen sei ihr der Mensch im Grunde völlig gleichgültig, weil sie mit der Kunstfigur des *homo sociologicus*, dem «auf Nenner gebrachten», von allen individuellen Zügen befreiten Gattungsexemplar, sehr viel mehr anfangen könne als mit Aussagen, die das «Wesen» des Menschen zu ergründen suchten.[7] Das Ergebnis ist der Mann ohne Eigenschaften, diesmal allerdings nicht als Romanfigur, sondern als wissenschaftliche Attrappe, als ein Produkt der Soziologie, die sich in diesem Punkt mit ihrem methodischen Vorbild, den Naturwissenschaften, einig weiß.

Denn «auf Nenner bringen» will die Naturwissenschaft ja auch. «Jetzt können wir den Menschen definieren!», freute sich der Mediziner Joshua Lederberg auf dem berühmten Symposium, zu dem das schweizerische Pharmaunternehmen Ciba 1962 führende Wissenschaftler aus aller Welt nach London eingeladen hatte. Sie wollten Orientierung geben, der Menschheit den Weg in die Zukunft weisen. Lederberg tat das, indem er den Menschen als ein Konglomerat von Kohlenstoff-, Wasserstoff-, Sauerstoff-, Stickstoff- und Phosphoratomen beschrieb, zusammengedreht zu einer Kette von fünf Milliarden paarweise angeordneten Nukleotiden, der bekannten Doppelhelix.[8] Der Molekularbiologe Richard Dawkins definiert anders. Er ist mit der Zeit gegangen und hat sich von den Informationswissenschaften infizieren lassen; für ihn ist der Mensch (und Leben überhaupt) eine Ansammlung «von Bytes und Bytes und Bytes digitaler Information».[9] Und noch einmal ein bisschen anders der Biochemiker Walter Gilbert, der den Menschen als ein Informationsbündel versteht, das man, abgespeichert auf einer CD, aus der Hosentasche ziehen und mit den Worten vorzeigen kann: «Dies ist ein menschliches Wesen, dies bin ich.»[10] Gemeinsam ist diesen Bestimmungsversuchen der reduktionistische Ansatz, der nur das als wirklich anerkennt, was sich technisch analysieren und synthetisieren lässt. Radikale Naturforscher haben den Ehrgeiz, ohne den Menschen auszukommen, zumindest ohne das, was ihm Selbstbewusstsein, Individualität und Identität verleiht. Sie haben ihn mitsamt seinen Gefühlen, seinen Befangenheiten und Unzulänglichkeiten aus ihrem Weltbild verbannt und reden von der Natur so, als könnte sie auch ohne den Menschen verstanden werden.

Das klingt polemisch, übertrieben, ungerecht. Denn waren Naturwissenschaftler nicht unter den Ersten, die den naiven Anspruch auf objektive Erkenntnis bestritten haben? Ist den Quantentheoretikern nicht bewusst, dass sie mit ihren Apparaten und Methoden nur Aspekte, aber nie die ganze Wahrheit über die Natur erfahren können? Gehört die Vorstellung vom Beobachter, der durch seinen Eingriff die Wirklichkeit, die er erkennt, erst eigentlich hervorbringt, nicht ins Repertoire der modernen Physik? Hatte Niels Bohr die Physiker nicht vor der Annahme gewarnt, die Natur «an sich» betrachten zu können, und ihnen geraten, sich mit ihren Auskünften auf das zu beschränken, was sie über die Natur sagen können? Heisenberg hatte daraus den Schluss gezogen, dass der experimentierende Wissenschaftler als Bindeglied gewissermaßen in der Mitte der Auseinandersetzung zwischen Natur und Mensch stehe, «sodass die landläufige Einteilung der Welt in Subjekt und Objekt, Innenwelt und Außenwelt zu Schwierigkeiten führt».[11] Und nicht nur zu Schwierigkeiten, sondern früher oder später an eine Grenze, die sich aus dem grundsätzlichsten aller Gründe, aus der Befangenheit des Beobachters, seiner Verwicklung in das Spiel der Phänomene, nicht überwinden lässt. Er kann die Natur nicht zum Gegenstand seiner Beobachtungen machen, ohne das Ergebnis dieser Beobachtungen zu verzerren. Womit der Vorwurf, den Menschen auszuschließen oder zu vergessen und einem mehr oder weniger naiven Naturalismus aufzusitzen, ins Leere laufen würde.

Soweit die Theorie betroffen ist, gewiss. In der Praxis, im Alltagsbetrieb von Forschung und Lehre, sieht die Sache aber ganz anders aus; und in der Publizistik, die das Laienpublikum über die allerneuesten Erfolge der Naturwissenschaften unterrichtet, erst recht. Da steht jener Naturalismus, der beansprucht, nicht nur die Welt da draußen, sondern auch sich selbst zum Gegenstand von allerlei «objektiven» Erkenntnissen machen zu können, in voller Blüte. In dem Moment, da er die Bühne betritt und die Vorstellung beginnt, scheint der Beobachter zu vergessen, dass er selbst Mitspieler in dem Stück ist, über das er berichtet; er spricht dann so, als gäbe es so etwas wie Natur «an sich». Der Verdacht, dass er beim Blick nach oben und nach unten, ins riesig Große oder ins unendlich Kleine, denselben Schwierigkeiten begegnen muss wie Bohr und Heisenberg und alle anderen, sein Weltbild also bloß eingebildet sein könnte, scheint ihm nicht mehr zu kommen. Er redet, als ob es Kant nie gegeben hätte und er mit Raum und Zeit als Größen operieren

könnte, die nicht Voraussetzungen, sondern Folgen des Er-
kennens, also wirklich da sind. Es sind solche Erfahrungen, die
Oppenheimers skeptischer Frage, ob die Naturwissenschaften
«gut» für die Menschen seien, ihre Aktualität verleihen.[12]

Als er das sagte, dachte Oppenheimer an seine Erfindung,
die Bombe. Die hat jedoch viel mehr zerstört als zwei japa-
nische Städte; auch mehr als das Gefühl für Sicherheit und die
halbwegs realistische Aussicht auf Frieden auf Erden. Sie hat
die Natur der Würde beraubt und jenem Zynismus ausgeliefert, der nur noch danach fragt, ob der gegen sie vorgetragene
Angriff erfolgreich war oder nicht. Niemand werde den un-
geheuren Zuwachs an Wissen und Macht bestreiten, den die
Erkenntnisse der Naturwissenschaften dem Menschen einge-
tragen haben, meinte Hannah Arendt, «aber wer wüsste nicht,
dass man die gleiche Entwicklung mit kaum weniger Recht
auch für das nachweisliche Anwachsen der Verzweiflung, für
die Entzauberung der Welt, für die Entstehung des Nihilismus,
der ein spezifisch neuzeitliches Phänomen ist, verantwortlich
machen kann, dass diese einst esoterischen Phänomene sich
immer breiterer Bevölkerungsschichten bemächtigt haben
und dass heute» – sie schrieb das um die Mitte des vergangenen
Jahrhunderts – «auch die Forschung selbst, deren begründeter
Optimismus sich noch im neunzehnten Jahrhundert so auffal-
lend von dem nicht weniger gerechtfertigten Pessimismus der
Denker und Dichter abhob, von ihnen nicht mehr verschont
ist». Das Naturbild der modernen Physik zeige ein Universum,
von dem man gerade so viel wisse, dass es in bestimmter (rich-
tiger wohl: höchst unbestimmter) Weise die Messinstrumente
affiziere, die ersonnen worden seien, um seine Eigenschaften
zu erkunden. Was sich auf den Skalen der Instrumente ablesen
lasse, verrate über die wirklichen Eigenschaften der Natur nicht
mehr als die Telefonnummer von dem, der sich beim Anruf

melde. Anstatt mit irgendwelchen objektiven Eigenschaften fänden wir uns mit den von uns selbst erbauten Apparaten konfrontiert, «und statt der Natur oder des Universums begegnen wir gewissermaßen immer wieder nur uns selbst».[13]

Wer will, kann den Verlust an Weltwissen und Weltvertrauen als den Preis ansehen, der für die Annehmlichkeiten der Moderne, für ihr spektakulär angewachsenes Vermögen, die Natur zu unterwerfen und auszubeuten, fällig war. Nur sollte dieser Preis dann auch genannt werden; doch dazu ist das eindimensionale Fortschrittsdenken nicht bereit, es gibt nicht einmal zu, dass überhaupt ein Preis zu zahlen war. Die Naturwissenschaften seien drauf und dran, die hergebrachten Grundlagen von Kultur und Ethik zu zerstören, prophezeite Francis Crick, gemeinsam mit James Watson Entdecker der Doppelhelix, schon vor Jahren: Mehr als die Frage, was man denn nun an ihre Stelle setzen könne oder solle, ist ihm dann allerdings nicht eingefallen.[14] Als «wertfrei» eingestellter Forscher konnte er der Frage nach dem Sinn des Ganzen nichts abgewinnen, er hielt sie für überflüssig; warum sollte er sich dann um eine Antwort bemühen? Dass die Wissenschaft auf Fragen wie «Was sollen wir tun? Wie sollen wir leben?» keine Antwort geben, den Weg zum wahren Sein und zur wahren Natur nicht zeigen kann, liest man schon bei Max Weber.[15] Nur dass Weber die Berechtigung solcher Fragen nie bestritten, ihre Bedeutsamkeit sogar mit starken Worten unterstrichen hat, während sich seine heutigen Nachfolger darin gefallen, sie als Flausen hinzustellen, die sich die Menschen, von den exakten Wissenschaften über die wahre Natur des wahren Seins belehrt, so schnell wie möglich aus dem Kopf schlagen sollten. Diese Wissenschaften segeln nach einer Fahne, die sie am Bug des Schiffes festgenagelt haben, der Fahne des Fortschritts; in solchen Fällen ist der Kurs entweder immer richtig oder immer falsch. Wohin die Reise geht, ob an den Sonnenstrahlen des Wissens aufwärts zum Himmel oder abwärts ins Chaos,[16] weiß man erst dann, wenn sie zu Ende ist.

Wer damit nicht zurechtkommt und weiter nach dem Sinn des Ganzen fragt, muss sich anderswo umsehen; und damit kommen die Geisteswissenschaften doch wieder zurück ins Spiel. Allerdings nicht in jener Kümmerform, die ihnen Odo Marquard zuweisen wollte, indem er die Philosophie als die Kunst beschrieb, mit den Verheerungen des Fortschritts fertigzuwerden. Mit seiner These von den Geisteswissenschaften, die umso unvermeidlicher werden, je moderner die Zeiten sind, ist er als Hofnarr des Diskussionsgewerbes jahrzehntelang durchs Land gezogen.[17] Er ist mit ihr fast überall gut angekommen, am besten bei den Machthabern in Wirtschaft und Politik, die das Alte, Rückständige und Überlebte, wie sie es nannten, zwar loswerden, aber mit möglichst gutem Gewissen loswerden wollten. Dazu kam ihnen eine Philosophie, die glücklich war, wenn sie beim Fortschritt die Nachhut bilden durfte, gerade recht. Indem er die Geisteswissenschaften als vormodernes Kompensat der Moderne beschrieb, bot Marquard einen Ablasshandel nach dem Muster an: Die progressiven Naturforscher dürfen weitermachen, wenn sie uns, den konservativen Geisteswissenschaftlern, ein Museum bauen, das mit Büchern und Bildern daran erinnert, wie schön die Welt ausgesehen hatte, bevor sie den Wirtschaftsingenieuren in die Hände fiel.

Solange sie von Bedeutung war, hat die Philosophie immer mehr gewollt – und meistens auch gekonnt – als so etwas. Daran könnte sie anknüpfen und sich mit Nietzsche darauf besinnen, dass eine Philosophie gerade so viel taugt, wie sie imstande ist, ein Beispiel zu geben. Tut sie das nicht, müssen andere an ihre Stelle treten und Orientierung auf ihre Art betreiben, Leute wie Richard Dawkins zum Beispiel, der sich, wie er versichert, «nicht nur zum Spaß» dafür einsetzt, naturwissenschaftliche

Themen auch im Ethikunterricht zu behandeln.[18] In seinen Augen ist die Biologie als Universalwissenschaft ja für alles zuständig, also auch für die Ethik. Dawkins versteht sich als Prediger einer neuen Wissenschaftsreligion, die auf alles eine Antwort geben kann, weil sie die Fragen, auf die sie keine weiß, als sinnlos aussortiert. Rigoros, wie er ist, hält er sich an den Grundsatz, den Brecht schon seinem Galilei in den Mund legte: neue Wissenschaft, neue Ethik; diesmal die biologische Ethik vom Recht des Stärkeren, der seine Überlegenheit dadurch beweist, dass er den Schwächeren an die Wand drückt.

Was solchen und ähnlichen Entwürfen einer «wissenschaftlichen» Moral entgegensteht, ist das Gefühl. Natürlich sind Gefühle keine Argumente; sie haben aber, wie Jürgen Habermas in seinem Vorwort zu Michael J. Sandels Plädoyer gegen die genetische Verbesserung des Menschen einräumt, einen «propositionalen Gehalt», der sich erklären und begründen lässt.[19] Sie sind nicht selbst Gedanken, laden aber dazu ein, sich welche zu machen: als schlechte Gefühle, die warnen, und gute, die aufwecken, stimulieren und weiterbringen. Tatsächlich werden sich dort, wo die Natur als Ganzes wahrgenommen wird, Gefühle des Staunens und der Bewunderung einstellen, auf die sich große Naturforscher wie Kepler, Newton oder Einstein ja auch immer wieder berufen haben, wenn sie sich über die Gründe äußerten, die sie zur Erforschung der Natur bestimmt haben. «Das Schönste, was wir erleben können, ist das Geheimnisvolle», schreibt Albert Einstein, «es ist das Grundgefühl, das an der Wiege von wahrer Kunst und Wissenschaft steht. Wer es nicht kennt und sich nicht mehr wundern, nicht mehr staunen kann, der ist sozusagen tot und sein Auge erloschen.» Angesichts der Schönheit, der Vernunft und der Ordnung des Ganzen stelle sich ein Gefühl der Nichtigkeit ein, begleitet von dem Wunsch, die Gesamtheit der Natur als etwas Einheitliches und Sinnvolles zu erleben: ein Wunsch, von dem das «Matter-of-Fact-Denken», das in den Naturwissenschaften herrschend geworden sei, allerdings nichts mehr ahnen lasse.[20]

Ganz ähnlich Erwin Schrödinger. In seinem kleinen, aber einflussreichen Büchlein «Was ist Leben?», entstanden aus einer Vorlesungsreihe, die er kurz nach dem Ende des Zweiten Weltkriegs in Dublin hielt, bietet er nichts Objektives, keine Formeln und Gleichungen, sondern das Gefühl gegen seine forschen Kollegen auf, die den Menschen als Apparat beschreiben wollen: das «unangenehme, uns allen wohlbekannte Gefühl», das sich einstellt, wenn man versucht, sich als bloßen Mechanismus zu begreifen, in Gang gehalten durch die Macht der Gene. Man habe dann den Eindruck, dass die Willensfreiheit, «die doch durch unmittelbare innere Erfahrung verbürgt ist», einem solchen Vorhaben widerspricht.[21] Diese unmittelbare, durchaus nicht wissenschaftlich legitimierte Erfahrung steht jedem offen. Jeder kann sich auf sie berufen, wenn er von den Simpeleien der Biologen, Neurologen oder Kosmologen genug hat. Der Mediziner Alex Comfort hat denn auch, allenfalls halb ironisch, nicht etwa die Folgsamkeit, sondern die Widerstandsfähigkeit einfacher Leute gegen die anmaßenden Manipulationsversuche wohlmeinender Experten als einen Überlebenswert gewürdigt, auf den er «als guter Anarchist» keinesfalls verzichten wolle.[22] Das wäre die Alternative: Überleben nicht am Gängelband der Wissenschaft, sondern ohne sie, sogar im Widerspruch zu ihr, wenn sie sich anmaßt, über unsere wahren Gefühle, unsere Ansichten und Absichten, unser Bewusstes und Unbewusstes besser Bescheid zu wissen als wir selbst.

Viel Neues ist dabei nicht zu erwarten. Neues ist aber auch gar nicht nötig, wenn es um Orientierungsfragen geht. Wer sich dadurch entmutigt fühlt, kann Trost bei Robert Spaemann finden, der seinen Versuch über «Glück und Wohlwollen» mit der lapidaren Feststellung eröffnet, dass seine Ausführungen «hoffentlich nichts Neues, jedenfalls nichts grundsätzlich Neues» enthalten; wo es um Fragen des richtigen Lebens gehe, könne ja nur das Falsche wirklich neu sein.[23] Wie viele überraschende Durchbrüche, verblüffende Wahrheiten, sensationelle Irrtümer und erregende Dummheiten wären der Welt erspart geblieben, wenn sich die Wissenschaft daran gehalten hätte! Soll oder darf man das von ihr erwarten? Wo doch ihre Stellung als moderne Großmacht zum Gutteil auf der Chuzpe beruht, mit der sie Innovationen ankündigt, die sich schon bald als teure Eintagsfliegen erweisen: als wollte er den alten Skeptiker David Hume ins Recht setzen, der sich seinerzeit, vor ein paar hundert Jahren, darüber beschwerte, dass für die Neuerungen der Mode nichts empfänglicher wäre als die angeblich definitiven Lösungen der Wissenschaft. Die Wörter «Mode» und «modern» sind eben nicht nur etymologisch miteinander verwandt.

An Versuchen, die Wissenschaften auf die Höhe der Zeit (oder die Zeit auf die Höhe der Wissenschaft) zu bringen, wird es auch weiterhin nicht fehlen. Der vorletzte ist in den siebziger Jahren unternommen worden, als die Wirtschaftswunder-Euphorie zur Neige ging und die Frage aufkam, wie Deutschland im internationalen Wettbewerb um Wissen und Können auf Dauer mithalten könnte. Das war die große Zeit der Bildungsplaner, die Schulen und Hochschulen einer Dauerreform unterziehen wollten und damit immer noch nicht fertig sind. Ihr Sprecher war Georg Picht. Er wollte wissenschaftliches Denken und Arbeiten im Bewusstsein einer Zeit verankern, die in allem, was sie tat, abhängig war von dem, was Wissenschaftlern einfiel. Ähnlich wie Du Bois-Reymond oder C. P. Snow sah Picht die öffentliche Verwaltung, die politische Führung und weite Teile der Wirtschaft auf einer Bewusstseinsstufe verharren, die der Moderne, so wie er sie begriff, nicht mehr angemessen war. Schuld daran sei die Wissenschaft selbst: Sie habe versäumt, sich darüber klarzuwerden, dass die Erhebung des Bedarfs an wissenschaftlich geschulten Nachwuchskräften nur noch mit wissenschaftlichen Methoden, also von ihr selbst bestritten werden könne. Orientierung müsse in einer Zeit, die von der Wissenschaft und ihren Auswirkungen auf das Leben zehre, «durch die Wissenschaft selbst geleistet werden».[24] Das war eine Einladung zur Selbstermächtigung, die von den Bildungsforschern, Bildungsplanern und Bildungstheoretikern begeistert aufgenommen worden ist. Mehr Schüler und mehr Lehrer, mehr Forschung und mehr Lehre, mehr Bildung und mehr Wissenschaft würden ja nicht nur das Land voranbringen, sondern auch sie selbst.

Das ist, zunächst einmal, vorbei. Dass sich Schulen und Hochschulen unter Anleitung und Aufsicht der Wissenschaft, aus eigener Kraft also, zu einer Reform bereitfinden könnten, die diesen Namen auch verdient, glauben nur noch Fachleute, die damit ihre Geschäfte machen. Der Glaubenshunger einer glaubenslosen Zeit verlangte aber nach Ersatz und fand ihn umso eher, als er in der Gestalt der Biowissenschaften längst bereitstand. Seit 1953, dem Jahr, in dem Crick und Watson die Doppelhelix entdeckt hatten, waren die Biologen immer deutlicher mit dem Anspruch hervorgetreten, die Pädagogen in ihrer Rolle des Garanten einer besseren Zukunft zu beerben. Wenn sich der neue Mensch schon nicht erziehen ließ, dann musste man ihn eben züchten; natürlich nicht im Stil der Rassenhygieniker, die nach den Exzessen im Dritten Reich einen schlechten Ruf genossen, sondern mit den Methoden der neuen Zukunftswissenschaft, der Genetik. Sie versprach, das Menschen-Material so weit zu verbessern, dass es hinter den Leistungen seiner

Apparate und Maschinen nicht immer weiter zurückblieb. Von nun an waren es die Vertreter der Lebenswissenschaften, wie sie sich programmatisch nannten, die immer dann, wenn irgendwo nach Orientierung gefragt wurde, selbstbewusst «Hier!» riefen. Anders als ihre Vorgängerinnen aus dem Bereich der Soft Sciences schienen sie nicht nur den Willen, sondern auch die Kraft zu haben, ihr Ziel zu erreichen. Denn der Rohstoff, mit dem sie arbeiteten, war zwar empfindlicher, aber auch dauerhafter als der, auf den die Bildungsleute angewiesen waren. Er war der dauerhafteste von allen, das Erbgut.

10 Die Schöpfer des neuen Menschen

Es sind die lauten Töne, die Eindruck machen und im Gedächtnis haften bleiben, auch in der Wissenschaft. Je kühner eine Behauptung und je großartiger der Ausblick, desto stärker die öffentliche Resonanz und die Bereitschaft, zur Förderung der Wissenschaften Geld auszugeben. Der amerikanische Psychologe John Broadus Watson wird beides im Auge gehabt haben, als er im Jahre 1924 mit einem schrillen Anerbieten von sich reden machte. Gebt mir, rief er seinen Landsleuten zu, ein Dutzend gesunder, wohlgeratener Kinder und die Möglichkeit, sie nach meinen Grundsätzen zu erziehen, und ich verspreche euch, aus jedem von ihnen einen Arzt, einen Anwalt, einen Künstler, einen Kaufmann «und, jawohl, auch einen Bettler oder Dieb zu machen, ungeachtet seiner Neigungen und seiner Fähigkeiten, seiner natürlichen Anlagen und seiner sozialen Herkunft». Das war die Art von Fortschritt, die den Amerikanern gefiel. Sie lieben ja die Gleichheit und reagieren empfindlich auf Ansprüche, die bloß ererbt, nicht selbst erworben sind; daher die Aufmerksamkeit, die Watsons spektakulärem Angebot zuteilgeworden ist. Wenn alles Umwelt war, dann waren Veranlagung und Begabung, Abstammung und Erbe nichts, und jeder konnte alles werden: Das war der Kern von Watsons These. Man musste nur in Bildung investieren, in die eigene und die der anderen, um «god's own country» einer herrlichen Zukunft entgegenzuführen.

Nach einiger Zeit konnte Watsons bekanntester Schüler, der Verhaltensforscher Burrhus Frederic Skinner, die Ernte einfahren, die sein Lehrer ausgebracht hatte. Sein Buch «Jenseits von Freiheit und Würde» – eine genaue Übersetzung des amerikanischen «Beyond Freedom and Dignity» – wurde trotz (oder wegen) seines reißerischen Titels zu einem gewaltigen Erfolg. Zumal in Deutschland, wo man nach allem griff, was versprach, dem nationalsozialistischen Dogma vom Wert des Blutes und des Bodens etwas Besseres entgegenzusetzen, war der Zuspruch groß. Um von den Sünden der Vergangenheit loszukommen, schien Skinner mit seinem radikalen Zweifel an den ererbten Fähigkeiten und den angeborenen Eigenschaften genau der richtige Mann zu sein. Der Mensch werde jetzt abgeschafft, hatte er versprochen: weder als Individuum noch als Spezies, wie er zur Beruhigung seiner Anhänger hinzusetzte, sehr wohl dagegen als autonomes, selbstverantwortliches Wesen. Skinner sah darin einen Fortschritt, weil der Verlust von Freiheit und Würde mehr als nur aufgewogen werde durch die wissenschaftlich fundierte Einsicht, dass der Mensch abhängig sei, abhängig von den höchst unterschiedlichen Reizen, die ständig auf ihn einwirkten. Die nämlich ließen sich verändern und verbessern: durch ihn und seine Wissenschaft natürlich. Die Menschen müssten nur zugreifen und endlich anfangen, mit Hilfe positiver und negativer Verstärkungen, durch Lohn und Strafe also, sich selbst und alle anderen zu dem zu machen, was sie schon immer hätten sein können, wenn Skinners Lehrsätze bekannt gewesen und beachtet worden wären. Die wissenschaftliche Betrachtung des Menschen, schloss Skinner sein Buch im Vorgefühl des sicheren Triumphes, biete erregende Möglichkeiten: «Wir haben noch nicht erkannt, was der Mensch aus dem Menschen machen kann.»[1]

Nach allem, was man damals über den Ausgang der beiden

Groß-Experimente wusste, die in der Absicht unternommen worden waren, den Menschen zu dem machen, was er sein konnte, war das eine erstaunliche Aussage. Der eine, der deutsche Veredelungsversuch, war eben erst unter horrenden Kosten für Opfer und Täter gescheitert; der andere, der russische, lief noch. Die Wissenschaft (oder das, was sie so nannten) haben beide Weltbilder eingespannt und sich für ihre Dogmen vom Kampf der Rassen und der Klassen auf die ewigen Gesetze berufen, die sie in der Natur oder der Geschichte entdeckt zu haben glaubten. Den Deutschen war das schlecht bekommen, den Sowjets aber längst noch nicht; ihr Anspruch auf Wissenschaftlichkeit wurde ernst genommen, nicht nur von der Parteiführung im eigenen Land, sondern auch von den tonangebenden Kreisen des freien Westens. Ein Großteil der Intellektuellen nahm das russische Herrschaftssystem als einen Beweis dafür, dass eine Veränderung von Mensch und Gesellschaft nach wissenschaftlichen Grundsätzen doch noch möglich sei. Zumal in England gehörte es zum guten Ton, das Schul- und Hochschulwesen der UdSSR als vorbildlich zu preisen; C. P. Snow hat sich in diesem Sinne geäußert, sein Landsmann, der Biologe und einflussreiche UNESCO-Funktionär Julian Huxley, ebenfalls. Selbst Amerikaner, sonst voller Reserve gegen den Mitbewerber aus dem Osten, zeigten sich beeindruckt von den wissenschaftlichen Leistungen der Russen; für einen Weltbürger wie J. B. S. (John Burdon Sanderson) Haldane stand die Überlegenheit des sozialistischen Erziehungs- und Ausbildungssystems ohnehin außer Frage. Er kokettierte mit dem Eingeständnis, sich mit seinen politischen Vorhersagen immer wieder geirrt zu haben, in einem Falle aber nicht, denn schon in den dreißiger Jahren, als Stalin die Industrialisierung des Landes auf seine Art vorantrieb, habe er prophezeit, dass die Sowjets den Rest der Welt in allen Bereichen der angewandten

Wissenschaften überholen würden.[2] Unter dem Eindruck des Sputnik-Schocks traute er einem Land und einem System, das so etwas zustande gebracht hatte, alles Mögliche zu; also nicht nur die Vollendung der Wissenschaft und die Vervollkommnung der Gesellschaft, sondern auch die Veredelung des Menschen.

Was die Forscher in aller Welt dazu bestimmte, sich über methodische Einwände und ideologische Vorbehalte hinwegzusetzen und in der Sowjetunion das, wenn auch unzulängliche, Modell einer besseren Zukunft zu erblicken, war der Plan. Nur über den Plan konnte die Theorie ja praktisch, das Projekt wirklich, die Utopie konkret werden. Den Plan zu entwerfen und seine Ausführung zu überwachen, Falsches zu entdecken und durch Besseres zu ersetzen, war Sache der neuen, der wahren, der *einen* Wissenschaft, die alle Rinnsale und Bäche, die sich im Laufe der Zeit vom großen Fluss abgetrennt hatten, in sich aufnehmen und zu einem einzigen, mächtigen Strom vereinigen sollte: Diese Erwartung verband westliche Endzeittheoretiker mit ihren Brüdern aus dem Osten. Beide wollten das angefangene Werk dadurch zum Abschluss bringen, dass sie nach dem Vorbild der Naturwissenschaften eine Wissenschaft vom Menschen und von der Gesellschaft entwickelten, ganz so, wie Karl Marx es gewollt hatte, als er schrieb: «Die Naturwissenschaft wird später ebensowohl die Wissenschaft vom Menschen wie die Wissenschaft vom Menschen die Naturwissenschaft unter sich subsumieren: Es wird nur Eine Wissenschaft sein.»[3]

Marx hat diesen Anspruch nicht einlösen können, Skinner und seine Leute schon gar nicht. Ihre Gefolgschaft ist zusammengeschmolzen; wer dabeiblieb, pflegte sich wie ein Sektenmitglied zu verhalten, das durch Glaubensstärke ersetzt, was ihm an Urteilsvermögen abgeht. Der Behaviorismus sei tot, «so tot, wie es eine Theorie nur sein kann. Alle seine Annahmen haben sich als falsch erwiesen» heißt das abschließende Urteil des amerikanischen Entwicklungspsychologen Paul Bloom.[4] Über den Marxismus ließe sich Ähnliches sagen, denn sein Anspruch, für das Auf und Ab der Weltgeschichte eine einzige, allumfassende Formel gefunden zu haben, wird selbst von denen nicht mehr ernst genommen, die ihn aus politischen Gründen hochhalten.

Jetzt sind die Lebenswissenschaften obenauf, die große und bunte Truppe der Genetiker, der Hirnforscher, der Biotechniker, der Informatiker, der experimentellen Psychologen und der Grenzgänger zwischen künstlicher und natürlicher Intelligenz. Sie tragen Steine zu dem großen Mosaikbild zusammen, das irgendwann einmal das Leben selbst – und damit auch den Menschen selbst – erklären soll. Der lange Kampf der Wissenschaften gegen die Natur scheint damit in seine letzte, entscheidende Phase getreten zu sein. Wenn nämlich das Genom und nicht die Umwelt «alles» ist, werden die Forscher mit dem Menschen ebenso verfahren wie mit Tieren und Pflanzen, sein Potenzial also dadurch steigern wollen, dass sie sein Erbgut verändern. Die technische Verbesserung des Menschen, in Deutschland schamhaft gern Enhancement genannt, ist denn auch das erklärte Ziel dieser neuen Wissenschaftszweige. Nicht die Gesellschaft als ganze, auch nicht dies oder jenes Einzelwesen stehen zur Disposition, sondern, wie ein bekannter Bioinformatiker rundheraus erklärte, «die Natur des Menschen selbst».[5]

Die Menschen, meinte der Genetiker James Watson in jenem rüden Tonfall, in dem die Lebenswissenschaftler für sich und ihre Sache werben, sollten ihr Schicksal nicht länger Gott überlassen, sondern es selbst in die Hand nehmen. Was über Millionen Jahre hinweg ziellos, zumindest ohne erkennbares Ziel, abgelaufen sei, die Evolution, müsse ein Ziel gesetzt bekommen, bewusste Planung solle das blinde Spiel von Mutation und Selektion ersetzen. Um sich zu Herren und Besitzern der Natur zu machen, fehlte den Menschen ja bisher nur eins, die Verfügungsgewalt über die eigene Anlage, den eigenen Körper, die eigene Seele und das eigene Gemüt. Die scheint er jetzt in die Hand zu bekommen: «Die prometheische Tat der Herstellung und Formung von Menschen ist nicht länger eine sehnsüchtige Phantasmagorie (wie in Lucas Cranachs Gemälde eines Jungbrunnens) noch eine Fiktion der spekulativen Alchemie (wie die Erschaffung des Homunculus in der Laboratoriums-Szene des Faust), sondern ein entwurfsfähiges, reales Projekt, auch wenn», wie der Biologe Jens Reich einschränkend hinzufügt, seine Realisierung auf enorme Schwierigkeiten treffen werde, «auf technische Schwierigkeiten wegen der Komplexität der Aufgabe ebenso wie ethische und politische Hindernisse wegen der besorgniserregenden Grenzüberschreitung von einer Phase der Umkonstruktion der uns umgebenden Natur in das Zeitalter der Neukonstruktion des Menschen selbst.»[6] Fragen wie diese werden damit unvermeidlich: Nach welchen Maßstäben sich der Mensch «perfektionieren» lassen könnte; welche Eigenschaften gefördert oder unterdrückt werden sollen; wer beim Enhancement zu den Gewinnern, wer zu den Verlierern zählen wird; und wer die Macht haben soll, darüber zu befinden.

Im Letzten offensichtlich nur die Wissenschaftler selbst. Nur sie können ja behaupten, die Regeln des Spiels verstanden zu haben, dem sie da auf die Spur gekommen sind und das sie nun mit immer höherem Einsatz weiterspielen wollen. Auch diese Innovation war in der Welt, bevor die Welt Gelegenheit hatte, sich darüber zu beraten, wie sie das Neue nutzen wollte; und ob sie es überhaupt nutzen wollte. Das Neue war einfach da und machte Debatten über das Ob und Wie und Wann und Wo überflüssig; Expertenwissen lässt sich offenbar nicht demokratisieren. Nicht alle haben das bedauert; wenn schon Tyrannei, meinte Bertrand Russell, sei ihm die Tyrannei der Wissenschaft immer noch lieber als die der Kirche. Die Wissenschaft (er sprach von Science) sei ja noch eine junge Macht; erst wenn sie das Gewissen der Menschen ebenso lang und gründlich kujoniert und kontrolliert hätte wie die Kirche, könnten die Menschen auf den Gedanken kommen, im Namen der Freiheit gegen ihre Übermacht genauso heftig aufzubegehren wie seinerzeit gegen die Herrschaft der Religion. Das werde allerdings noch dauern, schrieb er vor nun fast hundert Jahren.[7]

Wahrscheinlich aber nicht mehr lange. Als Pfadfinder der Moderne lassen die Biowissenschaftler keine Zweifel an ihrer Entschlossenheit, das Leben nicht nur zu erklären, sondern auch zu steuern und, wie sie immer wieder stolz verkünden, zu verbessern. Rodney Brooks, ein Pionier der künstlichen Intelligenz, gerät ins Schwärmen, wenn er sich die Chancen ausmalt, die ihm und seinen Fachkollegen zuwachsen, wenn die Verbindung zwischen Mensch und Maschine kurzgeschlossen werden: «Wir brechen aus unserer Rolle als passive Beobachter des Lebens und der Ordnung der Dinge aus und werfen uns zu ihren Gestaltern auf. Wir werden nicht länger den Beschränkungen der darwinistischen Evolution unterliegen. Wir werden die Möglichkeit haben, aktiv an der Entwicklung mitzuwirken, als Einzelne wie auch als Art.» Der Mensch müsse von seinem Sockel herunter, sich als Maschine verstehen und an den Gedanken gewöhnen, «als solche denselben technischen Manipulationen zu unterliegen, wie wir sie gewohnheitsmäßig an unseren Maschinen vornehmen». Spätestens im Jahr 2050 werde man zum Zeitpunkt der Empfängnis nicht nur das Geschlecht des Kindes bestimmen können, sondern auch viele seiner körperlichen, geistigen und sonstigen Merkmale: ein Fortschritt, der die Gesellschaft auseinanderreißen werde und von harten, gewaltsamen Kämpfen bis hin zu Krieg und Terror begleitet sein werde. Die allerdings bestanden werden müssten, da auch dieser Fortschritt seinen Preis wert sei.[8]

Was da skizziert und vorbereitet wird, ist nichts weniger als der vollständige Sieg der Wissenschaft über die feindliche Natur. In jedem seiner zahlreichen Bücher beschreibt Richard Dawkins die Natur als große Nihilistin, der man als selbstbewusstes Wesen entgegentreten, aber niemals folgen soll. Ihr Lebenselixier, die Erbsubstanz DNA, wisse nichts und kümmere sich um nichts, «sie ist einfach da. Und wir tanzen nach ihrer Pfeife.»[9] Diesen unwürdigen Zustand will Dawkins nicht länger hinnehmen. Wenn überhaupt zu irgendetwas, taugt die Natur in seinen Augen nur noch als Schreckbild, nicht als Vorbild. Die Menschen, meint er, sollten ihr das Steuer entwinden, um es stattdessen ihm und seinen Kollegen von den Biowissenschaften in die Hände zu geben; sie wüssten besser damit umzugehen als die blinde und gleichgültige, gewalttätige und rachsüchtige Natur. Dawkins versteht sich als Stifter einer neuen, einer Wissenschaftsreligion, die Schluss macht mit dem vermaledeiten Gotteskomplex. Auch aus seiner Sicht bedarf die Schöpfung der Erlösung, aber nicht durch Gott, sondern durch Darwin und seine Jünger, und nicht auf dem Wege der Offenbarung und des Glaubens, sondern mit Hilfe der exakten Wissenschaft.

Nachdem sie durch die Pioniertat von Crick und Watson erkannt haben, «wie die Natur es macht», fühlen sich die Biowissenschaftler dazu gedrängt, den Menschenkindern klarzumachen, wie vorteilhaft es für sie wäre, sich auf ihre Artverbesserungsvorschläge einzulassen. Einige haben diesen Appell als Einladung verstanden, sich selbst als Musterexemplare des evolutionären Fortschritts zur gezielten Vermehrung anzubieten – nicht immer so unverblümt wie der Nobelpreisträger William Shockley, der seine Mitpreisträger kurzerhand dazu aufrief, ihr wertvolles Sperma zum Segen der Nachwelt, die ohne Genies wie sie verkümmern müsse, bei einer Samenbank zu deponieren. Dass sie und ihre Artverwandten – geniale Forscher, geniale Techniker, geniale Unternehmer – an der Spitze der Evolutionspyramide stehen und bei der Fortpflanzung bevorzugt werden sollten, scheint für erfolgreiche Biowissenschaftler aber festzustehen; es wäre ja auch nur die Konsequenz aus dem, was sie verbreiten. Sie betrachten sich als einen neuen, genetisch definierten Dienstadel, dessen akademische Leistung durch reproduktiven Erfolg möglichst dauerhaft belohnt werden sollte.

Die technischen Möglichkeiten – künstliche Befruchtung, freie Samenwahl sowie die damals noch ganz vagen Aussichten auf therapeutisches oder reproduktives Klonen – sind schon früh, auf der erwähnten Ciba-Konferenz in London, erörtert und durchgespielt worden. Ohne sich bei den vertrackten Definitionsproblemen länger aufzuhalten, waren sich die Teilnehmer einig, nach objektiven, also wissenschaftlichen Kriterien zwischen positiven und negativen Eigenschaften unterscheiden zu können. Voller Stolz bekannten sie sich zu ihrer Pflicht, «wertvollen Nachwuchs durch wertvolle Menschen» zu erzeugen – die pure Willkür, über die aber auch Francis Galton, der Stammvater der Eugenik (und Vetter Darwins) nie hinausgekommen ist. Er unterteilte die Menschheit in Erwünschte und Unerwünschte, um dann arglos zu fragen, ob wir die Unerwünschten nicht einfach dadurch loswerden könnten, dass wir die Erwünschten sich vermehren ließen. Wissenschaftlich anspruchsvolle, dem natürlichen Prozess überlegene Kriterien für die Auswahl der Besten gibt es nicht, und wenig spricht dafür, dass es sie jemals geben könnte. Die Intelligenz gehört jedenfalls nicht dazu, es sei denn, man will die tautologische

Definition, nach der Intelligenz das ist, was ein Intelligenztest misst, als wissenschaftlich gelten lassen.

Was mit dem Siegeszug der modernen Biowissenschaften wieder auflebte, war der uralte Traum vom Übermenschen. Er ist oft geträumt worden, am frühesten im Umkreis radikaler Sekten, am heftigsten von Nietzsche, mehr oder weniger naiv von allen Utopisten; und er ist lange noch nicht ausgeträumt. Die christlich getönten «Suprahumanisten» (um Teilhard de Chardin) und die biologisch orientierten «Transhumanisten» (um Julian Huxley) haben ihn weitergeträumt, und der erwähnte Rodney Brooks tut es offenbar auch, wenn er nicht nur danach fragt, was menschlich, sondern auch nach dem, was übermenschlich möglich sein könnte.[10] Nur der Vergleichspunkt hat gewechselt: Sollten die Menschen ehedem über die Natur hinauswachsen, sich als ihre Herren und Meister aufspielen, werden sie neuerdings dazu aufgerufen, sich der veränderten, maschinell aufgerüsteten und industriell «in Wert gesetzten» Kunst-Natur anzupassen. Der Schöpfer ist hinter seinen Geschöpfen, den Geräten und Apparaten zurückgeblieben und muss nun aufholen, um nicht abgehängt zu werden. Karl Jaspers hat zu diesem Stück die philosophische Begleitmusik geschrieben, indem er die Bedrohung durch das Potenzial der Technik in eine Bewährungsprobe für den Menschen umdeutete. Wer ja sage zum Dasein des Menschen, «wer denkt, dass er ein Mensch ist, und weiß, dass der Mensch nicht schon ist, was er sein kann und sein soll», der müsse den eingeschlagenen Weg, den Weg der Technik, mit letzter Konsequenz zu Ende gehen.[11] Das klang heroisch, wirkt angesichts der Energie, mit der die Genbaumeister den Menschen auf ihre Weise, durch die Veränderung seiner physischen und psychischen Konstitution, zu dem machen wollen, «was er sein kann und sein soll», allerdings wie eine leere Geste. Die Eule der Minerva, das Wappentier der Philosophen, war wieder einmal zu spät ausgeflogen. Denn wozu moralisch aufrüsten oder intellektuell nachrüsten, wenn man die fällige Anpassung auch mit anderen und härteren, weil biologisch wirksamen Methoden zustande bringen kann?

Die anschaulichste Vorstellung von dem, was der neue, der technisch versierte Mensch «sein kann und sein soll», gibt immer noch der Astronaut, der Weltraummensch. Wernher von Braun hat ihn als den Pionier einer neuen Gattung vorgestellt, als er im Fernsehen Augenzeuge wurde, wie Neil Armstrong als erster Mensch den Mond betrat. Dieser Moment, sagte er, sei in der Naturgeschichte allenfalls mit dem Augenblick vergleichbar, in dem das Leben aus dem Wasser an Land kroch.[12] Das brachte ihm zwar Begeisterungsstürme und stehende Ovationen ein, verriet aber doch eine recht eigenwillige Vorstellung vom Mechanismus der Evolution. Die Fische konnten ja erst in dem Moment dem Wasser entsteigen und sich in Landbewohner verwandeln, als sie dazu evolutionär tauglich geworden waren; wozu sie lange Zeiten, aber bestimmt keine Technik brauchten. Dagegen hat der Ausflug auf den Mond nur gezeigt, was jeder auch schon vorher wusste: dass der Mensch für den Aufenthalt in der feindlichen Umgebung des Weltraums denkbar ungeeignet ist und ohne technischen Aufwand, ohne Raumanzug, Funkverbindung und mitgeführte Atemluft, nicht überleben kann. Deswegen wäre das Ereignis, in dem Braun den Durchbruch in eine vielversprechende Zukunft erkennen wollte, der richtige Zeitpunkt gewesen, die bemannte Raumfahrt als einen toten Ast der Evolution abzuschneiden. Das wäre dann ein Fortschritt, der diesen Namen auch verdient.

Leben und Technik sind für die modernen Naturwissenschaften keine Gegensätze mehr, vielmehr wollen sie mit derselben Begeisterung, mit der sie die Technik in den Dienst des Lebens stellen, das Leben in den Dienst der Technik zwingen.

Der tiefe Blick, den sie in die Feinstrukturen des Lebens geworfen haben, bestimmt ihre Vorstellung vom Menschen oder von dem, was sie aus ihm machen wollen; denn so, wie er geht und steht, soll er ja gerade nicht mehr bleiben. Der «molekulare Mensch», wie er im Fachjargon der Biowissenschaftler heißt, wird ein «für den Techniker zugänglicher Mensch sein, ein formbarer und möglicherweise manipulierbarer Mensch, ein eventuell biologisch perfektionierbarer Mensch».[13] Soweit sie sich in solche Phantasmagorien verlieren, tragen die Lebenswissenschaften ihren Namen zu Unrecht; «Materialwissenschaften» wäre ehrlicher. Denn Leben ist für sie ein Rohstoff, der bearbeitet, zurechtgeschnitten, veredelt oder ruiniert werden kann wie jeder andere auch. Es ist nichts Vorgegebenes, schon gar nichts Unverfügbares, also gerade das nicht, was der Staat mit dem Begriff der Würde, die Kirche mit dem des Heiligen und die Gesellschaft insgesamt mit dem der Einzigartigkeit zu umschreiben sucht, sondern ein Material, das sich von anderen Materialien vor allem dadurch unterscheidet, dass es erheblich schwerer zu verarbeiten ist.

Als Spross der exakten Naturwissenschaften macht es die Molekularbiologie wie diese, verzichtet also auf alles Werthaltige, um sich auf das zu stürzen, was sich messen lässt; und messen lässt sich eben nur die Länge, nicht die Güte des Lebens, seine Erfüllung, sein Sinn und seine Bedeutung. Mit der Bibel, die davon berichtet, dass die Patriarchen lebenssatt, aber nicht lebensmüde gestorben sind, weiß sie nichts anfangen; so etwas liegt außerhalb ihres Horizonts, der das lange mit dem guten Leben kurzerhand gleichsetzt. Unter ihrer Führung ist es üblich geworden, auf die alte und ehrwürdige Frage, wie man sein Leben führen soll, mit den Worten «Möglichst lang!» die denkbar banalste Antwort zu geben, «als sei es nur selbstverständlich, dass das Leben der Güter höchstes ist, als könnte es prinzipiell kein Leben geben, dem der Tod vorzuziehen ist».[14] Die Reaktion auf diese Vulgärphilosophie, die eine Verlängerung des Lebens um (fast) jeden Preis verspricht, konnte nicht ausbleiben. Unternehmen wie die schweizerische Dignitas oder die deutsche Gesellschaft für humanes Sterben haben sich an die Spitze gesetzt und bieten ihre Hilfe an, um «selbstbestimmt» zu leben und zu sterben – bezeichnenderweise in Opposition zu den florierenden Lebenswissenschaften, nicht unter ihrem Schutz, erst recht nicht unter ihrer Führung.

Das Leben, dem sich diese Art von Wissenschaft verpflichtet fühlt, beschränkt sich auf das Hier und Heute. Sie will das größte Glück der größten Zahl; das macht sie ungeduldig, weil die Jagd nach dem Glück, wie Nietzsche einmal sagt, nie größer ist, als wenn es zwischen heute und morgen erhascht werden muss. Als hätten sie vergessen, dass die Endlichkeit des Lebens der Jungbrunnen der Evolution ist, betreiben die modernen Lebenswissenschaften mit ihrem eingefahrenen Programm – der Organtransplantation, der Genchirurgie, dem Neuro-Enhancement, dem «therapeutischen» Klonen, der «verbrauchenden» Embryonenforschung und wie die Euphemismen sonst noch heißen – eine Umverteilung von Lebenschancen zugunsten der gegenwärtigen, und das heißt eben auch: zum Nachteil aller anderen Generationen; wozu die Weltgesundheitsorganisation mit ihrer Maximaldefinition der Gesundheit als völligem Freisein von physischen, psychischen und sozialen Beeinträchtigungen aller Art dann auch noch ihren Segen gibt. Ein ganz natürlicher Vorgang wie das Altern wird als ein Leiden dargestellt, das sich mit Hilfe der Wissenschaft zwar nicht vermeiden, aber doch verzögern und bekämpfen lässt. Die alten, von Alzheimer und Parkinson geplagten Leute, die krank sind, weil sie alt sind, und immer kränker werden, weil sie immer älter werden, werden das anders sehen – gegen die vielen lauten Stimmen, die

163

von der Forschung alles Mögliche erwarten, Gesundheit, Glück und langes Leben, kommt ihre schwache Stimme nicht mehr an. Kein Markt wächst schneller als der für die große und bunte Palette der Anti-Aging-Präparate.

Heute bietet das Ensemble der sogenannten Lebenswissenschaften das eindrucksvollste Beispiel für jenen mechanisierten Fortschritt, der Verbesserung sagt, aber Veränderung meint; und damit auch zufrieden ist. Gentechnik, heißt es gleich im ersten Satz einer populärwissenschaftlichen Broschüre, «hat die Manipulation der molekularen Grundlagen allen Lebens auf der Erde zum Ziel» – kein Wort vom Enhancement des Objekts oder von der Erkenntnis, die Tätigkeit genügt sich selbst. Flora und Fauna werden abgegrast, ein Genom nach dem anderen bearbeitet, entschlüsselt und virtuell gespeichert, um am Ende festzustellen, dass es zwischen Mensch und Maus keine allzu großen Unterschiede gibt, auch nicht zum Fadenwurm und nicht einmal zur Bäckerhefe. Die Frage, was man denn nun erkannt hat, wenn man so etwas weiß, was es bewirken könnte oder verbessern sollte, wird nicht mehr gestellt, weil von der Antwort nichts mehr abhängt.

In diesem Klima wäre ein Forschungsmoratorium, das es in einer ähnlichen Lage ja schon einmal gegeben hat, eine Wohltat.[15] Es müsste allerdings klar gefasst sein, sorgfältig kontrolliert werden und nicht nur die staatlich geförderte, sondern auch die kommerziell betriebene Forschung einschließen; und eben das ist angesichts der wirtschaftlichen Interessen, die sich mit diesem Forschungszweig verbinden, und dem Widerstand der organisierten Wissenschaft, die um ihre Forschungsfreiheit fürchtet, wenig wahrscheinlich. Die Großgemeinde der Wissenschaftler wartet ja nur auf die prometheische Tat und will, wenn sie getan ist, nur noch wissen, wer es war und wie er es geschafft hat. Als Craig Venter im Frühjahr 2010 die Fachwelt mit der Nachricht überraschte, einer entkernten Zelle ein neues, künstlich gewonnenes Genom eingepflanzt und damit Leben produziert zu haben, beschränkte sich das Interesse der Fachwelt auf die Frage, ob Venter den Mund nicht wieder einmal zu voll genommen und mehr versprochen als geboten hatte. Moralische Einwände wurden nicht laut, zumindest nicht aus dem Kreis der harten Biowissenschaftler. Warum auch, wenn sich die Ethik nach der Wissenschaft zu richten hat, nicht umgekehrt? Wo das gilt, wird es nicht allzu lange dauern, bis in irgendeinem Laboratorium ein lebendiger, sich selbst vermehrender Organismus aus Bio-Bricks zusammengeleimt wird, in welcher Absicht und mit welchen Folgen auch immer.[16]

Die 1978 geborene Louise Brown war das erste Kind, das zwei Väter hatte, neben ihrem natürlichen einen künstlichen, den Reproduktionsmediziner Robert Edwards. Sie war ein Wunschkind, aber ein Geschenk der Wissenschaft, nicht der Natur; und nicht mal ein Geschenk, da für die Ware gut bezahlt worden ist. Wer so etwas zustande gebracht hat, wird nicht einsehen, warum er sein Angebot nicht ausweiten und sich immer raffiniertere Geschenke ausdenken sollte, ganz nach dem Wunsch und dem Vermögen der Eltern: also nicht irgendein Kind produzieren, sondern ein ganz bestimmtes, ein besonders schönes, großes und kräftiges, möglichst auch männliches Kind mit blauen Augen, blondem Haar und einem Intelligenz-Quotienten von mindestens einhundertfünfzig. Wünsche gibt es genug, Geld auch, und weil die Wissenschaft die Technik nach sich zieht «wie der Magnet das Eisen», wird es sich irgendwann schon machen lassen. Der süßen Versuchung, das Leben künstlich zu erzeugen, werden die Biowissenschaftler auf Dauer nicht widerstehen wollen. Sie werden alles unternehmen, um auch dies letzte aller «sweet problems» technisch verfügbar zu machen; und wenn sie es können, werden sie es auch tun.

11 Die Macht der Wissenschaft

Über die Motive, die sie dazu bestimmt haben, sich den natürlichen Phänomenen zuzuwenden, sie theoretisch zu ergründen oder praktisch in den Griff zu nehmen, haben die Wissenschaftler gern und erschöpfend Auskunft gegeben. Eine der anspruchsvollsten Versionen stammt aus der Rede, die Albert Einstein im Frühjahr 1918 auf den soeben sechzig Jahre alt gewordenen Max Planck gehalten hat; das Thema war danach, es hieß «Prinzipien der Forschung». Die üblichen Beweggründe – den Ehrgeiz, die Neugier, die Liebe zur Natur, zur Wahrheit, zur Menschheit und so weiter – erwähnt Einstein nur beiläufig, um den Wunsch, sich den Banalitäten des Alltags «mit seiner schmerzlichen Rauheit und trostlosen Öde» zu entziehen, umso stärker hervorzuheben. Quelle der unerschöpflichen Ausdauer und Geduld, «mit der wir Planck den allgemeinsten Problemen unserer Wissenschaft sich hingeben sehen», sei der starke, inhaltlich aber ganz unbestimmte Wunsch nach der Begegnung mit dem Absoluten. Allein mit Willenskraft und Disziplin seien Leistungen wie die von Planck nicht möglich; das tägliche Streben, wie Einstein es nannte, entspringe keinem Vorsatz und keinem Programm, sondern einem unmittelbaren Bedürfnis, einem Gefühlszustand, den er mit dem des Religiösen oder des Verliebten verglich.[1]

Das war hoch gegriffen. Über den Beruf zur Wissenschaft ist auch ganz anders, weniger spekulativ und exklusiv gesprochen worden. Fast gleichzeitig mit Einstein, im November 1917, hat sich Max Weber aus der Sicht seines Faches, der Soziologie, zum selben Thema geäußert. In der berühmten Rede, die er vor Münchner Studenten hielt, schlägt er einen harten und nüchternen Tonfall an, himmelweit entfernt von dem hymnischen Stil, in den Naturwissenschaftler bei solchen Gelegenheiten gern verfallen (und von dem ja auch Einsteins Rede keineswegs frei ist). Aber auch für Weber, bei dem Begriffe wie Arbeit, Sachlichkeit und Klarheit dominieren, spielt etwas anderes, der Einfall nämlich, der Hasard, wie er ihn nennt, man könnte auch sagen: die Erleuchtung, die entscheidende Rolle. «Kommt sie, die Eingebung, oder kommt sie nicht?», heiße die Frage, von der letztlich alles abhängt. Damit etwas Wertvolles entsteht, müsse dem Wissenschaftler, sagt Weber, schon etwas, «und zwar das Richtige», einfallen; dieser Einfall lasse sich aber nicht erzwingen, er stelle sich ein oder bleibe aus; mit bloßem Rechnen sei da nichts getan.[2] Ohne ein schwer definierbares, in Deutschland gern faustisch genanntes Streben, ohne den Willen zur Wahrheit, ohne das Spiel ums Ganze, ohne die Sehnsucht nach dem Absoluten geht es in beiden Reden nicht ab. Sofern er seinen Beruf ernst nimmt, erfüllt der Wissenschaftler, ihm selbst nur halb bewusst, einen höheren Auftrag.

Nur etwas fehlt in dieser Liste regelmäßig: der Wunsch nach Macht. Der eine oder andere Wissenschafts-Panegyriker hat sich sogar dazu verstiegen, die Verachtung von Macht und Einfluss als einen typischen Charakterzug der Scientific Community herauszustellen. Der Forscher als Asket im Dienst der Wahrheit mag eine liebenswerte Vorstellung sein; sehr realistisch war sie nie, weil ja auch Wissenschaftler Menschen sind. Nicht Aristoteles, sondern Bacon hat ihnen das Programm geschrieben; seine bekannte Gleichung von Wissen und Macht – knowledge is power – kann geradezu als Weckruf der Epoche verstanden werden, in der die Wissenschaft nach oben, also wirklich an die Macht kam. Und auch wenn Bacon bei seinem Ausspruch nicht den Politiker im Auge hatte, der über Menschen herrschen will, war doch von Anfang an klar, dass er, anders als in der Zeit davor, eine Wissenschaft favorisierte, die erklärtermaßen mehr wollte als nur erkennen. Die Bewohner seiner Trauminsel Neu-Atlantis sind ja nur deshalb in den Genuss eines Lebens in Muße und Überfluss gekommen, weil es ihnen gelungen war, mit Hilfe der Macht, die sie über die Natur erworben hatten, wahre Wunderwerke der Technik zu vollbringen. Das wollten die Naturwissenschaftler, die Bacon gelesen hatten, auch. Sie haben seine Maxime ernst genommen, eine Provinz nach der anderen erobert und sind im Augenblick dabei, sich das letzte natürliche Reservat, den Menschen selbst, zu unterwerfen. Als Herrschaftswissen sei die Naturwissenschaft indifferent gegen den Unterscheid zwischen Mensch und Natur, sagt Robert Spaemann, «Ausdehnung der Herrschaft über die Natur ist immer zugleich Ausdehnung der Beherrschbarkeit von Menschen».[3] Heute stehen die Naturwissenschaften ziemlich genau da, wo Bacon sie seinerzeit hatte sehen wollen; sie haben seinen Auftrag erfüllt und der Natur die Macht zum größten Teil entwunden. Die Folge ist, dass man sich, wie früher vor den Gewalttaten der Natur, jetzt vor der Übermacht der Wissenschaft zu fürchten beginnt.

Auf allen möglichen Gebieten ist der wissenschaftlich geschulte Experte tatsächlich zu jenem «Mann an der Spitze» geworden, zu dem man ihn am Beginn des biotechnischen Zeitalters ausgerufen hatte. Er sucht und gewinnt Einfluss auf die Regierung, gerät dann aber auch in ihre Mühlen und wird, ob er nun will oder nicht, in Auseinandersetzungen verwickelt, die über seinen Horizont hinausgehen, weil es im Weltreich der Politik eben nicht um Wahr oder Falsch, sondern um Freund

und Feind, rechts und links, Mehrheit und Minderheiten geht; und dazu lässt sich wissenschaftlich wenig sagen. Trotzdem ist die Berufung auf Wissenschaft, auf ihr methodisches Gepränge, das Objektivität und Sachlichkeit verspricht, auch in der Politik zu einer aussichtsreichen Strategie geworden. Gegen eine wissenschaftlich garantierte Wahrheit sei jede Opposition sinnlos, hatte schon Helmut Schelsky bemerkt und damit der Politik einen Wink gegeben, die Wissenschaft für ihre Zwecke einzuspannen. Seither sammeln beide Seiten ihre Truppen; die Zahl der Berater, die irgendeine Wissenschaft im Munde führen, wächst ebenso schnell, wahrscheinlich noch erheblich schneller als die der Amtsinhaber und Mandatsträger. Der Kampf wogt hin und her, die Front verschiebt sich täglich, meist allerdings zugunsten der Experten, die den Politikern die Zustimmung verschaffen sollen, die sie auf anderen Wegen nicht mehr finden. Der Ausgang scheint sich denn auch abzuzeichnen: Die Techniker überleben die Politiker, hatte André Maurois schon vor Jahren dekretiert. So scheint es in der Tat zu kommen.

Das Musterbeispiel für diese Art von Machtverlagerung ist das Manhattan-Projekt samt allem, was sich daraus dann ergeben hat; und das ist ziemlich viel. Robert Oppenheimer, der es wissen musste, hat sein Fachgebiet, die Nutzung der Atomenergie, kurzerhand als einen Teilbereich der Außenpolitik bezeichnet; ihr Beitrag zum Sieg im Weltkrieg und dessen weltpolitischen Konsequenzen stehen ja auch außer Frage. Aber auch die Doktrin der Mutual Assured Destruction, auf die sich die Großmächte in der Nachkriegszeit stillschweigend verständigt hatten, war eine Folge, ja das Werk der angewandten Kernphysik, genauso wie die Technik der Mehrfachsprengköpfe, die die Strategen beider Seiten zum ewigen Um- und Nachrüsten gezwungen hat, oder die Strategische Verteidigungsinitiative,

mit der Ronald Reagan seine Drohung unterstrich, die Russen
«an die Wand zu rüsten». Man hat Teller, auf den die meisten,
wahrscheinlich alle dieser Innovationen zurückgehen, als
den einflussreichsten Außenpolitiker des zwanzigsten Jahrhunderts bezeichnet, sicher zu Recht; von Klaus Fuchs, der die
Geheimnisse der Bombe an die Russen verriet, ließe sich Ähnliches sagen, nur dass es ihm darum zu tun war, die Übermacht
der Amerikaner, die Teller um jeden Preis aufrechterhalten
wollte, um jeden Preis zu verhindern. Seither bestimmen sich
die Machtverhältnisse unter den Staaten nach dem Grundsatz,
dass souverän ist, wer die Bombe besitzt. Teller und Fuchs haben Außenpolitik in großem Stil betrieben; wer sie dazu legiti-
miert haben könnte, haben sie aber nie gesagt.

In Deutschland war es vor allem Carl Friedrich von Weizsäcker, der im Rückblick auf das Dritte Reich die Macht der Wissenschaft ins Spiel zu bringen liebte. Er hatte ja auch Grund
dazu: Herausforderer Hitlers im Kampf um die Macht gewesen zu sein, war eindrucksvoller, als ein Patent auf die Pluto-
niumbombe zu besitzen. Als technisches Problem habe ihn
die Bombe niemals interessiert, hat er nachträglich behauptet,
sehr wohl hingegen die Möglichkeit, über sie Einfluss auf die
Politik zu gewinnen; nur deshalb habe er versucht, so nah wie
möglich an die Konstruktion heranzukommen. Er sei keinem
Programm, sondern seinem Gefühl gefolgt, das ihm gesagt
habe: «Vielleicht kann ich da etwas, und wenn ich es kann,
dann muss ich es tun.» Hätte er herausbekommen, wie man
eine Waffe baut, «über die mit mir zu verhandeln niemand verhindern kann – vielleicht kriege ich Einfluss auf die Ereignisse,
weiß der Himmel wie. Das war mein Motiv», hat er nach dem
Krieg versichert.[4] Die apologetische Tendenz dieser mehr als
nur fragwürdigen Erzählung liegt auf der Hand: Der Physiker,
der sein Expertenwissen dazu benutzt, um Hitler zu erpressen,

passte zur Rolle des ewig besorgten Friedensfürsten, die Weizsäcker im Nachkriegsdeutschland gespielt hat; nach allem, was man über Geschichte und Natur des Dritten Reichs weiß, passte sie aber nicht.

Weizsäckers Darstellung klingt denn auch reichlich naiv, und Naivität ist das Letzte, was man einem Mann wie ihm zutrauen möchte. Die Vorstellung, als Physiker, gewissermaßen mit der Bombe in der Hand, Hitler entgegenzutreten und mit ihm über die Bedingungen zu feilschen, zu denen er sie haben durfte oder nicht, hat etwas Irreales. Die Nazis verfügten über genug Mittel, um die Eigensinnigen, Ehrgeizigen oder Widerspenstigen zur Raison zu bringen, und nur wenige dürften darüber besser Bescheid gewusst haben als Weizsäcker, der Sohn des Staatssekretärs im Auswärtigen Amt. Wäre sein Plan aufgegangen, hätte er es mit dem geballten Machtapparat des Dritten Reichs und seiner schärfsten Waffe, der SS, zu tun bekommen: ein Duell, aus dem er kaum heil hervorgegangen wäre, siegreich gewiss nicht. Dass er mit seiner windigen Geschichte trotzdem so gut durchkam, dürfte vor allem daran gelegen haben, dass sie von etwas handelte, was Weizsäcker wie alle Kernphysiker ganz zweifellos besaß, von Macht. Er berief sich nicht auf sein Gewissen, erlag auch nicht der Versuchung, von Widerstand zu reden, den damals alle Welt geleistet haben wollte, sondern beschränkte sich auf seine Rolle als Experte. Das klang plausibel.

Dass es so etwas wie einen technisch begründeten Willen zur Macht tatsächlich gab und wie massiv er sich bemerkbar machen konnte, geht aus den vielen, allerdings widersprüchlichen Berichten über das Gespräch hervor, das Heisenberg im Herbst 1941 mit Niels Bohr, dem Begründer der dänischen Atomphysik, in Kopenhagen geführt hatte.[5] Heisenberg war hierfür, begleitet von Weizsäcker, zu eben jener Zeit nach Dänemark ge-

172

kommen, als Hitler den Höhepunkt seiner Macht erreicht hatte und Herr über den größten Teil Europas war. Der Frankreich-Feldzug war zu Ende, Norwegen besetzt, Italien verbündet, die Wehrmacht siegreich auf dem Balkan und in Nordafrika, und für viele sah es ganz so aus, als ob das Blitzkriegskonzept auch in Russland aufgehen würde. Auch dort waren die deutschen Truppen schnell vorangekommen, sie standen unmittelbar vor Leningrad und nicht mehr allzu weit entfernt von Moskau. Ein SS-Lagebericht aus diesen Tagen äußert die Erwartung, dass die Russen nicht mehr lang standhalten würden und der endgültige Zusammenbruch des Sowjet-Regimes kurz bevorstünde.

In dieser Situation will Heisenberg nach Kopenhagen gefahren sein, um die Chancen eines Stillhalteabkommens zwischen den Physikern beider Seiten auszuloten. Die Aussicht auf einen mit Atomwaffen ausgefochtenen Krieg habe ihn bedrückt und umgetrieben und nach einem Ausweg suchen lassen, berichtete er später. Damals sei so etwas noch möglich gewesen; eine rechtzeitige Verständigung unter den führenden Köpfen, nicht mehr als rund ein Dutzend in aller Welt, hätte den Lauf der Dinge korrigieren, die Bombe also noch verhindern können. Bohr habe seine Absicht aber völlig missverstanden, sei bei der Aussicht, die Deutschen könnten als Erste über eine einsatzfähige Bombe verfügen, geradezu in Panik geraten und hatte das Gespräch vor der Zeit abgebrochen. So Heisenberg, von seinen Schülern kräftig unterstützt, in seinen Aufzeichnungen und Gesprächen über die historische Begegnung im Herbst des Jahres 1941.

Solange er lebte, hat Bohr dieser Version zwar nie ausdrücklich widersprochen, seine Distanz aber deutlich genug durchblicken lassen. Erst nach seinem Tode sind die Entwürfe zu einigen Briefen an Heisenberg[6] bekannt geworden, die er kurz nach dem Erscheinen von Robert Jungks tendenziösem Lobgesang auf die Integrität der deutschen Atomphysiker verfasst, dann allerdings nicht abgeschickt hatte. Wiederholt betont er dort, sich an die heikle Unterredung an Kopenhagens Hafenpromenade Wort für Wort erinnern zu können; doch habe er sie ganz anders im Kopf behalten als Heisenberg. Im Laufe des Gesprächs, schreibt er, habe er den sicheren Eindruck (firm impression) gewonnen, dass in Deutschland alles unternommen werde, um so früh wie möglich Atomwaffen zu besitzen. Deutlich genug habe ihm Heisenberg zu verstehen gegeben, dass er sich innerhalb der letzten Jahre so gut wie ausschließlich mit dieser Frage beschäftigt habe. Inzwischen wisse er genau, dass und wie es möglich sei, die von Hahn entdeckte Kernspaltung zum Bau einer Waffe zu verwenden, die über Sieg oder Niederlage in diesem Krieg entscheiden werde.

Unabhängig davon, welcher Version man zuneigt, ist offensichtlich, dass es bei dem Besuch nicht um Physik ging, sondern darum, wie Physiker Einfluss auf die Politik nehmen könnten. Heisenberg und Weizsäcker haben das ja auch nie bestritten; doch auch Bohr hat erklärt, über die Technik der Bombe nicht viel Neues erfahren zu haben, umso mehr dagegen über die kriegswichtigen Aktivitäten des Deutschen Uranvereins. Das erklärt das Scheitern des Gesprächs; mit der Politik kamen die Loyalitäten ins Spiel, die bei Heisenberg, dem Abgesandten des Reichs, anders aussahen als bei Bohr, dem Bürger eines von den Deutschen besetzten Landes. Bohr scheint das klarer gesehen und souveräner beurteilt zu haben als die beiden Deutschen: Es sei doch ganz natürlich, dass sich bei Heisenberg in dem Maße, wie sich die Machtverhältnisse im Verlauf des Krieges zum Nachteil des Reichs verschoben, auch die Erinnerung verschoben habe. Gedächtnis sei auch eine Frage des Willens, sodass man Verständnis dafür haben müsse, wenn Heisenberg sich irgendwann nicht mehr an das habe erinnern wollen, was er im Herbst des Jahres 1941, als alles noch ganz anders aussah, über die deutsche Sache gedacht und gesagt hatte. Dass er tatsächlich vergessen haben sollte, wie die Lage damals aussah und wie er sie beurteilt hatte, mochte Bohr allerdings nicht glauben. Andere haben das auch nicht geglaubt. Es war doch so: Bei ihrem Versuch, als Wissenschaftler am Spiel um die Macht teilzunehmen, hatten sich Heisenberg und Weizsäcker verschätzt. Sie hatten auf einen deutschen Sieg gesetzt und klar verloren. Heisenberg hat das als Kränkung seines hochentwickelten Selbstwertgefühls empfunden und zeitlebens alles Mögliche unternommen, um die politische Niederlage in einen moralischen Sieg umzumünzen.[7] Die Physiker, hat er nach dem Krieg erklärt, hätten die Dinge in der Hand. Sie könnten den Politikern den Bau der Bombe als möglich und den erforderlichen Aufwand als überschaubar darstellen oder die Kosten als abschreckend hoch und die Erfolgsaussichten als gering: So oder so läge die Entscheidung und damit eben auch die Macht bei ihnen.[8] Das war ein praktisches Argument, denn es verband die Rechtfertigung der Deutschen, die ihrer Regierung, aus welchen Gründen auch immer, die Bombe vorenthalten hatten, mit einem unausgesprochenen, aber deutlichen Vorwurf gegen die andere Seite, die es bekanntlich anders gemacht hatte – ganz auf der Linie, die Weizsäcker in Farm Hall vorgezeichnet hatte: Die Geschichte werde festhalten, dass zu derselben Zeit, in der die Deutschen den friedlichen Kernreaktor entwickelten, die Amerikaner eine Höllenmaschine erfunden hätten. Lise Meitner, die Heisenberg aus ihrer Berliner Zeit her kannte, hatte Respekt vor seinem Wissen, zweifelte aber an seinem Charakter. Er sei, schrieb sie an ihren Freund James Franck, ein politisch wacher Kopf, nachdenklicher als Hahn und sicherlich gescheiter als Laue: «Aber ist er aufrichtig?»[9]

Zumindest hat er übertrieben. Der diplomatisch versierte Weizsäcker hatte auch hier das bessere Gespür und gab zum zweiten Mal die Linie vor, als er genauer unterschied: Zwar liefere die Naturwissenschaft wirtschaftliche und militärische «und auf beiden Wegen auch politische Macht»; sie liefere aber nur, übe die Macht nicht aus.[10] Das war nun wieder untertrieben. Ein Mann wie Weizsäcker wusste doch genau, dass die Politiker in technisch anspruchsvollen Fragen – und welche Fragen sind das heute nicht? – vom Votum der Fachleute genauso abhängig sind wie der Angeklagte vom Plädoyer seines Anwalts vor Gericht. Die Legislative, die das Gesetz beschließt; die Exekutive, die es einbringt; die Ministerialbürokratie, die es formuliert; die Verfassungsgerichtsbarkeit, die es überprüft und gegebenenfalls außer Kraft setzt: In dieser Hinsicht sind sich alle Teilgewalten gleich. «Ganz hart auf die Wissenschaft abgestützt» hätten sich die Politiker bei ihren Entscheidungen über die Höhe der zumutbaren Grenzwerte, berichtet der Vorsitzende der Strahlenschutzkommission. Der Streit darüber, ob die Mitglieder der Kommission damit Macht ausgeübt oder bloß geliefert haben, erscheint müßig.

In den allermeisten Fragen, die heute politisch entschieden werden, kann keiner von denen, die dazu ein Mandat besitzen, auf eigenes Wissen und eigene Erfahrungen zurückgreifen. Nach dem Bonmot eines früheren Bundespräsidenten sind sie Generalisten mit einer Spezialkompetenz zur Bekämpfung des politischen Gegners; in allem, was darüber hinausgeht, also meistens, sind sie auf das angewiesen, was ihnen die Experten aufgeschrieben oder zugeflüstert haben. Die Wissenschaft (oder das, was sich so nennt) beherrscht die Szene, auch in der Politik; die Regierung bestellt ein Gutachten, dem die Opposition mit einem von ihr bestellten Gegengutachten widerspricht. Danach müssen sich beide gemeinsam dem Obergutachter unterwerfen, sonst aber keiner Macht der Welt. Natürlich braucht die Wissenschaft, um anzutreten, einen Auftrag, doch ist die Politik in aller Regel nicht mehr frei, den Auftrag rundweg zu verweigern; sie kann nur etwas anderes, Alternatives bestellen. Wie Bismarck vor den Reichstag zu treten und zu erklären, dass ihn die abstrakten Lehren der Wissenschaft kaltließen und er nach eigenem Ermessen entscheiden werde, kann sich keiner der vielen Amtsinhaber leisten. Die Masse der Studien, Untersuchungen und Expertisen, die sie laufend in Auftrag geben und wie Feldzeichen vor sich hertragen, spricht für sich. Natürlich liefern die Verfasser nur; doch üben sie ja gerade damit Macht aus.

Die Wissenschaft ist in eine Rolle hineingewachsen, die Napoleon der Politik und, ihn korrigierend, Walther Rathenau der Wirtschaft zugesprochen hatte: Sie spielt jetzt Schicksal. Ein Mann mit Machtinstinkt wie Heisenberg hatte das ziemlich früh begriffen. Deshalb wollte er der organisierten Wissenschaft die Möglichkeit verschaffen, die von ihr längst besetzte Stellung auch förmlich zu behaupten – natürlich mit ihm an der Spitze. Sie müsse, sagte er, zumindest einen Teil der Verantwortung für die Macht übernehmen, die sie dadurch ausübe, dass sie die natürlichen Lebensumstände der Menschen pausenlos veränderte. Als eine solche «Leitinstanz» hatte er zunächst die Deutsche Physikalische Gesellschaft vorgesehen, später den von ihm entworfenen Deutschen Forschungsrat. Wäre er zustande gekommen, hätte er das Recht und die Pflicht gehabt, die Regierung in allen technisch bedeutsamen Fragen zu beraten. Dass es so weit nicht kam, lag weniger am Eigensinn der Wissenschaftler, die sich von einer allzu großen Nähe zur Politik nichts Gutes versprachen, als an den Ländern, die von einer zentral, direkt beim Bundeskanzler angesiedelten «Dienststelle für Forschung» Einbußen an ihrer ängstlich gewahrten Autonomie befürchteten.[11] Der Widerstand der einen und das Misstrauen der anderen haben Heisenbergs Forschungsrat schließlich verhindert; an seiner Stelle entstand die Forschungsgemeinschaft als das zentrale Selbstverwaltungsorgan der deutschen Wissenschaft, getragen vom Bund und von den Ländern.

Einer der letzten Versuche, die Wissenschaft im Kampf um die Macht nach vorn zu bringen, spielte sich in einer der schönsten Wohngegenden Deutschlands ab, am Starnberger See. Dort hatte Weizsäcker sein lang geplantes Max-Planck-Institut zur Erforschung der Lebensbedingungen der wissenschaftlich-technischen Welt angesiedelt. Als Generalstäbler der Wissenschaft, wie sie von Weizsäckers Freund Georg Picht einmal genannt worden waren, wollten die Starnberger dem planlos wuchernden Fortschritt Richtung geben und Ziele setzen. Nachdem die Naturwissenschaften die Menschheit in die Krise geführt hätten, müssten sie ihr nun auch wieder heraushelfen, hieß Weizsäckers These; Bedingung dafür sei die Entwicklung einer neuen, überlegenen Version von Wissenschaft, einer Wissenschaft «in der zweiten Potenz». Nur so, durch ihre gesellschaftliche Orientierung, könne die Moderne doch noch zu einem guten Ende geführt werden. Ebenso selbstbewusst, aber weniger polemisch als Jürgen Habermas, den er sich als Mitregenten nach Starnberg geholt hatte, glaubte Weizsäcker die reif gewordene Wissenschaft lenken, «finalisieren» zu können. Das war ganz wörtlich zu verstehen, als wissenschaftlich begründeter Machtanspruch. Das Institut sollte nicht nur als Forum für den herrschaftsfreien Dialog, sondern ausdrücklich auch als «Instrument zuverlässiger Durchsetzung» für die von ihm ersonnenen Ratschläge dienen.[12]

Daraus ist nichts geworden, weil Weizsäckers Oberinstitut nach ein paar Jahren geschlossen wurde und als zähes Erbe nur eine Handvoll gut versorgter Assistenten in Starnberg hinterließ. Statt seiner kam die nächste Oberwissenschaft zum Zuge, die Informatik. Sie hatte genug vom Orientieren und Finalisieren und wollte die Wissenschaft evolutionär, frei von Vorgaben und Zielen sich selbst entwickeln lassen. Dazu besaß sie das richtige Konzept; Information ist nämlich alles – Quelle des Lebens, Urstoff des Universums, Quintessenz des Fortschritts – aber auch nichts, zumindest nichts Bestimmtes, denn Information ist der Fahrplan genauso wie die Quantentheorie, der Kalauer wie das Gebet, der Markt, die Kleidung, das Vorfahrtsschild, die Gebrauchsanleitung, der Blick des Verliebten und die kosmische Hintergrundstrahlung. Wer als Finanzhai, Wissenschaftler, Terrorist, Werbeguru, Eventmanager, Zukunftsforscher, Internetunternehmer oder Behördenchef über diese Bytes verfügt, hat Macht, geronnene Macht, in den Händen. «Wenn wir sie haben», fragt einer dieser Neurotechniker mit vor Erregung zitternder Stimme, «wenn wir das Hirn durchleuchten können, um zu sehen, wie jemand denkt und fühlt, um Vorhersagen über sein wahrscheinliches Verhalten zu treffen – zum Beispiel, ob er einen Menschen umbringen, ein Kind missbrauchen oder eine Frau vergewaltigen wird: Was werden wir mit solchen Informationen anfangen?»[13] Als ob das noch die Frage wäre! Die Branche weiß doch längst, was sie aus solchen (und allen anderen) Informationen machen soll: Geld natürlich, die andere, moderne Form von Macht.

In Orwells schwarzer Utopie «1984» belehrt O'Brien, ein Mitglied der inneren Partei, sein Opfer Winston Smith über die Gründe, aus denen die Wissenschaften immer noch gefördert werden. Die Einheitspartei, in deren Namen er spricht, kennt nur noch zwei Ziele: die ganze Erde zu erobern und ein für alle Mal die Möglichkeit zu unabhängigem Denken auszurotten. «Infolgedessen gibt es zwei große Probleme, deren Lösung die Partei anstrebt; das eine ist, die Gedanken eines anderen

Menschen zu entdecken, ohne dass er sich dagegen wehren kann. Das andere besteht in der Auffindung eines Verfahrens zur Tötung von mehreren hundert Millionen Menschen in ein paar Sekunden ohne vorherige Warnung»; soweit es Forschung überhaupt noch gebe, verrät O'Brien, diene sie diesen beiden Zielen.[14] Das eine dürfte mit der Entwicklung von Bomben im Megatonnen- oder Megadeath-Format erreicht sein; beim anderen ist man noch nicht ganz so weit, steht aber, wenn man den Vorkämpfern der Bewegung glauben darf, kurz davor. Ein Riesenheer von Physikern, Chemikern, Biologen und Psychologen, gefördert vom Staat und verlockt durch die Aussicht auf märchenhaften Gewinn, beschäftigt sich damit, die Geheimnisse des Denkens und des Fühlens zu ergründen; Unternehmen wie Facebook oder Google scheinen dabei auch schon ziemlich weit vorangekommen zu sein. Sie haben die Möglichkeit, Millionen von Menschen auszuhorchen, ihren Gewohnheiten nachzuspüren, ihre Wünsche zu erraten, ihre Erwartungen zu berechnen und jede von ihnen im richtigen Augenblick mit dem richtigen Angebot zu bedienen: was ja Geschäftszweck dieser «sozial» genannten Netzwerke ist. Keiner ihrer Kunden weiß, was sie wissen und was sie aus diesem Wissen machen. Wenn Bacons Motto irgendwo Frucht getragen hat, dann hier. Das Wissen selbst, die gespeicherte und verfügbare Information, ist Macht geworden, Macht in ihrer umfassendsten Gestalt, weil es nicht mehr auf einzelne Bereiche, sondern auf den ganzen Menschen zielt, auf seinen Körper, seinen Geist und seine Seele.

Was für Orwell ein Horror war, ist für alle, die an die Legende vom Fortschritt durch Wissenschaft glauben, eine erfreuliche Aussicht. Einer von ihnen, der phantasiebegabte Michio Kaku, kommt bei der Beschreibung von sogenannten Tabs, winzigen, in der Tasche zu tragenden Kleinstcomputern für jedermann, ins Schwärmen. Da er nur Menschen zu kennen scheint, die von morgens bis abends damit beschäftigt sind, Aufträge zu akquirieren, zu bearbeiten, zu überwachen und zu erfüllen, bestimmt der Ameisenstaat seine Vorstellung von einer menschlichen Gesellschaft. Sensoren, sagt er voraus, «werden unsere gesprochenen Befehle aufnehmen und unsere Wünsche ausführen. Mit versteckten Videokameras werden die Computer feststellen, wo wir uns befinden, sie werden sogar unseren Gesichtsausdruck registrieren. Die Haltung von Händen und Körper lässt sich anhand ihrer elektrischen Felder feststellen ... Infrarotsensoren werden bemerken, dass wir da sind, weil wir Wärme abgeben. Computer werden untereinander und mit dem Internet über Funk- und Mikrowellen kommunizieren ... Wenn ein Angestellter sich durchs Firmengelände bewegt, lässt sich anhand der Tabs jederzeit sein genauer Aufenthaltsort feststellen. Türen öffnen sich wie von Geisterhand, wenn jemand in ihre Nähe kommt, das Licht schaltet sich ein, wenn ein Mensch den Raum betritt, und geht beim Verlassen des Raumes von selbst wieder aus. Die Empfangsdame kann jederzeit feststellen, wo sich jemand im Gelände aufhält. Mit einer Kommunikationsplakette können die Angestellten ihre Anweisungen sprachlich weitergeben oder Anfragen an den Zentralcomputer stellen.»[15] So geht es endlos weiter beim Ausblick in die schöne neue Welt der restlos informierten und kontrollierten Gesellschaft. Was die Politik nicht kann und die Wirtschaft nicht will – der Freiheit der einen Grenzen setzen, um die Freiheit der anderen zu bewahren –, will der fortschrittstrunkene Wissenschaftler schon gar nicht. Die Hoffnung aller Revolutionäre, die Herrschaft über Menschen durch die Verwaltung von Sachen zu ersetzen, realisiert sich in der Weise, dass Menschen wie Sachen verwaltet werden.

Muss das sein? So fragt die Wissenschaft inzwischen gar

nicht mehr. Muss sie auch nicht, da ihr Mandat zu Veränderung der Welt, des Lebens, der Natur und des Menschen ja nicht auf Zustimmung beruht, sondern auf exklusivem Wissen. Wo sie zu haben ist, ist ihr die Anerkennung durch die Bürger lieb, wo nicht, kann sie darauf verzichten. Dann gibt sie sich fatalistisch und verweist auf die Zwangsläufigkeit des Fortschritts, zu dem es, ähnlich wie in der Politik, grundsätzlich keine Alternative gibt. Wir müssen weiter, der Entwicklung auf den Fersen bleiben, denn das Neue kommt, «ob wir nun wollen oder nicht», heißt das Bekenntnis der progressiven Gurus, von Skinner über Teller bis zu Stephen Hawking. Ist das so? Ist der Rückzug auf das eigene Denken und Wollen tatsächlich obsolet geworden? Sollen wir uns den Befehlen der Experten fügen und annehmen, dass «die» Wissenschaft über unsere Ansichten und Absichten besser Bescheid weiß als wir selbst? Oder sollen wir im Vertrauen darauf, dass in solchen und ähnlichen Fragen die Stimme der Wissenschaft gerade so viel wert ist wie eine Beratung durch Roland Berger, den Zugang zur eigenen, zu unserer Natur so lange verteidigen, wie er noch offen steht?

12 Zurück zur Natur?

Rousseaus Parole, den Weg «zurück zur Natur» zu finden, hat
nicht nur die französischen Revolutionäre, sondern alle diejenigen, die der Kultur, des Fortschritts oder der Moderne überdrüssig geworden waren, mit einer zeitlosen Idee versorgt.
Zeitlos vor allem deshalb, weil sie ganz unbestimmt war; denn
wie die Natur, zu der man sich zurück- oder voraussehnte, aussehen sollte, ob sie einem Zustand der Bedürfnislosigkeit, einem Leben im Überfluss, einem Zeitalter des ewigen Friedens
oder einem Rückfall in die Barbarei gleichen würde, darüber
gingen die Meinungen auseinander. Da durfte jeder denken,
was er wollte; und tat das auch. Gemeinsam war allen diesen
vage umrissenen, nie deutlich ausgemalten Vorstellungen nur
das Gefühl der Unzufriedenheit, der Trauer und des Leidens
an der Gegenwart, die als korrupt und dekadent empfunden
wurde. Sie sollte aufgegeben, musste überwunden werden, um
mit jenem besseren Leben zu beginnen, das Rousseau als den
Naturzustand umschrieben hatte.

Gut hundert Jahre vor ihm hatte Hobbes diesen Naturzustand kennengelernt, ihn allerdings ganz anders empfunden
als der Theoretiker Rousseau, als reinen Horror nämlich. Natur,
das war für ihn der Krieg aller gegen alle, der Bürgerkrieg, in dem
der König gegen das Parlament, das Parlament gegen die Truppenführer und alle zusammen gegen Hitzköpfe und Anarchisten kämpften, die vom Regieren ebenso viel verstanden wie die

Piratenparteien heute. Der Rückfall in den Naturzustand hatte das Land ins Unglück gestürzt, dem erst die glorreiche Revolution ein Ende machte: als «glorios» gefeiert, weil sie den Bürgerkrieg beendet, nicht wie in Frankreich losgetreten hat. Hobbes zog daraus den Schluss, dass das Leben im Naturzustand alles andere als angenehm, nämlich kurz, hart, schmutzig und brutal sei, und dass es keinen Grund gebe, es einem Dasein vorzuziehen, in dem ein starker Staat für Gerechtigkeit nach innen und Frieden nach außen sorgt.

Was man unter Natur versteht und wie man sie bewerten will, ob als Vorbild oder als Schreckbild, ist offensichtlich nicht ganz klar. Es scheint davon abzuhängen, wie man die eigene Zeit erfahren hat; und diese Erfahrungen sahen für Hobbes eben anders aus als für Rousseau. Mochte die Mehrheit der Franzosen Gründe genug haben, um den Ständestaat zu verfluchen, so gab es für die Engländer ebenso viele und ebenso gute Gründe, einen Naturzustand, wie sie ihn jahrelang erlebt hatten, zu verdammen. So gut wie sämtliche Autoren, die sich mit dem Thema näher befasst haben, gelangen denn auch zu der paradoxen Einsicht, dass die Natur nichts Natürliches, sondern ein Kunstgebilde sei: «Man hat mir einen falschen Namen gegeben», lässt Voltaire die personifizierte Natur klagen, «man nennt mich Natur, aber ich bin ganz und gar Kunst». Bei John Stuart Mill, dem Wortführer der englischen Utilitaristen, liest man es ähnlich. Er bezweifelt die Möglichkeit, zwischen Gemachtem und Gewordenem sinnvoll zu unterscheiden, und kommt zu dem Schluss, dass «alles, was künstlich ist, auch natürlich ist».[1]

Das bloße Wort bedeutet offenbar nicht viel, kann jedenfalls zu nichts verpflichten. Woran jemand denkt und worauf er hinauswill, wenn er «Natur» sagt, muss in einer Zeit, die stolz darauf ist, den Naturzustand weit hinter sich gelassen zu haben, vollends unklar bleiben. In Deutschland ist die von

Hermann Löns verklärte Lüneburger Heide ein beliebtes Beispiel für die Künstlichkeit der Natur oder, wenn man so will,
die Natürlichkeit der Kunst: Ohne den Eingriff des Menschen,
der hier jahrhundertelang Kahlschlag betrieben hat, hätte es
diese Naturlandschaft ja nie gegeben. Natur ist Definitions-
sache, jeder kann aus ihr herauslesen, was er zuvor in sie hin-
eingelesen hat, und mit der Forderung, sie zu beachten, von
sich reden machen. Man hat sie vertraut, gerecht und gütig
genannt, aber auch fremd, gefährlich und brutal; tatsächlich
bietet sie ja Beispiele für alles Mögliche, für Kannibalismus und
Brutfürsorge, Hilfsbereitschaft und Eigenliebe, Sittenstrenge
und Zügellosigkeit und was es sonst noch gibt im großen Kata-
log der Tugenden und Laster. Wer alles zusammennimmt und
großzügig interpretiert, der findet, was er sucht, und kann sich
auf die Stimme der Natur berufen, wenn er seinen Neigungen
folgt. Die ironisch begabten Romantiker haben das gesehen
und über die Willkür gespottet, mit der die Natur als Beispiel
für dies und das, für Großes und Kleines, Erfreuliches und Ge-
meines herhalten muss: «Natur, Natur», beklagt sich der Ge-
stiefelte Kater in Ludwig Tiecks bekanntem Bühnenstück, als
ihn zusammen mit dem Vergnügen, das er beim Gesang einer
Nachtigall empfindet, der Appetit überkommt, sie zu verspei-
sen, «warum störst du mich dadurch immer in meinen allerzar-
testen Empfindungen, dass du mich so eingerichtet hast? Es ist
fatal, dass ich nichts kann singen hören, ohne Lust zu kriegen,
es zu fressen!»

Eine Natur, die sich auf diese Art bemerkbar macht, taugt
nicht als Vorbild. Für Nietzsche ist die Berufung auf das Natürliche denn auch nichts anderes als ein durchsichtiger Versuch,
sich für das, was man im eigenen Namen nicht zu propagieren
wagt, ein schönes Alibi zu verschaffen. «Das Böse hat immer
den großen Effekt für sich gehabt», vermerkt er unter dem

Stichwort «Die Natürlichen» im dritten Buch seiner Fröhlichen Wissenschaft, «und die Natur ist böse! Seien wir also natürlich! – So schließen im Geheimen die großen Effekthascher der Menschheit, welche man gar zu oft unter die großen Menschen gerechnet hat.»[2] Zu diesen Effekthaschern gehören alle, denen das Gebot des Fressens und Gefressenwerdens als das einzige Gebot erscheint, was sich beim Studium der Natur erkennen lässt: Neben den Sozialdarwinisten, die das Überlebensrecht des Stärkeren predigen, also auch die englischen Utilitaristen, die sich ja ebenfalls an der Natur orientieren, allerdings nicht im Gehorsam, sondern im Widerspruch zu ihr. Mill wird nicht müde, seinen Lesern einzuschärfen, dass sie gegen ihre eigene Natur dieselbe Pflicht hätten wie gegen die Natur da draußen, «nämlich nicht, ihr zu folgen, sondern sie zu verbessern».[3] An diesen Grundsatz haben sich die modernen Naturwissenschaften, zumal die Molekularbiologen und die Humangenetiker, gern gehalten. In Deutschland etwa hat Hubert Markl als Präsident der Max-Planck-Gesellschaft die «Pflicht zur Widernatürlichkeit» beschworen, der wir als Angehörige einer Spätkultur nun einmal unterlägen. Denn nicht, weil wir den Pfad der natürlichen Tugenden verlassen, sondern weil wir ihn «mit geradezu besinnungsloser Konsequenz» immer weiterverfolgt hätten, sei die Menschheit in ihre bisher gefährlichste Krise geraten. Da der Mensch die Schöpfung seit jeher kräftig manipuliert habe, bleibe ihm jetzt gar nichts anderes mehr übrig, als sie weiter zu manipulieren. Statt der Natur ihren Lauf zu lassen, «wie jedes Rindvieh das tun muss», sollten die Menschen, um an den Erfolgen ihrer progressiven Naturbeherrschung nicht zu ersticken, eine Kultur und eine Moral der Widernatürlichkeit entwickeln.[4]

Widernatürlichkeit ist ein Begriff, der provozieren soll; er hat das ja auch hinlänglich getan. Eine Anleitung zu vernünftigem Verhalten und verantwortlichem Handeln ist er aber nicht.

Als Antwort auf die bedrohliche und täglich wachsende Gefahr der Übervölkerung, Markls Haupteinwand gegen das besinnungslose Fortschreiten auf dem Wege der natürlichen Vermehrung, taugt eine Moral der Widernatürlichkeit schon deshalb nicht, weil sie die Missstände, die sie bekämpfen will, zu ihrem Teil ja mitverursacht hat. Hätten sie die widernatürliche Kultur des Westens mit allen ihren Spitzenleistungen, mit Autoverkehr und Energieverbrauch, mit Handy und Internet, mit McDonald's und Coca-Cola nicht so kritiklos übernommen, stünden die Bewohner der Elendsviertel in Lagos oder La Paz heute wahrscheinlich besser da als so. Die gut gemeinte Hilfe, die in Gestalt von medizinischer Versorgung und industriell betriebener Landwirtschaft mit- oder jedenfalls nachgeliefert worden ist, hat im Einzelnen die Not zwar gelindert, insgesamt jedoch den Weg in den Ruin nur noch beschleunigt. Die Masse der Wirtschaftsflüchtlinge, die jeden Preis zahlen, um ihre Heimat zu verlassen und anderswo unterzukommen, spricht für sich. Der verordnete Fortschritt zwingt den Menschen in diesen Ländern Entscheidungen auf, denen sie nicht gewachsen sind, weil ihnen das Geld, der Platz, die Erfahrung oder alles zusammen fehlt. Die Wissenschaft, resümiert ein in der Entwicklungspolitik erfahrener Mann, arbeitet ohne Plan und ohne Umsicht: «Sie tut Gutes, aus dem Böses entsteht.»[5] Sie müsse das Ganze in den Blick nehmen, um unerwünschte «Nebenfolgen», die intendierte «Folgen» wieder ausradieren, zu vermeiden. Die Pflicht zur Widernatürlichkeit, die von der Biologie als Ausweg aus der Krise angeboten wird, führt also auch nicht weiter. Aufs Ganze gerechnet steht sie den Verheerungen, die der galoppierende Fortschritt mit sich bringt, genauso hilflos gegenüber wie die natürlich genannte Moral der Kirche.

Trotzdem räumt selbst ein so entschlossener Naturverächter wie John Stuart Mill ein, dass der Begriff «natürlich» überall dort, wo er nicht spontan Abscheu hervorruft (wie im Fall von natürlich genannter Rücksichtslosigkeit oder Aggressivität), so etwas wie «eine Vermutung zum Guten» für sich hat.[6] Woher diese Vermutung? Woher die Sympathie für alles, was als natürlich gelten kann – die natürliche Geburt, die natürliche Ernährung, die natürliche Gemeinschaft und so weiter –, und umgekehrt: Woher das Unbehagen gegenüber allem, was als widernatürlich oder pervers empfunden wird? Die Bio- und Öko-Wellen zehren von solchen Vermutungen ebenso stark wie die Werbeslogans, die von naturreinen Produkten, unverfälschtem Geschmack und artgerechter Tierhaltung schwärmen. Solche Attribute spekulieren offenbar (und offenbar erfolgreich) auf Mills Vermutung zum Guten. Sie erzeugen ein intuitives Wohlwollen, das ohne Argumente auskommt.

Gefühle können auf Begründungen verzichten, sie sind einfach da. Die sozialistischen Zukunftsplaner glaubten sich über diese Gefühle hinwegsetzen zu können, als sie Schlösser und Herrenhäuser sprengten, ganze Stadtteile verkommen ließen und alles taten, um die Landschaft in eine Industriewüste zu verwandeln. Wahrscheinlich glaubten sie, Gefühle mit wissenschaftlichen oder pseudowissenschaftlichen Argumenten aushebeln zu können. Aus diesem Debakel haben die westlichen Planer, die am Kaiserstuhl ein Atomkraftwerk errichten und das Rothaargebirge mit einer Autobahn erschließen wollten, nicht viel gelernt; die Liebhaber von «Stuttgart 21» schon gar nicht. Das Gefühl der Beklemmung, der Angst und der Empörung, das sich beim Fällen, Schwanken, Stürzen, Krachen und Splittern eines großen alten Baumes einstellt, scheint ihnen fremd zu sein; sofern sie es kannten, meinten sie offenbar, ihm mit Gerichtsurteilen oder Mediationsverfahren beikommen zu können. Dass Gefühle tiefer sitzen und stärker sein können als Argumente, haben sie bis heute nicht verstanden. Sie verlassen sich auf das Verfahren, das auf Berechnung setzt und die Gefühle übergeht. Der Wunsch nach Rückkehr zur Natur lebt aber vom Gefühl; und lebt davon, so wie es scheint, nicht schlecht. Das Buch, mit dem der Amerikaner Michael J. Sandel gegen die übermütigen Angebote der modernen Reproduktionsmedizin protestiert, bringt immer wieder das Gefühl ins Spiel; das Gefühl der Dankbarkeit zum Beispiel, die sich angesichts eines neugeborenen Kindes ganz von selbst einstellt. Es wendet sich gegen den Hochmut von Eltern, die glauben, die Geheimnisse des Lebens durchschaut zu haben und für ihre kurzsichtigen Zwecke einsetzen zu können. Damit entfremden sie sich der Natur, belasten das Verhältnis zu ihren Kindern und berauben sich selbst jener Sensibilität, die offen ist für den Einbruch des Neuen. Dass er damit einen heiklen Punkt berührt und seinen Landsleuten einiges zumutet, weiß Sandel selbst. Deswegen stellt er klar, dass die Bereitschaft, Kinder als Geschenke der Natur zu betrachten, keineswegs verlangt, sie ihrem Schicksal zu überlassen und bei Krankheit einfach abzuwarten, was die Zukunft bringt: «Ein krankes oder verletztes Kind zu heilen, setzt nicht dessen natürliche Fähigkeiten außer Kraft, sondern erlaubt ihm, zu gedeihen», verhilft also der Natur zu ihrem Recht, anstatt es zu verkürzen. Der Wunsch, die Krankheit zu besiegen, sei genauso natürlich wie die Krankheit selbst, solange sich die Medizin an die Regel halte, den Zustand, den wir Gesundheit nennen, wiederherzustellen oder zu erhalten.[7]

Tatsächlich hat die Natur den Menschen mit der Gesundheit einen Maßstab für Gut und Böse an die Hand gegeben. Sie ist dabei nicht kleinlich verfahren, erlaubt viel und verbietet wenig, macht keine Vorschriften, sondern gibt Empfehlungen, vor allem aber auch Begründungen für das, was man tun könnte oder lassen sollte, um auskömmlich zu leben. Gesundheit beschreibt den Normalzustand und macht den in der Wissenschaft verpönten Schluss vom Sein aufs Sollen zwar nicht zwingend, aber doch möglich. Sie kann mit Hilfe der Medizin bewahrt oder zurückgewonnen, aber nicht eigentlich hergestellt werden; das Sprichwort vom Arzt, der sorgt, und der Natur, die heilt – *medicus curat, natura sanat* – hat die Erinnerung an diese alte Weisheit wachgehalten. Verloren hat sich der Abstand zwischen Eingriff und Erfolg erst mit dem Aufkommen der modernen Hochleistungsmedizin, die der Natur etwas vormachen, sie korrigieren und verbessern will. Der Arzt wird dazu angehalten, sich nicht mehr als Gehilfe, sondern als Gebieter der Natur aufzuführen und ihre Grenzen, wo es geht, zu sprengen.

Es ist kein Zufall, dass der Fortschritt gerade da, wo ihn die Virchows und die Haeckels, die Lederbergs und die Medawars am lautesten gefeiert haben, an seine Grenzen gestoßen ist. Mit zunehmendem Alter stößt das immer reichhaltigere Angebot der modernen Apparatemedizin auf zunehmende Skepsis. Die Menschen reagieren mit Patientenverfügungen und Behandlungsvollmachten, die allesamt den Zweck verfolgen, der Natur einen Teil der Rechte, die ihr die Ärzte abgenommen haben, wieder zurückzugeben. Sie sind misstrauisch geworden, sehen die Risiken schärfer als die Chancen und glauben nicht, mit noch mehr Wissenschaft und noch mehr Technik dem Zustand, den die WHO «Gesundheit» nennt, näher zu kommen. Deswegen wollen sie von künstlicher Beatmung, Magensonden und anderen Maßnahmen, die *in extremis* angewandt werden, verschont bleiben. Wo die Grenzen des Lebens in den Blick geraten, überlegen sie sich, ob es nicht Zeit sein könnte, Mills hochmütige Devise umzudrehen und der Natur, anstatt sie zu verbessern, auch einmal ihren Lauf zu lassen.

Es sind jedoch beileibe nicht nur die Gefühle, sondern überaus handfeste Motive, die die Stimmung haben kippen lassen. Naturschutz ist kein Thema mehr für Idealisten, Romantiker und Sentimentale, die sich in Zeiten zurückträumen, die sie nicht kennen und denen sie Vorzüge andichten, die sie wahrscheinlich nie besessen haben. Moderner Naturschutz ist kein Luxus, sondern eine Aufgabe für Realisten, die genau das wollen, was alle Realisten wollen, überleben nämlich. Deswegen rechnen sie, genauer allerdings als die Fortschrittstrommler, die immer nur Gewinne verkünden und die Verluste, die es ja auch gibt, als «externe Kosten» aus der Bilanz hinausrechnen. «Mein Auto fährt auch ohne Wald» war schon immer eine marktradikale Dummheit; inzwischen weiß man aber, was sie kostet. Man erfährt das aus den Jahresberichten der Rückversicherer, die von Jahr zu Jahr wachsende Schäden ausweisen; 2011 erreichten sie die gewaltige Summe von knapp vierhundert Milliarden Dollar, mit kräftig steigender Tendenz. Sich der Natur anzunehmen, sie zu bewahren oder wiederherzustellen, ist zum Geschäft geworden, dessen Ertrag sich beziffern lässt: Das ist es, was der Umweltschutzbewegung ihre Durchschlagskraft verliehen und die Grünen zur neuen Volkspartei gemacht hat. Sie haben begriffen, dass die Natur knapp geworden ist und dass knappe Güter kostbar sind.

«Die Freiheit besteht darin, alles tun zu können, was einem anderen nicht schadet», heißt es in der Erklärung der Menschen- und Bürgerrechte von 1789, dem Fanal der praktisch gewordenen Aufklärung. Das wird bis heute gern nachgesprochen; aber was würde passieren, wenn man den Satz so wörtlich nehmen wollte, wie er seinerzeit gemeint war? Vorteile also gegen Nachteile abwägen und dafür sorgen würde, dass die Freiheit der einen da aufhört, wo die Freiheit der anderen beginnt? Was wäre zu erwarten, wenn sich das Land dazu entschlösse, die Ansprüche von Autofahrern, Bahnreisenden und Flugtouris-

ten mit den Rechten von Anwohnern, Nachbarn und Haus-
besitzern zu verrechnen, die das Pech haben, in der Ein- oder
Ausflugschneise eines Flughafens zu wohnen? Wie viele Straßen müssten dann gesperrt, wie viele Bahnstrecken stillgelegt,
wie viele Flughäfen geschlossen werden? Und was müsste geschehen, wenn die Revolutionäre auf die damals noch ziemlich fernliegende Idee gekommen wären, den Schutz, den sie
den Menschen großzügig zugesagt hatten, auf die belebte und
die unbelebte Natur auszudehnen? Wenn sie verlangt hätten,
Tiere als Geschöpfe und nicht als Fleischprodukte, Pflanzen als
Gewächse und nicht als Bioreaktoren zu betrachten? Kein Tier-
fabrikinhaber und kein professioneller Pflanzenzüchter würde
das überstehen. In seiner modernen Fassung gilt das Freiheits-
versprechen nur noch unter Vorbehalt: Die Freiheit der einen
darf irgendwelchen anderen ruhig schaden, wenn das dem
Wachstum von Wirtschaft und Wissenschaft zugutekommt.

Die Natur ist schwächer geworden, wehrlos aber nicht. Es
ist ja nicht so, dass sie dort, wo sie unter dem Druck von Fort-
schritts- und Wachstumsparolen zurückweichen musste, einfach verschwunden wäre. In die Enge getrieben, zieht sich die
Natur nicht auf sich selbst zurück; sie schlägt zurück. Der Klimawandel, in dem Verluste, Schäden und Belastungen aus den
verschiedensten Quellen kulminieren, bietet die auffälligsten
Beispiele; man ist ja nicht auf Wissenschaft, auf ihre Statistiken
und Diagramme angewiesen, um zu bemerken, dass die Glet-
scher schmelzen, die Zugvögel zu Hause bleiben, mediterrane
Pflanzen auch in Deutschland heimisch werden und die Natur
landauf, landab ihr bekanntes und vertrautes, den meisten lieb
gewordenes Gesicht verliert. Für einen Wissenschaftler mag
es reizvoll sein, sich auszumalen, dass irgendwann ein neuer
Mensch die Augen öffnen «und sich mit Erstaunen einer neuen
Natur gegenübersehen wird».[8] Für einen Nicht-Wissenschaft-

ler ist diese Vorstellung ein Horror, da niemand weiß, wie der neue Mensch und die neue Natur, die da versprochen werden, aussehen sollen. Dazu, zum Sinn und Zweck des großen Abenteuers, zu dem sie sich und alle Welt verurteilt hat, kann oder will die Wissenschaft nichts sagen.

Zwischen der alten, der gewordenen, und der neuen, der wissenschaftlich arrangierten Natur herrscht Feindschaft. Die Vorstellung einer harmonischen, vernünftigen und wohlgeordneten Natur bewahrt ja alle die Züge, über die die experimentellen Biowissenschaftler hinauswollen, wenn sie das Leben in Bruchstücke zerhacken, die sie dann neu zusammensetzen, verlängern, verkürzen, verdoppeln oder vernichten, ganz nach Auftrag, Wunsch und Laune. Bei diesem Spiel mit den Bio-Bricks, den Bausteinen des Lebens, kann die Erinnerung an einen normativen Naturbegriff, der in der älteren Generation der Naturforscher ja noch lebendig war, nur stören; deshalb muss er verschwinden, und dafür kämpfen Männer wie Dawkins, Kaku, Hawkings und dergleichen. Wahrscheinlich wird der elementare Widerwille gegen Kunstprodukte wie die Schiege, ein Mischwesen aus Schaf und Ziege, das ein amerikanisches Forschungslaboratorium voller Stolz der Öffentlichkeit präsentierte, nur dann Folgen haben, wenn es Naturwissenschaftler gibt, die mit dem Begriff der Schöpfung noch irgendetwas anfangen können. Ihr mahnender Hinweis auf die Grenzen, der auch die Forschungsfreiheit unterliegt, wird jedenfalls nur so lange Gehör finden, wie sich die letzten Reste einer vorwissenschaftlichen Naturauffassung noch nicht vollständig verloren haben. Nur sie könnten die Männer, die an der Spitze des Fortschritts marschieren, daran hindern, alles zu machen, was sich machen lässt. Und es nur deshalb zu machen, weil sie es machen können.

Wer durch seine Forschung erkennbare Gefahren für sich

selbst, für seine Mitmenschen oder für die belebte und die unbelebte Umwelt heraufbeschwört, muss sich gefallen lassen, dass die Gemeinschaft durch ihre ausführenden Organe, die staatlichen und überstaatlichen Institutionen, seinem Handeln Grenzen setzt und es Kontrollen oder Sanktionen unterwirft: so die sorgfältig formulierte Warnung Hubert Markls in seiner Eigenschaft als Präsident der Max-Planck-Gesellschaft.[9] Zwar sei die Wissenschaft, ähnlich wie die Kunst, eine Form kreativer Nutzung von Freiheit, doch dürfe auch hier die Freiheit der einen den anderen nicht schaden. Zählt zu den anderen auch jene arme, nackte, kahle Maus, auf deren Rücken einige übermütige Wissenschaftler ein menschliches Ohr wachsen ließen? Als ihr Bild vor ein paar Jahren durch die Presse ging, war die Empörung groß. Wie stark würde sie erst werden, wenn Näheres über die monströsen Experimente bekannt würde, mit denen Krankheitserreger, die entweder harmlos oder schwer übertragbar waren, derart scharf gemacht werden sollen, dass sie auf einen Schlag Millionen von Menschen töten können, ganz so, wie Orwells O'Brien sich das vorgestellt hatte?

Schon in der Phantasie jagen Mischwesen, in denen sich die Arten kreuzen, den Menschen einen kreatürlichen Schauder ein. Sie tun das seit der Antike, die im Mythos von der Chimäre, einem Ungeheuer mit löwenähnlichem Körper, dem Kopf einer Ziege und einer Schlange als Schwanz, das erste Wesen dieser Art ersonnen hatte, das allen späteren dann den Namen gab. Es verwüstete ganze Landstriche, war stärker als alle Gegner und immun gegen jeden Angriff mit konventionellen Waffen. Es zu besiegen, gelang erst Bellerophon, einem Königssohn aus Korinth, der sich zu diesem Zweck den Pegasus, das geflügelte Musenpferd, eingefangen und gezähmt hatte. Mit ihm flog er in die Luft und besiegte die Chimäre, indem er ihr Blei in den Rachen warf, das unter ihrem feurigen Atem schmolz und ihr die

Eingeweide verbrannte. Durch diesen Sieg übermütig geworden, versuchte er schließlich, auf seinem Pegasus den Olymp, den Sitz der Götter, zu erstürmen. Aber die Götter wussten sich zu helfen: Sie schickten dem geflügelten Pferd – das ja auch eine Chimäre war, da es Tiere dieser Art in der Natur nicht gibt – ein natürliches Wesen, eine Bremse entgegen. Die setzte sich dem Pegasus unter den Schwanz und stach ihn so schmerzhaft, dass er sich aufbäumte und seinen Reiter abwarf. Bellerophon fiel in einen Dornbusch, dessen Stacheln ihm die Haut aufrissen und die Augen ausstachen. Blind und verkrüppelt irrte er durch die Welt, bis ihn der Tod von seinen Leiden erlöste.

Die Griechen wussten, dass die Natur gefährlich war; sie wussten aber auch, dass es noch viel gefährlicher sein kann, sie zu bekämpfen oder zu besiegen. Sie besaßen einen normativen Naturbegriff, an dem sich, vermittelt durch die Römer, das europäische Denken bis zum Beginn der Neuzeit orientiert hat. Was auf natürliche Weise entstanden war, das sollte auch so sein; es war gut, weil es nach eigenen Gesetzen zu dem geworden war, was es darstellte. Die Physis, das griechische Äquivalent für das lateinische Wort *natura*, enthielt genau das, worauf die neuere Naturphilosophie bewusst verzichtet hat: die Überzeugung, dass es so etwas wie naturgewollte Ziele und Zwecke tatsächlich gibt. Nur deshalb war es ja vernünftig, sich der Natur zu fügen und das, was sie hervorgebracht hatte, aus angeborenem Vermögen zu dem werden zu lassen, was es werden konnte. Das Wort Physis umfasste nicht nur die Gesamtheit der natürlichen Erscheinungen, sondern auch die Regeln, nach denen jede einzelne von ihnen ihrer Entfaltung und Vollendung entgegenwuchs. Die Natur, sagt Aristoteles, schafft nichts Unnützes und nichts Überflüssiges; sie hat den Dingen nicht nur ins Dasein verholfen, sondern ihnen auch eine Bestimmung mitgegeben, der sie gehorchen und die sie erfüllen, wenn man sie nur lässt.[10] Deshalb ist es ein Grundsatz für das gute Leben, das eigene Verhalten an dem auszurichten, was die Natur vormacht. Das erst von den Stoikern ausdrücklich formulierte Ideal des naturgemäßen Lebens ist in dieser oder jener Form von allen Weisheitsschulen der Antike geteilt worden. Ihre Naturphilosophie erschöpfte sich nie in der Anschauung und allerlei spekulativen Gedanken über die Beschaffenheit der natürlichen Phänomene; das überragende Ansehen, das etwa Demokrit als Ahnherr der Epikureer genoss, beruhte keineswegs nur auf seiner ziemlich abstrakten Atomtheorie, sondern viel stärker auf den Lehren, die er aus dieser Theorie für die Praxis des richtigen Lebens zog. Wie das der meisten anderen antiken Philosophen zerfällt auch sein Werk in die zwei großen Gruppen der Physika, die naturwissenschaftlichen Schriften, und der Ethika, die sich mit Fragen von Sitte, Anstand und Moral befassen; beides gehörte für ihn und seine Leser zusammen. Am bekanntesten waren seine Gnomai, sprichwortartige Beiträge zum Kardinalthema der Antike, dem Weg zum glücklichen Leben. Den wollte Demokrit finden, und dazu half ihm die Natur. Solange er noch gelesen und nicht bloß zitiert wurde, galt er als Weisheitslehrer, der die Natur erforschte, um nach ihr zu leben.[11]

In der neuzeitlichen Naturforschung sind solche Schlüsse verpönt. Aus ihrer Sicht liefert die Natur keine Beispiele, und wenn, dann keine guten. Sie nachzuahmen oder zu ihr zurückzuwollen, gilt als aussichtslos, vor allem aber auch sinnlos, weil es ins Chaos führen würde. «Es gibt keine Rückkehr in einen harmonischen Naturzustand», belehrt uns Karl Raimund Popper, «wenn wir uns zurückwenden, dann müssen wir den ganzen Weg gehen, wir müssen zu Bestien werden.»[12] Warum eigentlich? Bietet der Fortschritt, so wie er sich im Laufe des zwanzigsten Jahrhunderts dargestellt hat, nicht ebenso gute, vielleicht sogar viel bessere Aussichten, demnächst schon in der Barbarei zu landen? Diese Frage kommt bei Popper nicht vor. Als Positivist setzt er auf Fortschritt und beruft sich auf Xenophanes, einen ionischen Naturphilosophen, der, wie er meint, auch schon an seine Art von Fortschritt glaubte:

Nicht vom Beginn an enthüllten die Götter uns Sterblichen
alles,
Aber im Laufe der Zeit finden wir suchend das Bess're.

Schön und gut. Aber was ist von einem Fortschritt zu halten, der über zweieinhalbtausend Jahre zurückgreifen muss, um festzustellen, dass man schon damals wusste, was man auch heute weiß?

13 Die Mythen der Physiker

Es war still geworden um das Fermilab und seine Forschungs-
maschine, das Tevatron, das die Entstehungsgeschichte des
Kosmos bis auf die allerersten Sekunden, ja Bruchteile von
Sekunden nachzeichnen sollte. An die dreißig Jahre lang hatten mehr als tausend große und kleine Naturwissenschaftler
in Chicago, der Stadt, in der Enrico Fermi mit einem primitiven Reaktor das Atomzeitalter eröffnet hatte, Grundlagenforschung betrieben, also zweckfrei vor sich hingeforscht.
Dann meldete sich das zuständige Energieministerium, zeigte
sich unzufrieden mit dem, was Fermilab geleistet hatte, und
drohte mit Schließung – und damit kam noch einmal Leben in
den bequem und einfallslos gewordenen Betrieb. Fast täglich
wurden jetzt Nachrichten produziert, die von der Entdeckung
eines Elementarteilchens, von einer neuen, geheimnisvollen
«fünften» Kraft oder sonst einer halben Sensation berichteten immer nur einer halben, nie einer ganzen, denn damit
wäre das Spiel ja aus gewesen. Der Fortschritt war immer nur
so groß, dass er Raum ließ für weitere Fortschritte: Noch ein
paar Monate des Suchens und Sammelns und Forschens und
Findens, und der Durchbruch wäre geschafft, das Modell vollkommen, die Sensation perfekt. Leider ist es dazu nicht mehr
gekommen. Das neue Teilchen wurde nicht entdeckt, die neue
Kraft nicht aufgespürt, alles andere auch nicht. Damit war das
Abenteuer zu Ende. Das Tevatron wurde abgeschaltet, und der

Fortschritt, diese unsichere Größe, musste sich eine andere Heimat suchen.

Die fand er bald, nicht in Amerika, aber in Europa. Für die Angestellten des Genfer Kernforschungszentrums CERN kam das Scheitern der Fermi-Leute gerade recht, besaßen sie doch nun für alle Grundsatzfragen der Physik, bei der Suche nach den Wimps, dem Higgs, der Dunklen Materie oder den Schwarzen Löchern, eine Art Forschungsmonopol. Kein Einzelstaat konnte und wollte sich den Milliarden-Aufwand leisten, den das Riesenspielzeug der Physiker verlangte, und so stand CERN als internationaler Großbetrieb mit seinem Angebot allein. Das hatte Vorzüge, aber auch Nachteile, weil Monopole Macht versprechen, aber keinen Erfolg. Je schneller das Unternehmen wuchs, desto häufiger machten die CERN-Leute die Erfahrung, dass das Gesetz des abnehmenden Grenznutzens auch für sie galt. Zunehmend gab es Schwierigkeiten, sowohl bei den Durchbrüchen, die immer länger auf sich warten ließen, als auch bei der Finanzierung, die früher doch so leicht gefallen war. Die Geldgeber wurden misstrauisch, zögerten mit der Zusage weiterer Mittel und bestanden auf dem vereinbarten Etat. Schon die LEP-Maschine (Large Electron Positron Collider) war nur unter der Zusicherung konstant gehaltener Gesamtausgaben genehmigt worden; wie sollte man unter solchen Bedingungen den Bau des noch viel teureren LHC, des Large Hadron Colliders, durchsetzen? Die Antwort war einfach: Indem man versprach, da weiterzumachen, wo die Amerikaner aufgegeben hatten. CERN wollte liefern, was die Fermi-Leute nicht geschafft hatten, das universelle Weltmodell und damit, irgendwann, die Theory of Everything.

Entscheidend war, dass die Medien mitspielten und weitergaben, was ihnen die Wissenschaftsmanager vertraulich zugesteckt oder offen in den Block diktiert hatten. Das taten sie; sie tun es auch noch heute. Unter der Überschrift «Dem Higgs-Teilchen auf der Spur» konnte man lesen, dass sich die Anzeichen für die Existenz des ominösen Masseteilchens verdichtet hätten: «Forscher vom europäischen Forschungszentrum CERN haben bei energiereichen Teilchenkollisionen Indizien gefunden, die für die Existenz des Teilchens sprechen, das seit vierzig Jahren auf der Fahndungsliste der Physiker steht und für die Existenz von Masse verantwortlich sein soll.»[1] Indizien, die für etwas sprechen, aber nichts beweisen: Das war genau die richtige Tonlage, so klingt es in jedem professionellen Forschungsbericht. Und so klang es auch, als ein Jahr später, in der nachrichtenarmen Sommerpause, wenn die Medien begierig nach jedem Brocken schnappen, der Beinahe-Durchbruch bekanntgegeben wurde. Neugierig gemacht durch eine vage Vorabmeldung, die etwas Großes verhieß, berichteten die nach Genf entsandten Korrespondenten von stehenden Ovationen, mit denen begeisterte, zu Tränen gerührte Wissenschaftler etwas beklatschten, für das eine Nachrichtenagentur den originellen Begriff einer «potenziellen Jahrhundertsensation» erfand. Mit solchen Floskeln halfen sich die Journalisten über die Verlegenheit hinweg, von etwas reden zu müssen, was schwer zu verstehen war. Tatsächlich hatten die CERN-Leute ja nicht von einer Entdeckung, sondern von einer «möglichen» Entdeckung gesprochen, bei der es sich um das fatale Higgs-Teilchen nicht etwa handeln sollte, sondern handeln «könnte», und statt zu behaupten, die letzte große Frage der Elementarteilchenphysik gelöst zu haben, begnügten sie sich mit der Auskunft, sie «wahrscheinlich so gut wie beantwortet» zu haben. Nach Abzug aller Wortkosmetik klang das nach ziemlich wenig.

Dass die Wissenschaft keine endgültigen, sondern nur vorläufige Antworten liefert, ist ein alter Hut, der von Popper, dem großen Wissenschaftstheoretiker der Moderne, neu aufgebügelt worden ist. Überholt zu werden, hatte schon Max Weber verkündet, sei «nicht nur unser aller Schicksal, sondern unser aller Zweck»[2]; was den Nachdenklichen unter seinen Kollegen ohnehin geläufig war. Wenn das so ist: Warum fühlt sich ein Wissenschaftler dazu gedrängt, auf die Vorläufigkeit seiner Erkenntnisse noch einmal ausdrücklich hinzuweisen? Was will er damit zu bedenken geben, zurückweisen oder verlangen? Die Antwort gab jener CERN-Forscher, der dieselbe Pressekonferenz, die den endlich erreichten Durchbruch ausposaunte, mit dem Seufzer beschloss: «Wir brauchen mehr Daten!» Er wollte sagen: mehr Geld, um Daten zu generieren, zu verarbeiten und zu deuten; denn wir wissen zu wenig, und weiteres Wissen ist teuer. Der Generaldirektor des CERN, der Deutsche Rolf-Dieter Heuer, formulierte etwas dezenter, als er die Pseudosensation mit den Worten kommentierte: «Als Laie würde ich sagen: Wir haben es; aber als Wissenschaftler muss ich fragen: Was haben wir?» Der erfahrene Manager macht große Worte, allerdings nie so große, dass irgendjemand auf den Gedanken kommen könnte, die Arbeit sei getan. So fördert man zusammen mit der Wissenschaft sich selbst. Wenn schon die Kunst, wie Lessing meint, nach Brot geht, warum die Wissenschaft dann nicht auch?

CERN ist ein Großunternehmen von internationalem Zuschnitt. Einen Ringtunnel von siebenundzwanzig Kilometern Länge, bestückt mit tonnenschweren Magneten und Detektoren, die noch viel schwerer sind, kann sich kein Einzelstaat mehr leisten. Das macht es möglich, die Geldgeber gegeneinander auszuspielen und mit dem Argument, man säße nicht allein im Boot, Widerstände zu überwinden. Verglichen mit einem solchen Multi ist jede nationale Forschungseinrichtung anfällig gegen das Auf und Ab der öffentlichen Mittel, die allesamt nur eine Quelle haben; wenn die versiegt, dann wird es eng.

Das war die Lage, in der sich die Laboratori Nazionali del Gran Sasso, ein Institut, das sich in einer Kaverne unter dem Hauptgipfel des Apennin-Gebirges angesiedelt hatte, gegen Ende der nun wohl definitiv letzten Amtszeit Silvio Berlusconis befanden. Seit Monaten stand das Land unter dem Druck der Europäischen Unionsmitglieder, die von den Italienern Sparsamkeit verlangten. Dieser Druck muss auch die Laboratori erreicht haben, denn im Herbst des Jahres 2011 drängten sie mit einem regelrechten Propagandafeldzug in die Öffentlichkeit. CERN war behilflich gewesen und hatte einige Neutrinos auf den Weg geschickt, die dann im Tunnel unter dem Gran Sasso ein paar Picosekunden früher angekommen sein sollten, als es Einsteins Theorie erlaubt hätte, nach der nichts schneller ist als Licht. Das war der Coup, den man zum Überleben brauchen konnte.

Wochenlang schwirrte die Luft von Behauptungen und Widersprüchen, Vermutungen und Zweifeln, bis sich, nicht allzu überraschend, herausstellte, dass die Sensation auf ein defektes Kabel oder einen schadhaften Stecker zurückzuführen war. Ganz sicher war man sich zwar immer noch nicht, durfte man ja auch nicht sein, um mit der Klärung offener Fragen Zeit und Geld zu gewinnen. Deswegen schloss die Meldung, in der die Laboratori einräumten, einem Messfehler aufgesessen zu sein, mit der Ankündigung weiterer aufwendiger Versuche, «die den Sachverhalt endgültig klären sollen».[3]

Wie man sieht, gilt für die Niederlassungen der Wissenschaftsindustrie dieselbe Regel wie für jedes andere Großunternehmen: Trommeln gehört zum Handwerk. Die Forscher haben das begriffen und machen der Politik und der Öffentlichkeit schöne Augen. «Wissenschaft hat den Elfenbeinturm verlassen, jetzt muss sie noch auf den Marktplätzen ankommen», heißt es in einer Broschüre, mit der die Helmholtz-Gemeinschaft, die Nachfolgerin der ehemaligen Großforschungszentren, ihre Werbestrategie erläutert. «Dafür sind kommunikative Erlebnissituationen zu schaffen. Wissenschaft muss sich zu unüblichen Zeiten und an unüblichen Orten präsentieren, muss zum Teil des Alltags, vor allem der Freizeit, werden.»[4] Das Schlüsselwort heißt Kommunikation: Jedes größere Institut hat seine Pressestelle, betreibt Öffentlichkeitsarbeit, unterhält ein Forschungsmagazin auf Glanzpapier mit bunten Bildern, veranstaltet Tage der offenen Tür und Wissenschaftsnächte, auf denen dem Laien-Publikum die Wunderkammern des Betriebs geöffnet werden. Der Stifterverband hat ein eigenes, großzügig dotiertes Programm ins Leben gerufen, das der Wissenschaft Freunde und Förderer gewinnen soll. Es führt den Namen PUSH, ein Akronym für Public Understanding of Science and Humanities, und soll der gelegentlich recht ausgeprägten Skepsis entgegenwirken, mit der manche, vor allem technischen Fächer in Deutschland zu kämpfen haben. Das Neue, von dem das Land in Zukunft leben will, muss nicht nur entdeckt und gefunden, sondern auch erklärt, beworben und vermarktet werden. Nur so kann die Gesellschaft hoffen, sich irgendwann in eine Wissensgesellschaft zu verwandeln.

Ein schönes Ziel, das zu erreichen aber nicht ganz leicht ist. Die Sprache der Wissenschaft verlangt Knappheit und Präzision, die des Alltags Verständlichkeit und Redundanz, zwei Ziele, die weit und leider immer weiter auseinanderliegen. Nachdem die Kernschmelze von Tschernobyl die öffentliche Debatte um die Verlässlichkeit von Grenzwerten noch einmal kräftig befeuert hatte, versuchte ein Mitarbeiter des Deutschen Atomforums, einer Lobbyorganisation der Kernkraftindustrie, mit folgenden Worten die allgemeine Erregung zu dämpfen: «Als Maß für die biologische Wirkung im Gewebe durch radioaktive Strahlung wird der Begriff Äquivalentdosis eingeführt

und es gilt: Äquivalentdosis gleich Energiedosis mal Qualitäts-
faktor. Ihre Einheit ist Sievert (Sv), z. B. entspricht eine Energiedosis von einem Gray (Gy) durch Alphastrahlung einer
Äquivalentdosis von 20 Sv. Die Dimension von Sv entspricht
der Dimension des Gy, also Joule pro kg. Neben dieser neuen
Einheit Sv wird auch noch die alte Einheit Rem (rem) benutzt.
1 Sv entspricht 100 rem = 100 000 mrem ... Die Summe der ge-
wichteten Äquivalentdosen der einzelnen Organe ist die effektive Dosis. Dabei wird jede Organdosis mit einem Gewichts-
faktor multipliziert, der ein Maß für den relativen Risikobeitrag
des entsprechenden Organs ist. Die effektive Dosis ermöglicht
dadurch eine einheitliche Dosisbewertung unterschiedlicher
Strahlenexpositionen.»

Das mag exakt sein; verständlich ist es nicht, danach richten
kann man sich auch nicht, und zur Beruhigung trägt es deshalb
auch nicht bei. Aber was tun? Die Wissenschaft ist auf Vertrauen angewiesen; ohne Vertrauen kein Geld, und ohne Geld
keine Wissenschaft, zumindest nicht in ihren heute gängigen
Dimensionen. Solange die Figur des Privatgelehrten eine ge-
läufige Erscheinung war, brauchte kein Forscher in der Öffentlichkeit um Verständnis oder Zustimmung für seine Arbeit zu
werben. Forschung war billig und ungefährlich, kein Mensch
verlangte Rechenschaft, Belohnung oder Strafe. Für die Versuche, die ihn 1831 zur Entdeckung der Induktionsgesetze
führten, soll Michael Faraday mit einem Laboratoriumsaufwand
von umgerechnet ein paar hundert Euro ausgekommen sein;
Gregor Mendel genügte gut zwei Jahrzente später ein Gemü-
sebeet mit einer Handvoll Erbsen, um die bis heute gültigen
Vererbungsregeln zu entdecken. Doch diese frühe Zeit der billigen Erkenntnis ist vorbei. Die heutige Wissenschaft braucht
Geld, viel Geld, weshalb sich ihre Forschungs- und Werkstatt-
berichte wie Bittschriften um Unterstützung lesen; die Bücher

des amerikanischen Wissenschaftslobbyisten John Brockman sind voll davon. Nicht nur die Kosmologen, die Kernphysiker und die Biochemiker benötigen für ihre Forschungsvorhaben abenteuerliche Summen, selbst eine so theoretische Disziplin wie die Mathematik empfiehlt sich mit der kühnen Behauptung, dass «schon eine einzige Milliarde» zu ihren Gunsten die Lebensumstände der Menschen in aller Welt nachhaltiger verbessern würde als dieselbe Summe für einen neuen Teilchenbeschleuniger.[5] Ein solcher Beschleuniger ist allerdings genau das, was sich ein Physiker wie Lee Smolin wünscht, weil die «bahnbrechenden Neuerungen», auf die er hofft, ohne ein leistungsstarkes Großgerät nicht möglich wären: der Schock über die Weigerung des amerikanischen Senats, für den SCSC, den Superconducting Super Collider acht oder neun Milliarden Dollar herzugeben, wirkt offensichtlich nach und verführt die Koryphäen des amerikanischen Wissenschaftsbetriebs zu allerlei windigen Prognosen. Sie befürchten, und das nicht einmal ohne Grund, dass man ihnen ihr Spielzeug wegnehmen und den Flug zum Mars, dessen Kosten der Astrophysiker Paul Davies auf «etliche» Zehnmilliarden Dollar schätzt, streichen könnte. Mal laut, mal leise durchzieht die Klage über den Mangel an Geld die wissenschaftliche Literatur, und einer der Großverbraucher des Betriebs, der schon erwähnte Lee Smolin, stellt mit Bedauern fest, dass Experimente, die den amerikanischen Verteidigungshaushalt überstiegen, «auf absehbare Zeit» unmöglich sind.

Kant ist bis heute der Schutzheilige der Wissenschaft, seine Einladung, sich des eigenen Verstandes zu bedienen, ziert manches Buch und jeden dritten Aufsatz. Was danach folgt, zielt aber weniger auf Verständnis als auf Verblüffung, verbunden mit der Zumutung, zu glauben und zu zahlen. Die Helmholtz-Gemeinschaft, mit einem Jahresetat von mehr als drei Milliarden Euro ein hochdotierter Geldverteiler, rät ihren Mitgliedern, «die Massen», wie sie schreibt, mit Volksfesten, Events, Unterhaltung und Infotainment «in Bewegung zu bringen».[6] Das bleibt nicht ohne Rückwirkungen auf den Stil, in dem sich Wissenschaft und Wissenschaftler präsentieren. Es vernebelt die Grenze zwischen Science und Fiction und lässt die «Mythen der Physiker», über die sich schon Lichtenberg amüsiert hatte, weiter ins Kraut schießen. Die Schöpfungsgeschichte, auf den neuesten Stand gebracht, liest sich dann so: «Der heiße Feuerbrei der Ursuppe kühlt sich in winzigen Bruchteilen von Sekunden so weit ab, dass die Energie nicht mehr ausreicht, spontan beliebige neue Elementarteilchen zu erzeugen.» Es geht chaotisch zu im Drama der physikalischen Kosmogonie, der Erzähler lässt sich jedoch nicht aus der Ruhe bringen. Das eine Auge auf die Uhr, das andere aufs Thermometer gerichtet, stellt er fest, dass aus der riesigen Menge von einer Milliarde Quark-Antiquark-Paaren und einer ebenso großen Zahl von Elektron-Positron-Paaren jeweils nur ein Teilchen übrig geblieben ist. Damit hat der Prozess ein neues Stadium erreicht, denn «aus diesen Teilchen entsteht unsere normale Materie». Glücklicherweise haben Neutrinos und Photonen an der mörderischen Vernichtungsschlacht zwischen Quarks und Antiquarks nicht teilgenommen, «sodass am Ende einer Milliarde Photonen und Neutrinos ein Elektron und drei Quarks gegenüberstehen». Aber die Zeit rückt vor; schon eine Sekunde nach dem Urknall ist die Temperatur so weit gesunken, dass es zur Kernfusion im Inneren der Sterne kommen kann. Die Schöpfung (und damit auch die Menschheit) hat noch einmal Glück gehabt, denn «es hätte ja auch anders kommen können. Wenn die Dichte und Temperatur des Feuerballs etwas anders gewesen wären, hätte es leicht passieren können, dass alle freien Neutronen zerfallen, bevor sie zu schwereren Kernen fusioniert wären. Unsere Existenz», schließt diese Reportage aus den Anfängen des Universums, «hängt im wahrsten Sinne des Wortes von der Fusion ab.»[7] Damit ist das Stichwort gefallen, auf das der Verfasser offenbar hinauswollte: Fusion. Autor des Textes ist nämlich Günther Hasinger, Direktor am Max-Planck-Institut für Plasmaphysik in Garching bei München, das den deutschen Zweig der international organisierten Fusionsforschung vertritt. Mit dieser Technik soll Wolf Häfeles leichtfertiges Versprechen von sauberer und billiger Energie im Überfluss im zweiten Anlauf doch noch eingelöst werden: ein Vorhaben, das neben Sachverstand und Organisationstalent vor allem Phantasie und jene besondere Art von Glaubensstärke erfordert, die auch solche Berge versetzt, die es nicht gibt. Denn ob und wann die Fusion das leistet, was man von ihr erwartet, steht nach wie vor in den Sternen. Das Garchinger Institut, eines der größten im Rahmen der Max-Planck-Gesellschaft, stand denn auch nie auf allzu festen Füßen. Einmal, kurz nach der Wende, als in Bonn der Fusionsskeptiker Günther Krause Verkehrsminister war, sah es sogar so aus, als wäre das Projekt am Ende. Rettung kam damals von einer Putzfrau, die Krause steuersparend, also schwarz, beschäftigt hatte; das kostete ihn sein Amt und erlöste die Fusionsforscher von einem Alb. Aus Dankbarkeit für die Verdienste, die sie sich um die Wissenschaft erworben hatte, stellte der damalige Direktor ein Foto der unbekannten Frau auf seinen Schreibtisch. Schutzheilige dieser Art werden die Manager noch nötig haben, wenn es mit ihrer Fusionsmaschine nicht schneller vorangeht als bisher.

Fortschritt ist ein dehnbarer Begriff, der in der Wissenschaft beliebt ist, weil er zu nichts verpflichtet. Er ist so vieldeutig wie die Routine-Antwort auf die Frage, wann denn die Fusion als Energiequelle zur Verfügung stehen wird. «In dreißig oder vierzig Jahren» heißt die Antwort. Seit dreißig oder vierzig Jahren.

Trotz aller Anstrengungen und allen Aufwands – die Frist, die bis zur Einsatzreife der neuen Technik vergehen sollte, blieb sich immer gleich. Daran hat sich bis heute nichts geändert: «Strom aus Fusionskraftwerken wird also, wenn überhaupt, frühestens im Laufe der zweiten Hälfte dieses Jahrhunderts verfügbar werden, und dies zu bislang nicht absehbaren Kosten», schließt ein betont skeptischer Ausblick aus dem Jahr 2011 – wie immer über dreißig oder vierzig Jahre.[8] Wie im real existierenden Sozialismus ist es stets die nächste Generation, die darauf rechnen darf, das gelobte Land, in dem Milch, Honig und Energie in Strömen fließen sollen, am Ende doch noch zu betreten.

So wurde die Fusionsforschung zum prominentesten Vertreter einer Reihe von Großprojekten, für die sich der Begriff des Weißen Elefanten eingebürgert hat.[9] Weiße Elefanten, das waren jene seltenen und kostbaren Tiere, die der König von Siam als Ehrengabe an hochgestellte Gäste zu verschenken pflegte, gelegentlich aber auch an lästige Vasallen, um sie durch den gewaltigen Aufwand, den der standesgemäße Unterhalt eines solchen Tieres verlangte, zielbewusst zu ruinieren. Von diesen Exoten gibt es im Zoo von F&E, von Forschung und Entwicklung, eine ganze Menge: den Transrapid zum Beispiel, der den Deutschen Entwicklungskosten in Höhe von etlichen Milliarden verursacht hat, dessen Betrieb aber selbst den Chinesen, die ihn dann schließlich bauten, zu teuer geworden ist, um ihn auf weiten Strecken einzusetzen. Oder die Brücke über den Fehmarnbelt, die den Deutschen zusätzlich zu den Milliarden, die ihr Bau verschlingen wird, weitere Milliarden für den Ausbau ihres ohnehin schon überlasteten Straßennetzes abverlangen würde. Oder «Stuttgart 21», das Vergraben des Stuttgarter Hauptbahnhofs, das für eine Summe von 4,5 Milliarden Euro die Fahrt nach Pressburg, der Hauptstadt der Slowakei, um eine knappe halbe Stunde verkürzen soll: zum Preis von rund

250 Millionen Euro pro Minute, wenn die Rechnung stimmt. Die Bahn hält das für ein gutes, die Grünen für ein schlechtes Geschäft: für einen großen, teuren Weißen Elefanten.

Das teuerste Exemplar aus dieser Gattung ist allerdings die Weltraumfahrt, ganz gleich, ob in bemannter oder unbemannter Form; die eine ist nur noch mal teurer als die andere. Beide verdanken ihre Existenz keinen wirtschaftlichen, sondern militärischen Interessen; ohne die Generalität und die ihr zugewandte Industrie wären Prestigeprojekte wie das Apollo-Programm oder das Spaceshuttle niemals zustande gekommen. Sie sind denn auch die eindrucksvollsten Beispiele für die wachsende Macht des militärisch-industriellen-wissenschaftlichen Komplexes. Die hochgerühmten Spin-off-Effekte waren nie mehr als Abfallprodukte eines Unternehmens, das ganz anderen Imperativen gehorchte. Den Menschen braucht die Raumfahrt, ähnlich wie der Sport, vor allem als Reklameträger; andockende Raumschiffe und schwerelos durchs All torkelnde Kosmonauten liefern nun einmal schöne Bilder, und weil die NASA Bilder wollte, bewegte Bilder von lebendigen Menschen, mussten die Menschen immerzu dabei sein. Dass dieser Humbug unter Druck gerät und sich selbst in Amerika nicht mehr bedingungslos verkaufen lässt, ist ein erfreuliches Indiz, auch wenn die Budgets der amerikanischen NASA (siebzehn Milliarden Dollar) und ihrer europäischen Schwesteragentur, der ESA (vier Milliarden Euro), immer noch zu hoch sind. Immerhin sind die Amerikaner auf dem Rückzug, sie kürzen die Mittel für die Raumfahrt, während die Europäer stolz darauf sind, den alten Holzweg weiterzuverfolgen.

Nachdem Neil Armstrong im Jahre 1969 den Boden des Mondes betreten und dort seinen Fußabdruck hinterlassen hatte, ist es dort oben wieder still geworden. Ab und an versprechen Schausteller wie der republikanische Präsidentschaftsbewerber Newt Gingrich ihren Landsleuten eine Stadt auf dem Mond; aber das ist Wahlpropaganda und Zukunftsrummel.

Ernster zu nehmen sind Forschungsbürokratien und Lobbyunternehmen mit ihren tausend Angestellten und Agenten; sie gaukeln der Menschheit vor, dass sie nur dann Aussicht aufs Überleben hat, wenn es ihr gelingt, die Erde zu verlassen und auf einem anderen Planeten ansässig zu werden. Die «Wiederherstellung bewohnbarer Verhältnisse» auf dem Mars hält die NASA technisch für möglich – so als ob sie wüsste, dass es die fabulösen Mars-Bewohner wirklich einmal gegeben hat. Um das kostspielige Abenteuer zu finanzieren, hat sie sich mit der Biotechnologie zusammengetan: Gemeinsam wollen diese beiden Wirtschafts- und Wissenschaftsgiganten dem Mars das irdische Genom, wie die verquaste Formulierung lautet, «zum Geschenk machen». Worüber sich der Mars, der öde Stern, natürlich freuen müsste, weil ihm das unerwartete Geschenk erlauben würde, aus seiner tristen Vergangenheit in seine biologische Zukunft «zurückzuspringen».[10]

Wo sie dem letzten von allen Menschheitsträumen nachhängen, verlieren auch nüchterne Naturwissenschaftler den Boden unter den Füßen. Sie geraten ins Schwärmen und begeistern sich für Entdeckungen, die es noch gar nicht gibt. «Leben außerhalb unseres Planten zu finden, wäre großartig», schreiben die Beiträger zu Detlev Gantens Handbuch «Naturwissenschaft: Alles, was man wissen muss» und finden die Vorstellung, dass irgendwo im All intelligentes Leben existieren könnte, «regelrecht phantastisch». Bewusstsein und Leben fern der Erde zu entdecken, sei die größte von allen denkbaren Sensationen, «und nichts würde unser Weltbild mehr verändern als das Wissen, nicht allein zu sein». Der Geist der Wissenschaft ist längst nicht mehr von dieser Welt, er schwebt darüber und hat ein SETI-Institut (Search for Extraterrestrial Intelligence) hervorgebracht, dessen Mitarbeiter sich damit beschäftigen, die Zahl der Zivilisationen abzuschätzen, die mit uns – oder mit denen wir – in eine wie auch immer geartete Verbindung treten könnten. Die Formel lautet: $N = R * fs * fp * ne * fl * fi * fc * L$.[11] Großartig und phantastisch mag das alles denen vorkommen, die vom Glauben an den Fortschritt leben; aber wem sonst noch? Auch wenn wir wüssten, dass es auf dem Mars Wasser gibt, wie ein Schwarzes Loch aussieht, warum sich das Universum aufbläht und woraus die Hintergrundstrahlung besteht, wären wir den beiden wichtigsten Zielen, die C. P. Snow mit «peace and food» umschrieb, keinen Schritt näher gekommen. Im Gegenteil würde das Geld, das für die Spielsachen der Naturwissenschaftler ausgegeben wird, für anderes und Wichtigeres fehlen. Wenn wir alle physikalischen Antworten gegeben haben, haben wir noch keine einzige wesentliche Frage gestellt, hat Ludwig Wittgenstein einmal gesagt.

Im Zuge des Fortschritts sind die neuzeitlichen Wissenschaften aus dem Zusammenhang mit der Kultur, der sie entstammen, die sie getragen und großgezogen hatte, herausgefallen. Sie arbeiten mit Begriffen, entwickeln Vorstellungen und verlieren sich in Abstraktionen, die von dem Wissen, das man braucht, um dem Leben Ziel und Richtung zu geben, himmelweit entfernt sind. Moderne Naturwissenschaft hat das Denken an die Maschinen abgetreten: Sie sollen die Datensätze liefern, die sich der Forscher in der Hoffnung vornimmt, dass ihm beim Überfliegen der Zahlen und Überprüfen der Diagramme etwas einfällt: Die Idee, an der doch letztlich alles hängt, steht nicht mehr am Anfang des Prozesses; sie kommt, wenn alles gut geht, irgendwann am Ende. Wenn die Biowissenschaften ein Genom nach dem anderen sequenzieren, betreiben sie Wissenschaft im Stil von Hamstern: Sie sammeln und speichern. Die gewaltigen Datenmassen, die beim Vorstoß ins riesig Große oder mikroskopisch Kleine zusammenkommen, berichten von Welten, in denen wir nicht leben, und einer Natur, die uns fremd und feindlich vorkommt. Von ihr erzählen die Naturforscher in einer Sprache, die den Verstand anspricht, das Gefühl aber kaltlässt. Alexander von Humboldt dürfte der Letzte gewesen sein, der die Natur als ästhetisches, ja als moralisches Phänomen wahrgenommen und versucht hat, andere für diese Sicht der Dinge zu begeistern.

Der Verdacht, die Naturwissenschaften könnten in eine Sackgasse geraten sein, hätten ihr heroisches Zeitalter hinter sich und stünden zwar mit vollen Händen, aber leeren Köpfen da, drängt sich auf. Er wird auch innerhalb diverser Disziplinen laut, recht laut sogar. Schon früh, kurz nach Mitte des vergangenen Jahrhunderts, hatte der englische Wissenschaftshistoriker Derek de Solla Price die Vermutung geäußert, dass die Naturwissenschaften vor allem deshalb so üppig dotiert würden, weil Politik und Öffentlichkeit, zumindest in den hochentwickelten Ländern des Westens, mit wachsender Nervosität beobachteten, wie sie für immer mehr Geld immer weniger zurückerhielten; der Fortschritt käme immer langsamer voran, der Sättigungszustand sei fast erreicht.[12] Ein Moratorium, ein Innehalten zu dem Zweck, den Naturwissenschaftlern Zeit zu lassen, «die anderen Seiten des Lebens» kennenzulernen, hielt er für angebracht, aber wenig wahrscheinlich: Der ausgeprägte Wettbewerb um Wachstum und Wohlstand lasse so etwas nicht zu. Er werde noch viel schärfer werden, meinte Price, immer aufwendigere und überflüssigere Dinge hervorbringen und die Welt in eine gefährliche Lage versetzen.

Kassandra hat auch diesmal recht behalten. Von einem Moratorium wollte die Wissenschaft schon damals nichts hören, von Ausstieg und Verzicht erst recht nicht. Sie hält sich lieber an die Parole, die Bill Clinton für das einundzwanzigste Jahrhundert ausgegeben hatte: an das Versprechen eines Zeitalters «full of promise, moulded by science, shaped by technology, powered by knowledge». Darüber vergisst sie gern die Worte, mit denen Clinton schon im nächsten Satz seine Landsleute daran erinnert hatte, dass Wissenschaft nicht alles sei. Die tiefsten Wahrheiten, an die Amerika glaube, lägen weit jenseits ihres Territoriums und ihrer Grenzen. Wissen ist in der Tat nicht alles: Was ist Amerika entgangen, als es darauf verzichtete, den großen Ringbeschleuniger zu bauen? Was hat das Land gewonnen, als es Craig Venter gelang, unter immensem Aufwand an Zeit und Geld etwas zu wiederholen, was die Natur seit eh und je und kostenlos für jedermann zustande bringt? Was würde Deutschland entgehen, wenn eine Hochschule, zwei Akademien oder drei Leibniz-Institute schlössen? Und was gewinnen, wenn sich der Etat des Forschungsministeriums, das seine Zahlen so gern als schlagenden Beweis für Fortschritt präsentiert, verdoppeln würde? Könnte es denn nicht sein, dass der Forschung, ähnlich wie dem hochsubventionierten Kulturbetrieb, nicht nur zu wenig, sondern auch zu viel Hilfe schlecht bekommt? Dass der dramatische Verweis auf das Wissen als einzige Ressource des Landes auch deshalb so beliebt ist, weil die Erträge sinken? Und dass er von Wissenschaftlern vor allem deswegen so gern nachgesprochen wird, weil ihnen an Förderung mehr liegt als an Kritik und wirksamer Kontrolle?

Angst vor der Arbeitslosigkeit muss unter denen, die sich zur Wissenschaft berufen fühlen, keiner haben. Gerade weil der Versuch, die Kräfte der Natur zu zähmen und in den Dienst des Menschen zu stellen, so überaus erfolgreich war, hat er Aufgaben genug für ganze Generationen von einfallsreichen Forschern hinterlassen. Allein das Ziel, das Klima weltweit halbwegs stabil zu halten, verlangt nach Hunderttausenden von Ingenieuren. Dem Einräumen muss jetzt das Aufräumen, dem

Ausbau der Rückbau folgen, und das schafft Arbeit für viele. Der Ruf nach einer alternativen Wissenschaft und einer wie auch immer neu zu begründenden Technik kann aber nur die halbe Wahrheit sein; die andere Hälfte heißt Verzicht. Der wird jedoch als Zumutung empfunden und ist deswegen unbeliebt. Selbst Arnold Gehlen, der ihn nicht ohne Sympathie erwähnt, blieb ihm gegenüber skeptisch. Eine durchgehende Änderung des Lebensstils sei ja fast nie so vorstellbar, «dass sie an den extremen Enden angreift: beim Wissenwollen, dem Anfangspunkt, oder beim Konsumierenwollen, dem Endpunkt des Prozesses», dämpfte er die Hoffnung auf einen schnellen Wandel. Sollte sich die Bereitschaft zur Askese aber dennoch zeigen, wäre sie als ein Zeichen für den Anbruch eines neuen Zeitalters zu verstehen.[13]

Solche Signale gibt es, und vielleicht sind sie ja wirklich, wie von Gehlen angedeutet, Vorboten einer neuen Zeit. Sie treten dort auf, wo es ernst wird, im Umgang mit Geburt und Tod: am Anfang und am Endpunkt des Prozesses. Die jungen Mütter wollen gar nicht wissen, wie das Kind, das sie erwarten, aussehen wird, und verzichten auf das Angebot einer kompletten Frühdiagnostik. Ähnlich die Älteren, die sich mittels eines Patiententestaments vor Praktiken zu schützen suchen, die sie nicht wünschen. In beiden Fällen werden Möglichkeiten, die der medizinische Fortschritt bietet, offenbar bewusst ausgeschlagen. Wo er ganz nah an sie herankommt, haben die Leute genug vom herkömmlichen Fortschritt; sie wollen es anders machen – allerdings nicht so, dass sie sich einem neuen Verfahren, einem alternativen Projekt oder sonst einer technischen Innovation verschreiben, sondern durch gar nichts. Sie wollen aufhören, loslassen und losgelassen werden. Das wäre, wenn es freiwillig geschieht, das Zeichen einer neuen Zeit.

Dass viel zu wissen gut und mehr zu wissen besser sei, darüber sind sich die Wortführer der Moderne einig. Kein Minister, kein Präsident und erst recht kein Unternehmer, der sich beim Auftritt vor der Presse den Hinweis auf das Wissen als Deutschlands wichtigste Ressource entgehen ließe. Der wahre Reichtum, heißt die ausgelutschte Formel, liege in den Köpfen, wo er entdeckt, veredelt und weiterverarbeitet werden müsse. Bacons bekannter Ausspruch, Wissen sei Macht, reiche nicht mehr aus, erklärt der Forschungschef eines großen deutschen Chemieproduzenten. Seine zeitgerechte Fassung laute «Wissen ist Zukunft», denn ob wir Zukunft haben und wie sie dann aussieht, hänge entscheidend davon ab, «was wir wissen werden. Wissen selbst wird durch Forschung erworben, und damit bekommt die Forschung eine Schlüsselrolle bei der Gestaltung unserer Zukunft.»[1]

Wissen ist Rohstoff, Ware, Kapital. Begründet in den Schulen, entwickelt an den Universitäten, erweitert und gefestigt in Graduiertenkollegs, Exzellenzinitiativen und Sonderforschungsbereichen, wird es zur Anwendung der Wirtschaft übergeben, wo es zusammen mit den hergebrachten Größen, der Arbeit und dem Kapital, den dritten Faktor bildet, der Wohlstand sichert und Wachstum generiert. Die Botschaft, die David Hilbert, der große Göttinger Mathematiker, auf seinen Grabstein setzen ließ: «Wir müssen wissen, wir werden wissen», ist angekommen, die «Wissensgesellschaft» hat sie zum Programm erhoben. Der kühne Satz war Hilberts Antwort auf das berühmte «Ignoramus, ignorabimus», mit dem Emil Du Bois-Reymond rund fünfzig Jahre früher seine Ausführungen über die Welträtsel beschlossen hatte. «Wir wissen es nicht und werden es nicht wissen»: Das klang resignativ, war aber gar nicht so gemeint, zumindest nicht im Munde eines fortschrittsgläubigen Mannes wie Du Bois. Viel eher war es eine Aufforderung, die lösbaren Rätsel zu lösen und sich mit den unlösbaren nicht weiter abzuquälen. Im Grunde wollten Hilbert und Du Bois dasselbe, nämlich Fortschritt.

Ein Unterschied liegt allenfalls im Zeitwort «müssen». Das klingt fatalistisch, fast drohend: Wer wissen muss, hat keine Wahl; er bekommt es mit unvermeidlichen, vielleicht auch unerwünschten Wahrheiten zu tun. Hilbert, gut eine Generation jünger als Du Bois, hatte den Weltkrieg erlebt, der zweifeln lassen konnte, ob mehr zu wissen tatsächlich ein Segen ist. Der noch einmal jüngere Albert Einstein war unter dem Eindruck von Hiroshima und Nagasaki, von Aufrüstung und Abschreckung vollends skeptisch und pessimistisch geworden. Dass ausgerechnet er, der überzeugte Pazifist, den Anstoß zum Bau einer Waffe gegeben hatte, deren bloßes Vorhandensein den Fortbestand der Menschheit gefährdet, hat ihn zunehmend bedrückt und seine letzten Lebensjahre überschattet. Das Gespenstische, hat er zur H-Bombe bemerkt, liege in der Zwangsläufigkeit des Prozesses, «jeder Schritt erscheint als unvermeidliche Folge des vorangehenden, und als Ende wirkt immer deutlicher die allgemeine Vernichtung».[2] Seither hat sich das Klima weiter eingetrübt; die Berichte des Club of Rome über die Grenzen des Wachstums (1972) und die Neuen Grenzen des Wachstums (1982) haben den Stimmungswandel begleitet. Ohne den ruppigen Hinweis, dass die Entwicklung nicht mehr aufzuhalten sei und wir uns mit Informationslawinen, globalem Klimawandel und genmanipulierten Lebensmitteln abzufinden hätten, kommen auch Optimisten nicht mehr aus.

Was früher einmal Fortschritt hieß, hat die Gestalt des Schicksals angenommen, das droht, nicht lockt: «Das Wissen kommt, ob wir es wollen oder nicht», dozierte Edward Teller bei jedem seiner öffentlichen Auftritte. «Was wir anstreben müssen, ist ein klares und vollständiges Wissen, so vollständig, wie es menschenmöglich ist. Diese Möglichkeiten müssen wir den Politikern mitteilen, damit diese dann die Wahl treffen»: eine Wahl, die sie in Wahrheit aber nicht mehr haben, eben weil das Wissen kommt, «ob wir nun wollen oder nicht».[3] Und weil es, wenn es einmal da ist, die Tagesordnung bestimmt.

Die Skepsis gegen das Wissen und sein Motiv, das Wissenwollen, ist uralt. Sie begegnet schon in der Schöpfungsgeschichte, in der Erzählung vom Baum der Erkenntnis, dessen Früchte die Menschen etwas wissen lassen, was sie mit der Vertreibung aus dem Paradies bezahlen müssen. Lord Byron griff die Geschichte auf, als er, im Widerspruch zu Bacon, schrieb:

Sorrow is knowledge; they who know the most
Must mourn the deepest o'er the fatal truth:
The tree of knowledge is not that of life.

Erkenntnis ist nicht nur deshalb bitter, weil sie die Menschen der Träume und der Illusionen beraubt, die sie brauchen, um sich über die Enttäuschungen des Lebens hinwegzutrösten. Sie ist auch deswegen ein Übel, weil sie seit eh und je die Nutzanwendung nach sich zieht. Schon Kain, dem Sohn der ersten Menschen, diente sie dazu, die Kinnlade eines Esels als Werkzeug zu verwenden, um seinen Bruder Abel zu erschlagen. Es werden solche Überlegungen gewesen sein, die Byron zu der traurigen Einsicht führten, dass der Baum der Erkenntnis nicht der des Lebens sei. Und Nietzsche, der ihn mit dieser Aussage zitiert, denkt den Gedanken nur zu Ende, wenn er bemerkt, dass die Menschen in der Erkenntnis ein schönes Mittel zum Untergang besäßen.

Nietzsche liebte die letzten Konsequenzen. Er wolle, sagt er in der «Götzendämmerung», «ein für allemal vieles nicht wissen. Die Weisheit zieht auch der Erkenntnis Grenzen.»[4] Als er das gegen Ende seines Lebens niederschrieb, stand Nietzsche mit seinem Misstrauen gegen das Wissen und seinem Widerstand gegen das Wissenwollen und Wissenlassenwollen ziemlich allein da. Inzwischen wäre das jedoch wohl anders, denn heute, im Zeitalter von Gendiagnostik und Internet, wo jeder alles Mögliche über sich selbst und über andere, über Freunde und Feinde, Kunden und Konkurrenten in Erfahrung bringen kann, ist man nicht mehr auf biblische Geschichten angewiesen, um etwas über die dunklen Seiten des Wissens zu erfahren; die kann man ganz persönlich kennenlernen. Vor allem deshalb hat sich der Wunsch, bestimmte Dinge unter der Decke zu halten, sie weder selbst zu kennen noch anderen preiszugeben, zum Rechtsanspruch verfestigt, auf den sich jedermann im Streit mit neugierigen Krankenkassen und geschäftstüchtigen Lebensversicherern, zudringlichen Behörden und indiskreten Arbeitgebern berufen kann.

Die alte, bislang eher spielerisch behandelte Frage, ob Wissen besser sei als Nichtwissen, stellt sich damit auf neue Weise; und damit wohl zum ersten Mal in vollem Ernst. Ist es tatsächlich gut, zu wissen, dass man genetisch belastet ist? Und dass man nichts dagegen machen kann? Zu wissen, wie man die Privatsphäre eines anderen auskundschaftet? Und wie man es so einrichtet, dass sich der andere nicht wehren kann, weil er vom Auskundschaften gar nichts merkt? Es sind solche Fragen,

die den Datenschutz und sein Derivat, das Recht auf Nichtwissen, zu einem populären Thema gemacht haben, und man
darf sicher sein, dass dieses neu entdeckte Abwehrrecht immer
entschlossener in Anspruch genommen wird; wenn auch nicht
unbedingt mit viel Erfolg. So oder so wird sich aber nichts an
der Tatsache ändern, dass die Macht des Wissens, von der sich
die Aufklärer so viel versprochen hatten, verdächtig geworden
ist. Und dass sich auch diese Macht vor denen, die ihr ausgeliefert sind, rechtfertigen und verteidigen muss.

Dagegen wehrt sich die organisierte Wissenschaft, in
Deutschland regelmäßig unter Berufung auf die bekannte Formel Humboldts, nach der sie in Einsamkeit und Freiheit am
besten gedeiht. Eine Tätigkeit, die so tief, in so fragwürdiger
Absicht und mit so weitreichenden Folgen ins Leben eingreift
wie die modernen Bio- oder Informationswissenschaften,
ist aber weder einsam noch frei. Sie ist zu teuer, um einsam,
und zu mächtig, um frei zu sein. Ihre Anwälte verfangen sich
in einem heillosen Widerspruch, wenn sie einerseits, um das
Publikum zu ködern, vom Nutzen schwärmen, den sie gestiftet
hätten oder noch stiften würden, auf der anderen Seite aber immer dann, wenn Rechenschaft erbeten oder Kontrolle verlangt
wird, auf ihre grundgesetzlich garantierte Freiheit pochen. Mit
dieser Doppelstrategie, die «Nutzen!» ruft, wenn es ums Geld,
und «Freiheit!» verlangt, wenn es um Aufsicht geht, sind die
Fürsprecher der Wissenschaft bisher recht erfolgreich gewesen. Natürlich lehnen sie Kritik nicht ab, im Gegenteil: Kritisch
zu sein, sich selbst so zu nennen oder von anderen so genannt
zu werden, gilt in der Gemeinschaft der Forscher und Lehrer als
Ehrensache. Kritisch war Adornos Kritische Theorie, kritisch
war Poppers Kritischer Rationalismus, kritisch ist überhaupt
alles und jeder, der im akademischen Milieu etwas werden will.
Nur sollte die Kritik nicht von unten kommen, von den Laien

und Dilettanten im Parkett, sondern aus den Rängen, wo die Peers sitzen, vor deren kritischer Review man sicher ist, weil sie dasselbe wollen wie man selbst. Der Aufwand, der für diese Art von Peer-Review getrieben wird, ist in der Tat gewaltig. Riesige Mengen an Daten werden eingesammelt und ausgewertet; das verschlingt Zeit und kostet Geld, verrät aber nur wenig über das, was geleistet oder versäumt worden ist. Dieter Simon, der als Vorsitzender des Wissenschaftsrates Gelegenheit hatte, das Evaluationstheater aus der Nähe kennenzulernen, beschreibt die Vorstellungen so: «Mit den einfachen Prädikaten des Lobes (gut, sehr gut, eminent, exzellent, ausgezeichnet, hervorragend usw.) lässt sich nicht viel erreichen. Fachliche Informationen sind ohnehin in der Regel vollkommen nutzlos. Es müssen sogenannte Fakten angeführt werden, unter denen sich die Angesprochenen etwas vorstellen können und die nach verbreiteter Meinung Rückschlüsse auf die dem Urteil sich entziehende fachliche Qualifikation zulassen.» Als solche Fakten, Kennziffern oder Leistungsindikatoren, wie sie im Fachjargon der Wissenschaftsmanager heißen, erwähnt Simon unter anderen «Hinweise auf die Anzahl der Publikationen, auf Preise und Auszeichnungen oder auf den Umstand, dass andere, konkurrierende Einrichtungen sich um den Gepriesenen bemühen oder bemüht haben. Immer wirkungsvoll sind Deklarationen zur besonderen Leistungsbereitschaft eines Kandidaten, zu seiner Eignung auf die Ausfüllung bestimmter Lücken etc., da diese Eigenschaften Entlastung bei der eigenen Arbeit versprechen. Bei guten arbeitsklimatischen Bedingungen und einem harmonischen Gefüge der Gesamtkorporation funktioniert dieses System einwandfrei.»[5] Schopenhauer, der den Betrieb ja auch schon kannte, war weniger freundlich und sprach von einer Kumpanei der rücksichtsvollen Lumpen.

Das Ganze ist deshalb so beliebt, weil es verschleiert, dass man im Massenangebot von Wissenschaft und dem, was sich so nennt, die Übersicht verloren hat. Kein Minister (der beruft), kein Präsident (der bezahlt) und kein Parlamentsausschuss (der bewilligt) weiß noch genau, was er da tut. Eine Figur wie der preußische Ministerialdirektor Friedrich Althoff, der aus eigener Kenntnis, oft gegen den erbitterten Widerstand der Fakultäten, Berufungen aussprach, wäre im heutigen Betrieb undenkbar; der schiere Umfang dessen, was an Hochschulen und Fachhochschulen, in Forschungsinstituten, Forschungsverbänden und Forschungsgemeinschaften ausgebrütet wird, würde ihm das Urteil unmöglich machen. Die Koryphäen gibt es immer noch, aber gegenüber der Masse von Lückenforschern, die sich in den Winkeln und Spalten des Systems eingenistet haben, um sie mit irgendeinem albernen Projekt zu füllen, sind sie hoffnungslos in der Minderheit. Nicht der Gedanke, sondern das Projekt steht allemal am Anfang der Karriere: Wer das hat, hat gewonnen, weil sich aus dem Projekt ein Paradigma, aus dem Paradigma ein Modell, aus dem Modell mit etwas Glück ein ganzes Institut entwickeln lässt, das irgendeinen Durchbruch verspricht, wann und wohin auch immer. Wenn das Institut erst steht, kann nicht mehr viel passieren. Wem dann nichts einfällt, schreibt über den State of the Art; wer nicht vorankommt, berichtet über sein Work in Progress; und wer auch das nicht schafft, verbreitet den jüngsten Institutsklatsch im Newsletter. Sozial ist, was Arbeit schafft: Das gilt auch in der Wissenschaft.

Politiker kann man abwählen, wenn man sie nicht mehr mag; Unternehmen kann man boykottieren, wenn man ihren Produkten misstraut; aber wie wehrt man sich gegen eine Wissenschaft, deren Wissen man nicht will? Die Antwort heißt: Indem man sich auf seine Doppelrolle als Sponsor und Klient besinnt, die Beweispflicht umdreht und von den Wissenschaftlern verlangt, ihre Ansprüche und Absichten so plausibel darzulegen, dass man sich auch als Laie ein Urteil bilden kann. Und ihnen, wenn sie dazu nicht in der Lage sind, den Kredit entzieht. Dürrenmatt hat ja ganz recht, wenn er in der Nachschrift zu seinen «Physikern» vermerkt, dass die Inhalte der Physik die Physiker angehen, ihre Auswirkungen aber alle Menschen, und schließt: «Was alle angeht, können nur alle lösen.» Was er mit Lösung meint, ist nicht ganz klar, kann allerdings (und muss wohl auch) als Einladung verstanden werden, die Wissenschaftler daran zu erinnern, dass ihre Freiheit nicht leidet, wenn man von ihnen Rechenschaft erwartet. Und Lösung hieße ja wohl auch, Nachfrage und Kritik nicht gleich als Sakrileg zu betrachten. Dass die Bürger nicht alles glauben, nur weil «Wissenschaft» draufsteht, und sich vom Fachmann, der irgendwelche «Studien» zitiert, nicht mehr verblüffen lassen, ist ja beileibe kein Skandal. Es ist im Gegenteil ein Zeichen dafür, dass die Öffentlichkeit aus den Skandalen, von denen auch die Wissenschaft nicht mehr verschont bleibt, etwas gelernt hat.

Verdient die Wissenschaft das Geld und das Vertrauen, das sie fordert? Verdient sie es auch dort, wo sie sich Fragen vornimmt wie diese: Was vor dem Urknall war? Was jenseits der Grenzen des Universums liegt? Ob es nicht eine, sondern viele Wirklichkeiten gibt? Warum die Welt so beschaffen ist, wie wir sie kennen, und nicht anders? Natürlich kann man solche Fragen stellen, hat ein bekannter Physiker dazu bemerkt, «aber nicht unbedingt als Physiker».[6] Denn mit physikalischen Methoden allein ließen sie sich nicht klären; sie führten unweigerlich in metaphysische Bereiche, in denen die Luft nicht nur für Physiker, sondern für alle dünn wird, auch für die Philosophen, die sich in dünner Luft zu Hause fühlen. Die meisten Physiker scheint das jedoch nicht groß zu bekümmern, sie setzen auf ihre Methoden und rechnen einfach weiter. Der Heidelberger

Dieter Zeh, der glaubt, dass es unendlich viele Welten gibt, kann über sie nicht viel erzählen, verrät aber immerhin so viel, dass ihre Zahl «irgendwo im sehr weiten Bereich zwischen den Zahlen der möglichen Makro- und Mikrozustände dieser Welt» liegen muss. Die vielen Welten lassen sich errechnen, aber nicht beobachten; wir wissen von ihnen nichts, und selbst wenn es jemanden gäbe, der etwas von ihnen wüsste, könnten wir uns mit ihm nicht austauschen, da alle diese Welten irreversibel voneinander getrennt sind.[7]

Wir sind also zurück bei Gorgias, dem großen Redner und Sophisten, dessen Schrift «Über die Natur» glaubwürdigen Berichten zufolge aus drei Behauptungen bestand: dass es nichts gibt; dass wir, auch wenn es etwas gäbe, es nicht erkennen könnten; und dass wir, selbst wenn Erkenntnis möglich wäre, nicht davon reden könnten. Darüber, immerhin, soll Gorgias ein ganzes Buch geschrieben haben. Er wollte damit freilich nur die grenzenlose Macht seiner Redekunst demonstrieren, die aus Schwarz Weiß machen kann und umgekehrt, nicht einer neuen, unerhörten Wahrheit zum Durchbruch verhelfen. Das ist in den zweieinhalbtausend Jahren, die seit Gorgias vergangen sind, anders geworden. Jetzt geht es um Wahrheit und Wissenschaft, um 10^{20} oder noch mehr Welten, und daran erkennt man den Fortschritt. Das Wissen hat sich selbständig gemacht, hat nicht nur jeden praktischen, sondern auch jeden theoretischen Bezug zum Leben, wie wir es führen können oder führen müssen, verloren. Es imponiert durch Abstraktion und Unverständlichkeit, nicht durch Bedeutsamkeit oder Gehalt. Ob es die vielen Welten, für die Zeh in die Schlacht zieht, gibt oder nicht gibt, wie viele es von ihnen gibt und wie sie aussehen, kann jedem, der hypothetische Realitäten für eine *contradictio in adiecto* hält, ziemlich egal sein. Für ihn hängt davon nichts mehr ab, nicht einmal ein Gedanke.

Der Verdacht, dass sich die Naturwissenschaften verrannt haben könnten, ist nicht neu. Er ist die Basis für das «neue Denken», das von selbstkritischen Naturforschern in allen möglichen Tonlagen angemahnt worden ist: resignativ von Einstein, frivol von Szilard, dramatisch von Bohr, verzweifelt von Planck und sachlich-kühl von Oppenheimer. Bei Physikern klingt es anders als bei Soziologen, bei Philosophen anders als bei Ingenieuren, doch in der Einschätzung, dass es auf den gewohnten Bahnen so nicht weitergeht, sind sich die Klügeren von ihnen einig. Das «Weiter so!» ist in der Wissenschaft (wie in der Politik) das Privileg von Kindern, die glauben, dass sie im Alter von vierzig oder fünfzig Jahren genauso schnell wachsen müssten wie bisher, und panisch reagieren, wenn es anders kommt. Stillstand sei Rückfall, glauben sie, und pumpen sich und ihre Freunde mit Wachstumshormonen voll. Dass unbegrenztes Wachstum in einem begrenzten System zum Kollaps führen muss, betrachten sie als ein Ärgernis, das sich mit Hilfe von mehr Wissenschaft und mehr Technik aus der Welt schaffen lässt.

Um sich von diesem Kinderglauben freizumachen, braucht es nicht eigentlich ein neues, sondern das alte Denken: ein Weltbild, in dem die Natur, deren Teil wir sind, als Lebenswelt geschätzt und geschützt wird. Der Weg zurück wäre dann wirklich, wie von Paul Feyerabend kühn behauptet, ein Schritt nach vorn, «weg von der Tyrannei festgefügter, hochbewährter und kunstlos dargestellter thematischer Systeme», hin zur Bereitschaft, sich auf die fremd gewordene Natur in allen ihren Facetten einzulassen.[8] Das wäre eine Aufgabe für viele, vor allem für die Schule, am ehesten für die Grundschule, da diese Bereitschaft gar nicht früh genug geweckt werden kann; die Universität kommt dazu jedenfalls zu spät. Leider haben die Schulreformer, die das deutsche Bildungswesen auf die Höhe der Zeit bringen wollten, diesem Ziel systematisch entgegengearbeitet. Das Zauberwort, dem sie den Unterricht, ausdrücklich für sämtliche Altersstufen, ausliefern wollten, hieß Wissenschaftsorientierung. Um das Individuum auf «ein realitätsgerechtes Verhalten in der modernen Welt» vorzubereiten, müsse die Schule sich von allen vorwissenschaftlichen Traditionen lösen, erklärte der Deutsche Bildungsrat in seinem Strukturplan aus dem Jahre 1970. In einer hochdifferenzierten Gesellschaft vermöge die unmittelbare Erfahrung keine Orientierung zu geben: als ob die seriöse Wissenschaft das je gekonnt oder auch nur gewollt hätte!

Der Einwand wurde überhört, und so wurden die Naturwissenschaften, einer Empfehlung Carl Friedrich von Weizsäckers folgend, «wie eine Lokomotive» vor den gesamten Bildungszug gespannt.[9] Der aber fuhr viel zu schnell, um einen Blick in die umgebende Natur zu erlauben. Zwar ist das «liebhabermäßige Betrachten der anschaulichen Natur», das noch der Tutzinger Maturitätskatalog als anerkanntes Bildungsziel erwähnt hatte, mittlerweile rehabilitiert worden. Es gibt Schulgärten und Schulwälder, in denen die Kinder lernen, wie eine Fichte aussieht, wie ein Veilchen riecht und wie eine Drossel singt; aber der Kahlschlag wirkt nach. Die «Kompetenzen», die im Pisa-Test, dem Programme for International Student Assessment, überprüft worden sind, verfolgen rein funktionale Ziele: Ihre naturwissenschaftliche Grundbildung weisen die Schüler dadurch nach, dass sie «aus einer graphischen Repräsentation richtige Informationen ableiten», «Faktenwissen aus dem Gedächtnis abrufen und anwenden», «aus gegebenen Informationen die richtigen Schlüsse ziehen», «mentale Modelle» entwickeln und «einen Sachverhalt verbalisieren»: kein Wort über Beobachtungen und Erfahrungen in der lebendigen Natur, über Erlebnisse und Entdeckungen draußen vor der Tür.

Die armen Schüler müssen annehmen, beim Auswerten von Informationen, Abrufen von Fakten und Durchsehen von Tabellen der Natur begegnet zu sein.

Dass es zur Aufgabe der Schule gehört, die Kinder mit den Wissenschaften vertraut zu machen, Verständnis für ihre Arbeit und ihre Methoden zu wecken, steht außer Frage; dass technische Verfahren wie das Analysieren und Synthetisieren dabei besonders wichtig sind, natürlich auch. Gegen Erfinder-Messen für Kinder, Schüler und Studenten wäre denn auch nichts einzuwenden, wenn sie nicht den Anspruch erhöben, mit «der Natur» bekannt zu machen; von der erfährt man da ja nur die Hälfte. Sie schrumpft zu einem Konglomerat aus Formeln und Funktionen, zum toten Rest, der übrig bleibt, wenn ihr das Leben ausgetrieben worden ist. Die Schüler lernen die Oberflächenspannung des Wassers abzuschätzen, die Parallaxe eines Planeten zu berechnen oder den Waldbestand nach Festmetern zu taxieren; ob es den Bergbach, den Sternenhimmel und die Buchenwälder, über die sie reden, wirklich gibt, wie sie aussehen oder sich anfühlen, was man in ihnen entdecken und erleben kann, lernen sie nicht. Müssen sie auch nicht lernen, weil es für die Zensur keine Rolle spielt.

Zum Wissen über die Natur gehört aber mehr als die Fähigkeit, sie zu berechnen. Denn die Natur ist eben nicht nur Rohstoff und Laboratorium, sie ist auch Fundgrube und Schatzhaus, Oase, Refugium und Sammelplatz für das Gemüt. Um mit dieser Seite der Natur vertraut zu werden, bedarf es keiner Wissenschaft, sondern des unbefangenen, durch keine Daten oder Diagramme verstellten Blicks nach draußen. Deshalb ist der Waldkindergarten, der die Kinder die Natur erleben lässt, für die Zukunft des Landes gewiss ebenso wertvoll wie das von allen Industrie- und Handelskammern unterstützte «Haus der kleinen Forscher». Zu wissen, was man lassen muss, um im

Frieden mit der Natur zu überleben, ist mindestens genauso wichtig wie das Wissen, was man aus ihr machen kann, wenn man sie besitzt; wahrscheinlich noch viel wichtiger. Vielleicht, gibt der Zoologe Josef Reichholf am Ende seines Buches über die Naturgeschichte des Menschen zu bedenken, sind wir ja nur deshalb so tief in die Umweltkrise hineingeschliddert, weil es zu viele Menschen gibt, die vergessen haben, woher sie kommen, und sich nun einbilden, nicht in, sondern über der Natur zu stehen. Nur wer erfahren habe, wie eng die Bande sind, die uns mit der Natur verknüpfen, werde sie nicht zerreißen wollen.[10] Reichholf spricht nicht von Wissen, sondern von Erfahrung, die offenbar nicht ganz so überflüssig ist, wie die Bildungsexperten das meinen.

15 Erlöste und unerlöste Natur

Der Kühkopf, eine Rheinschleife im Süden des Landes Hessen, lag früher im Zentrum des Alten Reichs. Heute, Jahrhunderte später, ist er zum Rückzugsgebiet für allerlei Pflanzen und Tiere geworden, denen die Zivilisation das Überleben schwermacht. Mit seinem Ineinander von Wiesen, Wald und Wasser hat er das Aussehen bewahrt, das für die gewachsenen Kulturlandschaften des mittleren Rheintals lange Zeit typisch war. Er entstand, als der Rhein, der sich bis dahin, durchsetzt von Inseln und verzweigt in zahlreiche Nebenarme, zwischen dem Pfälzer und dem Odenwald hindurchgewunden hatte, zum Verkehrsweg hergerichtet, also kanalisiert wurde. Zu diesem Zweck wurde der Kühkopf, der bis dahin eine weit nach Osten ausgreifende Halbinsel war, an seiner schmalsten Stelle durchstoßen; danach floss der Hauptstrom weiter westlich, ließ sein altes Flussbett als Altwasser zurück und machte den Kühkopf zur Insel. An seiner Nutzung änderte das freilich nichts; wie bisher diente das Gebiet dem Ackerbau und der Viehhaltung, woran Flurnamen wie Ochsenlache, Schafweide oder Rindswörth bis heute erinnern.

Bald nach dem Ende des letzten Krieges ist der Kühkopf zusammen mit der nördlich gelegenen Uferregion, der Knoblochsaue, zum Naturschutzgebiet erklärt worden. Der Ackerbau wurde zurückgefahren, die Forstwirtschaft eingestellt, auch die vorübergehend betriebene Ölförderung kam, weil offensichtlich unrentabel, zum Erliegen. Dem natürlichen Auf und Ab des Wasserstandes ausgesetzt, gewann die Gegend mit der Zeit ihren ursprünglichen Charakter als Überschwemmungsgebiet mit Sumpf und dichtem Auenwald zurück. Sie wurde zur Heimat von Stockenten und Haubentauchern, von Reihern, Blesshühnern und Bekassinen, die unter dem Geäst von Silberweiden und Schwarzpappeln zu Hunderten die Ufer bevölkern. Weiter im Inneren stößt man auf hundertjährige Eichen und einige der letzten Ulmen, die das große Sterben, das die Bestände in ganz Europa gelichtet hat, überlebt haben. An ihren Stämmen ranken Schlingpflanzen wie Waldrebe oder Wilder Hopfen in die Höhe, fallen aus den Baumkronen in Trauben zurück und verweben sich mit dem dichten Laub zu einem grünen Vorhang, der dem Wald, zumal an diesigen Tagen, ein subtropisches Aussehen verleiht. Dann kommen die Wiesen, auf denen sich das Weiß der Margeriten mit den roten Blüten des Klatschmohns und dem hellen Blau der Wegwarte zu vielen bunten Bildern mischt: geschützte Natur.

So wurde die Gegend um den Kühkopf zu einer Insel im Meer des Fortschritts; der aber auch hier nicht lockerlässt und ständig näher rückt. Die Dörfer greifen aus, haben sich mit dem bekannten Ring aus Tankstellen und Baumärkten, Versicherungsagenturen und Matratzen-Outlets umgeben und drängen das Feld zurück. Um die Bewohner zwischen ihren Häusern im Ried und ihren Arbeitsplätzen in einer der nächsten Metropolen hin- und herpendeln zu lassen, ist das Land nach den Vorstellungen der Verkehrsplaner, also flächendeckend und bedarfsgerecht, mit Straßen und Bahnlinien erschlossen worden. Der Rhein ist ohnehin schon längst zur Hauptverkehrsader, zur internationalen Wasserstraße geworden, auf der Kabinenschiffe und Schubverbände aus ganz Europa Tag und Nacht unterwegs sind. In seinen Buchten und ehemals stillen Winkeln haben sich die Hafenplätze angesiedelt, in denen Hunderte von Plastikbooten liegen, mit denen die Freizeitkapitäne wochenends auf kleine Fahrt gehen. Der Unterschied von Stadt und Land ist eingeebnet worden, zum größten Teil verschwunden; ihn zu beseitigen, war ein Traum, den Kapitalisten und Sozialisten gemeinsam geträumt haben. Der Kapitalismus hat sich allerdings auch hier als wesentlich leistungsfähiger erwiesen als der real existierende Sozialismus.

Was da noch fehlte, war der verkehrsgerechte Ausbau in der Luft; doch der ist mittlerweile nachgeholt worden. Nördlich des Kühkopfs ist Fraport-Land: ein riesiges, vom Hunsrück bis in den Spessart, vom Taunus bis zum Odenwald reichendes Areal, das den Nutzungsinteressen der Frankfurter Flughafen AG ausgeliefert worden ist. Die Ausflugschneise der Startbahn West, die nach jahrelangen Kämpfen gegen den erbitterten Widerstand der Anwohner durchgesetzt worden ist, zielt genau auf den Kühkopf und lässt ihn den ganzen Tag über – und der Tag beginnt früh und endet spät, wo Flugzeuge starten und landen – nicht zur Ruhe kommen. Auch wenn die großen Maschinen bis zum Erreichen des Luftraums über der Insel an Höhe gewonnen haben, ist die Luft ständig mit dem Brummen und Dröhnen, dem Jaulen und Scheppern ihrer auf volle Leistung hochgezogenen Motoren erfüllt. Dass eines der am dichtesten besiedelten Gebiete Deutschlands ein schlechter Platz für den größten Flughafen des Landes ist, war den Betreibern, darunter dem Land Hessen und der Stadt Frankfurt, nicht klarzumachen; Arbeit zu schaffen, war ihnen wichtiger, als Ruhe zu halten. Deswegen haben sie das Land mit einem Netz von Lärmteppichen überzogen und die vierte Start- und Landebahn dieses ohnehin schon ungünstig, weil viel zu stadtnah gelegenen Flughafens noch einmal näher an die Stadt herangebaut: ein Schildbürgerstreich, der die Experten das Vertrauen der Bürger und die CDU das Oberbürgermeisteramt in der Stadt Frankfurt gekostet hat. Um mit den Ausbauplänen durchzukommen, sind Einsprüche gegen die menschenunfreundliche Lage der neuen Piste so lange hinhaltend beschieden worden, bis die Bahn fertig war. Als sie dann in Betrieb ging, war das Entsetzen groß. Die Gutachter gerieten in Bedrängnis und beeilten sich mit der Erklärung, sie hätten richtig gerechnet, die Zahlen stimmten, sie träfe keine Schuld. Eindruck gemacht haben sie damit allerdings nicht, überzeugt schon gar nicht. Die Leute hatten etwas gelernt und gaben auf ihre Ohren mehr als auf die geschminkten Durchschnittswerte der Experten.

Nach Süden ist die Gegend einer anderen Großmacht ausgeliefert worden, der Energiewirtschaft; südlich des Kühkopfs ist RWE-Land. Einige Kilometer stromaufwärts hat das Rheinisch-Westfälische Elektrizitätswerk mit Sitz in Essen sein Kernkraftwerk Biblis errichtet, eines der ältesten und bis vor kurzem eines der leistungsstärksten in Deutschland. Mit seinen Betonkuppeln, seinen Turbinenhallen und den umgebenden Betriebsgebäuden liegt es, gesichert von Zäunen und Kontrollposten, wie eine Spinne im Mittelpunkt eines riesigen Fernleitungsnetzes, dessen Gittermasten und Stahlseile die Landschaft zerteilen. Etliche dieser Masten haben Querträger, die nur zur Hälfte mit Leitungen behängt sind: wie alle Energieproduzenten war auch Biblis auf Zuwachs ausgelegt; ein dritter Block war seit langem geplant. Bevor es so weit war, kam allerdings der Ausstiegsbeschluss der Bundesregierung. So wurde Biblis abgeschaltet, steht jetzt still und rechnet statt Ausbau mit Abbau. Der wird noch einmal so viel kosten wie Planung und Errichtung und Betrieb der Anlage. Ob die Legende von der konkurrenzlos billigen Atomenergie jemals erzählt und geglaubt worden wäre, hätte man alle Kosten zu realistischen Preisen in die Kalkulation einfließen lassen?

Der immer dichtere Verkehr und sein Begleiter, der grenzenlose Hunger nach Energie, treiben die Entwicklung voran. Verkehr, hat Rudyard Kipling einmal gesagt, sei Fortschritt; vom Energiebedarf hätte er dasselbe sagen können. Auch der ist zum Zivilisationssymbol geworden, seit der Verkehr, weil er mit Wind und Pferdestärken nicht mehr weiterkam, auf Strom und Erdöl umstieg. Mit welchen Folgen, lässt sich in Deutschland überall erkennen, rings um den Kühkopf allerdings besonders gut, weil Südhessen mitsamt den nördlichen Teilen Baden-Württembergs zur Drehscheibe des europäischen Fernverkehrs geworden ist. Ein Netz aus Autobahnen, Wasserstraßen, Bahnlinien und Flugschneisen durchzieht das Land und gibt ihm den seelenlosen Charakter einer Industrieregion. In und um Mannheim haben die mannigfachen Verkehrsströme eine Gegend entstehen lassen, aus der die Natur so gut wie vollständig verschwunden ist. Eiserne Spundwände begrenzen die Flussbetten von Rhein und Neckar, die Erde verschwindet unter dem Asphalt der Straßen und dem Beton von Parkplätzen, Lagerhäusern und Hinterhöfen, Lärmschutzwände begleiten die Autobahnen und verstellen die Sicht. Wo der Blick doch noch einmal frei wird, fällt er auf eine Kulisse von Wegweisern und Werbeflächen, über denen sich ein Himmel wölbt, der durchzogen ist von den Kondensstreifen der Flugzeuge. Seitdem Napoleon begonnen hatte, mit seinen schnurgerade geführten Militärstraßen den Kontinent zu erschließen, kündet die gerade Linie vom Sieg der Technik über die Natur. Die kürzeste Verbindung zwischen zwei Punkten ist nun einmal die Gerade, und weil die Technik rechnet, wenn sie denkt, sucht sie die kürzeste Verbindung, überall.

Dass diese Siege teuer erkauft worden sind, wird von sensiblen Wissenschaftlern längst nicht mehr bestritten. Sie erinnern freilich an den Gemeinplatz, dass man die Forschung braucht, um mit der Forschung zu leben; die Waffe, die die Wunde schlug, soll sie auch wieder heilen. Vieles von dem, was Wissenschaft und Technik für die Menschheit geleistet hätten, sei widersprüchlich, ja schmerzlich gewesen, meint Hubert Markl im Rückblick auf das jüngst vergangene Jahrhundert. Einerseits verbreitet er Hoffnung: «Wir befinden uns nicht am Ende des Weges zum Verständnis der Welt, sondern dürfen mit guten Gründen hoffen, weit mehr von ihr zu verstehen als jemals zuvor. Das reicht von den fernsten Regionen des Weltalls bis zum Mikrokosmos der Elementarteilchen, vom chemischen Aufbau des menschlichen Genoms bis zu den komplexen Regelkreisen der Ökologie des tropischen Regenwaldes – zumindest dann, wenn wir ihn nicht zur Gänze abholzen.» Deswegen lohne es wie eh und je, sein Leben der Wissenschaft zu widmen. Gerade weil wir nicht wüssten, was uns bevorsteht, sei Forschung als Versicherungsprämie gegen die Katarakte des Fortschritts unentbehrlich. Niemand vermöge zu sagen, wie die Probleme der Zukunft zu meistern sind, «vor allem nicht die drängendsten von ihnen: Massenepidemien, Welthunger, Übernutzung der natürlichen Ressourcen, Umweltzerstörung. Höchst unsicher sogar, ob es für diese Probleme überhaupt Lösungen gibt beziehungsweise, ob sie noch rechtzeitig kommen werden. Eines steht aber fest: Ein Verzicht auf Wissenschaft und Technik würde ihre Lösung noch weit unwahrscheinlicher machen.»[1]

Verzicht auf jede Art von Wissenschaft und Technik? Oder kann man auf Vorhaben, die sich der Lösung von Problemen widmen, die wir ohne sie gar nicht hätten, nicht doch ganz gut verzichten? Wie viel an guter Forschung brauchen wir, um die Auswüchse der bösen zu kappen oder abzuschneiden? Natürlich war es weitschauend, zumindest aus deutscher Sicht, dass Fritz Haber, als er den Gaskrieg organisierte, seinen Kollegen, den Chemiker Richard Willstätter bat, geeignete Schutzvorkehrungen zu entwickeln. Was Willstätter ja auch gelang, er erfand die Gasmaske. Aber wäre die Welt ohne beide Erfindungen, ohne Gas und ohne Maske nicht besser dran gewesen?

In was für abenteuerliche Höhen sich der Wettlauf zwischen Maßnahme und Gegenmaßnahme verirren kann, zeigt beispielhaft der Deutsche Thomas Reiter, Direktor der Europäischen Raumfahrtagentur und Cheflobbyist der Astronautik. Den Aufbau eines erdumfassenden Alarmsystems, der Space Situational Awareness, begründet er mit der Notwenigkeit, künftige Raumfahrer vor den Gefahren zu bewahren, die ihnen durch den Weltraumschrott drohen könnten, den ihre Vorgänger im All hinterlassen haben. Weitschauend ist auch das und klug natürlich auch, denn einer Technik, die sich damit beschäftigt, Gefahren aus der Welt zu schaffen, die erst durch sie in diese Welt gekommen sind, kann die Arbeit nicht ausgehen. Aber wenn wir den Müll, der uns schon hier auf Erden über den Kopf wächst, nun auch im Weltraum verteilen, wäre das doch ein starkes Argument, mit diesem Unfug endlich aufzuhören und auf Space Center, Space Science und Space Awareness zu verzichten. Für einen Lobbyisten offensichtlich nicht.

Nicht nur die Organe der Öffentlichkeit und der Politik, auch die der selbstbestimmten Wissenschaft müssen klarer zu unterscheiden lernen zwischen Originalität und Obsession, Beharrlichkeit und Fanatismus, Idee und Spleen. Sie sollten sich nicht einlullen lassen von den großen Worten, die alle Zukunftstechnologien begleiten, und die Privilegien, auf die ein Wissenschaftler Anspruch hat, nicht jedem zubilligen, der sich so nennt. Die Raumfähre, das Überschallverkehrsflugzeug und die Magnetschwebebahn haben nie Zukunft gehabt; und das war auch schon ziemlich früh erkennbar. Aber das Shuttle musste erst zerbersten, die Concorde vom Himmel fallen und der Transrapid auf eine Draisine auffahren, um aller Welt klarzumachen, dass sich die Techniker verrannt hatten. Dass eine falsch gestellte Weiche genügte, um der Magnetschwebebahn, die Deutschlands Ruhm in alle Welt tragen sollte, den Garaus zu machen, wirkt wie ein Hohn, zeigt aber auch, dass sich die Regeln, nach denen prestigeträchtige Großvorhaben weitergeführt oder aufgegeben werden, jedem rationalen Kalkül entziehen. Die Wissenschaft hat das bis heute nicht verstanden. Sie hat den Transrapid als Werbeträger vor ihren Bonner Hauptquartieren aufgebockt, wo er Besucher aus aller Welt daran erinnert, wie schnell eine Zukunftstechnologie veralten kann.

Das Eigenleben solcher Projekte ist von allen, die es unternommen haben, die Naturwissenschaften anzuleiten, ihnen Grenzen zu ziehen und Ziele zu stecken, unterschätzt worden. Unter den Linken war dieser Wissenschaftsoptimismus weit verbreitet, aber auch anderswo hat er seine Spuren hinterlassen. Dass die Anleiter mit ihren Plänen allemal zu spät kommen, weil die als «rein» gefeierte Erkenntnis nach schneller Anwendung verlangt, fürs Prüfen also keine Zeit mehr lässt, ist nur selten gesehen, noch seltener als Schwierigkeit empfunden worden. Überall kann man lesen, dass die Gedenken frei sind und erst die Anwendung des Wissens Bedenken wachrufen, Einsprüche begründen und Kontrollen rechtfertigen kann; aber nur wenige lassen solchen Überlegungen den Hinweis folgen, dass es sehr wohl Bereiche gibt, in denen die Trennung von Theorie und Praxis kaum noch möglich ist, weswegen sich die Forschung «hier, aber auch nur hier» den Einwänden gegen die mit ihr zwangsläufig verknüpfte Praxis stellen müsse.[2]

Unter den Bedingungen des heutigen, auf Wachstum und Wohlstand eingeschworenen Wissenschaftsbetriebs greift dieser Vorbehalt aber ziemlich weit. Auch Grundlagenforscher lassen, wie diskret auch immer, die Aussicht auf Nutzanwendung und Gewinn durchblicken, wenn es ums Einwerben von

«Geldern» geht. Nicht der junge, sondern der alte Faust, dessen Auge sich aufs hohe Meer gezogen fühlt, ist ihr Patron, und wie ihn verdrießt es auch sie, die Elemente nutzlos an der Arbeit zu sehen:

Da herrschet Well' auf Welle kraftbegeistet,
Zieht sich zurück, und es ist nichts geleistet.
Was zur Verzweiflung mich beängstigen könnte:
Zwecklose Kraft unbändiger Elemente!
Da wagt mein Geist, sich selbst zu überfliegen:
Hier möcht' ich kämpfen, dies möcht' ich besiegen!

Und es gelingt: Mephistos Zauber und die rohe Kraft der drei Gewaltigen machen es möglich, das Meer zurückzudrängen, Kanäle anzulegen, einen Hafen zu bauen und Neuland zu gewinnen. Dass Philemon und Baucis, die beiden Alten, die dem technischen Fortschritt im Wege standen, beiseitegeräumt werden müssen, war in den Berechnungen nicht vorgesehen. Es war ein Betriebsunfall, der als unerwünschte Nebenfolge abgebucht und mit neuen, noch kühneren Projekten überboten wird.

Faust war ehrgeizig und klug, zu ehrgeizig allerdings und offenbar nicht klug genug; sein Kompagnon war zynisch, seine Helfer brutal. Um ihre und seine Fehler zu vermeiden, wird man den Horizont erweitern und neben dem Know-how, das alle Planer und Techniker so perfekt beherrschen, das Know-why, das Wissen um den Sinn des Ganzen, ausbilden müssen. Als Präsident Reagan die Gemeinschaft der Wissenschaftler dazu aufrief, ihre Talente in den Dienst der Friedens zu stellen und Wege zu erkunden, um Kernwaffen unwirksam und überflüssig, «impotent and obsolete», zu machen, klang das verheißungsvoll: endlich ein Ziel, nicht bloß ein Mittel! Die Bürger durften glauben, am Anbruch einer neuen Zeit, die Wissenschaftler, vor einer neuen, vielversprechenden Aufgabe zu stehen. So war es aber nicht gemeint; die schönen Worte waren ja nur dazu da, die Strategische Verteidigungsinitiative, Edward Tellers letzten Coup, auf den Weg zu bringen. Es gibt kein Mittel, Können unwirksam und Wissen überflüssig zu machen, es sei denn durch Verzicht und Beschränkung, Kontrolle und Verbot.

Wer dem Verzicht nicht traut und das Verbot nicht mag, dem bleibt der Umweg über die Preise. Sie müssen endlich die Wahrheit sagen; bisher tun sie das nämlich nicht. Zumal der Preis für Energie, als «Brotpreis des zwanzigsten Jahrhunderts» vielfach subventioniert, führt die Verbraucher systematisch in die Irre. Mehr zu bezahlen für Verkehr und Energie, würde das Wohlstandsniveau, auf dem sich die Mehrheit der Europäer eingerichtet hat, kaum senken, der Natur jedoch, die unter der Hinterlassenschaft von sieben oder acht Milliarden Menschen erkennbar leidet, Luft verschaffen. Die orthodoxen Marktwirtschaftler verraten sich selbst, wenn sie dafür plädieren, die Natur mit marktkonformen Mitteln zu schonen, aber laut aufschreien, wenn das im Wege höherer Energiepreise endlich geschieht.

Wer die Kohle nicht mag, die Kernkraft verabscheut, Windparks und Solarfarmen scheußlich findet, die Grenzen der Wasserkraft ermisst und dem Einlagern von Kohledioxid in unterirdische Kavernen misstraut, wer also sämtliche Haupt- und Nebenwege der laufenden Versorgung für bedenklich hält, dem bleibt nur, seinen Energieverbrauch zu drosseln. Und sich nicht allzu sehr zu wundern, wenn er damit zunächst einmal allein bleibt. Dass «die anderen» nicht mitmachen, war ja schon immer eine feige Ausrede, hinter der man sich lieber nicht verstecken sollte, weil die Floskel, «Thun wir's nicht, thut's ein anderer» eine Entschuldigung ist, mit der noch jede Art von Verbrechen (oder Dummheit) gerechtfertigt werden kann.[3]

Von ihrem Lehrmeister Francis Bacon und dessen Musterschülern, den englischen Utilitaristen, haben die Naturwissenschaftler gelernt, sich als Wohltäter der Menschheit aufzuspielen und mit dem größten Glück der größten Zahl zu locken. Die meisten Menschen suchen das Glück aber gar nicht im ewigen Fortschritt, der ja auch ständigen Wechsel verlangt, sondern in jenem inneren Frieden, den der verlässliche Besitz des Vorhandenen verspricht. Die Leute werden aufsässig, wenn man von ihnen erwartet, sich immer wieder neu einzurichten, und sie verstehen die Welt nicht mehr, wenn sie sich dort nicht mehr auskennen, wo sie vor kurzem noch zu Hause waren. Der Widerstand gegen die «schöpferische Zerstörung» des Stuttgarter Hauptbahnhofs und des anschließenden Schlossgartens mit seinen vielen schönen großen alten Bäumen erinnert daran, dass der technische Wandel ein bestimmtes, eher knapp bemessenes Tempo nicht überschreiten darf, ohne die Leute zu überfordern.[4] Die tägliche Wiederkehr der gleichen Schritte auf denselben Wegen, heißt es in Balzacs Roman «Die alte Jungfer», sei zwar nicht gleichbedeutend mit dem Glück, täusche das Glück aber so gut vor, dass jeder, der die Stürme des Lebens durchstanden und die Wohltaten der Ruhe schätzen gelernt habe, sagen werde, dies sei das Glück.

Unter dem Einfluss der Naturwissenschaften haben sich die Vorstellungen von Raum und Zeit ins endlos Kleine oder maßlos Große erweitert. Sie haben die Menschen übermütig gemacht und dazu verlockt, den Wert von Erfahrungen, die nur in begrenzten Räumen und überschaubaren Zeiten möglich sind, gering zu schätzen. Wer davon genug hat und aus der leeren Welt der Wissenschaft ins Leben, so wie wir es kennen, zurückwill, hätte sich einzulassen oder, wie Hannah Arendt sagt, einzubetten in die zwei großen, übermenschlichen und umgreifenden Prozesse der Natur und der Geschichte.[5] Begegnen kann man ihnen überall, selbst in einer so gewöhnlichen, ganz und gar unspektakulären Landschaft wie dem hessischen Kühkopf. Der Name hat ja nichts mit dem Vieh zu tun, er ist die abgeschliffene Form des Wortes Königskopf und erinnert daran, dass das mittlere Rheintal mit seinen Kaiser- und Königsstädten der Kern des Alten Reichs war. Da liegt im Westen Worms, wo Luther seine Lehre verteidigte und auch dem Kaiser gegenüber nicht nachgab, im Osten das alte Kloster Lorsch, dessen antikisierende Bauformen den Anspruch der Karolinger, das Römische Reich auf fränkischem Boden zu erneuern, vor Augen führen. Südlich liegen die kurpfälzischen Residenzstädte Heidelberg und Mannheim, weiter nördlich die Ortschaft Tribur, wo sich die weltlichen Reichsfürsten versammelten, um im Investiturstreit für den Papst und gegen ihren Oberherrn, den Kaiser, der in Oppenheim Quartier bezogen hatte, Partei zu ergreifen. Die Schwedensäule, ein schlanker, von einem Löwen bekrönter Obelisk, erinnert an den Rheinübergang der schwedischen Armee, mit der Gustav Adolf den Protestanten im Dreißigjährigen Krieg zu Hilfe gekommen war. Hier haben seine Truppen auf Kähnen, die sie mit ausgehängten Scheunentoren zu Pontons verbunden hatten, den Fluss überquert und die auf dem Gegenufer lagernden Spanier in einem blutigen Gefecht zurückgeworfen. Die Opfer sind auf jenem Teil des Kühkopfs begraben worden, der bis heute Schwedenfriedhof heißt.

Das alles liegt weit zurück, ist aber Teil der Landschaft und ihrer Geschichte und vermittelt ein Gefühl von Zugehörigkeit, Identität. Wer das erfahren hat, wird die Natur nicht länger als Ressource behandeln, die von der Wissenschaft erkundet und erobert werden muss, um Wert zu erhalten; den hat sie längst. Bei ihrem Feldzug gegen die Natur sind Wissenschaft und Technik weit gekommen, im Guten wie im Bösen; besiegt haben sie die Natur aber nie, werden das auch in Zukunft niemals schaffen, weil die Natur am Ende eben doch stärker ist und Macht genug besitzt, um sich für jeden Übergriff zu rächen.

Deshalb ist es ein Zeichen von Vernunft, sie freundlich zu behandeln und sich mit ihr nach ihren, nicht nach unseren Regeln ins Verhältnis zu setzen.

SCHLUSSWORT

Das Leben der Natur, wie sollt' es mir
Noch heilig sein wie einst
Hölderlin, Empedokles

Vertraut ist uns nur noch das Wenigste von dem, was uns umgibt; gerade das Nächste ist uns fremd geworden. Leben und Sterben, Erziehung und Bildung, Arbeit und Urlaub, Ernährung, Sport, Familie und Gesundheit – was früher einmal Alltag hieß und der Erfahrung offenstand, ist unter den dominierenden Einfluss der Wissenschaft geraten, gegen den die Berufung auf Natur und Herkommen nicht viel ausrichtet. Die Sprache der Forschung und die Erfindungen der Technik beherrschen die Welt und bestimmen die Erwartungen, mit denen die Menschen sich selbst und ihrer Umwelt begegnen. Längst ist es ja nicht nur die Straßenbahn, von der wir nicht mehr wissen, «wie sie das macht, sich in Bewegung zu setzen»; für jede Waschmaschine gilt das Gleiche, für jeden Roboter erst recht. Wir sind abhängig geworden von Verfahren und Vorkehrungen, deren verlässliches Funktionieren wir voraussetzen, aber nicht durchschauen. Und niemand, abgesehen von ein paar hochgezüchteten Experten, darf von sich behaupten, die Arbeit der Apparate, deren er sich mit größter Selbstverständlichkeit bedient, zu verstehen, vorausgesetzt, er wollte das. Jeder Indianer und Hottentotte, schreibt Max Weber, hat von seinen Werkzeugen mehr verstanden als der zivilisierte Durchschnittseuropäer von heute.

Die Lücke zwischen dem bisschen, was man aufgrund eigener Erfahrung und eigenen Wissens glaubt beurteilen zu können, und der Masse dessen, was man nicht verstanden hat und auch nicht hoffen kann zu verstehen, klafft immer weiter auseinander. Überbrückt wird sie nicht mehr durch die Zuversicht, den Dingen, wenn man nur wollte, auf den Grund zu kommen, sondern durch Vertrauen: Vertrauen in die Wahrheit der Wissenschaft und die Verlässlichkeit der Technik. Die Hartnäckigkeit, mit der Vertrauen erbeten oder angemahnt, und die Bereitwilligkeit, mit der es, meistens jedenfalls, bewilligt wird, haben hier ihren Grund: Je unvertrauter die Welt, in der wir uns eingerichtet haben, desto wichtiger das Vertrauen in diejenigen, von denen wir annehmen, dass sie zumindest den Teil der Welt verstanden haben, von dem sie reden; Niklas Luhmann hat darüber ein kleines, inhaltsschweres Buch geschrieben. Wir verlassen uns darauf, dass die Brücke trägt, die Tablette wirkt, die Sendung ihren Adressaten erreicht; in der Regel ja auch zu Recht. Die Sendung kommt an, das Mittel wirkt, die Brücke hält. Und Wissenschaft, die dafür bürgt, dass das Ergebnis stimmt, genießt Vertrauen.

Von dieser Erfolgsgeschichte berichten die Festreden und Festschriften, in denen die Leistungen der Wissenschaft gepriesen werden. Über Anmaßung und Übermut, Missgriffe und Fehlentscheidungen, vergeudete Mittel und sinnlose Projekte erfährt man da nur wenig; auch das gehört jedoch in die große Rechnung, die wie jede Bilanz ihre zwei Seiten hat. Was bei den Passiva zu Buche schlägt, sind weniger die vorsätzlichen Fälschungen und Betrügereien, die mit frei erfundenen Versuchen und manipulierten Zahlen Eindruck machen wollen; denen kommt das eingespielte Kontrollsystem des laufenden Betriebs relativ leicht auf die Spur. Viel verderblicher, weil schwerer zu enttarnen, sind die Aufschneider und die Maulhelden, die ihre kleinen Klöppel in viel zu große Glocken hängen, die Mode- und die Lückenforscher, die ihren Trödel unter falschem Etikett auf den Markt tragen, und die Lobbyisten, die alles Mögliche im Kopf haben, nur nicht die schlichte Wahrheit, die den Geschäften ihres Auftraggebers schaden könnte. Sie wären bloßzustellen und anzuprangern, um das Vertrauen in den großen Rest zu stärken.

Was sie so oft hat triumphieren lassen – ihre Nähe zum Alltag, zur Praxis, zum Handwerk und zur Industrie –, wird für die Naturwissenschaft zur Belastung. Immer häufiger verbindet sich ihr Name mit Bildern von ausgebeuteter, entstellter und geschundener Natur. Eine engherzige Wissenschaftspolitik forciert diese Entwicklung, indem sie den um Drittmittel einkommenden Forscher an eine Industrie verweist, die vor seiner Freiheit nur so lange Respekt hat, wie sie ihren Geschäftsinteressen nicht in die Quere kommt. Auch die Wissenschaft ist unter den Druck der Kommerzialisierung geraten; neue und aufwendige Forschungszweige wie die synthetische Biologie und die Nanotechnik wären nie so schnell und so weit vorangekommen, hätten sie nicht von Anfang an den Interessen der Wirtschaft näher gestanden als denen der Wissenschaft. Sie lockt die Aussicht auf Gewinn, der das Vertrauen in die Unabhängigkeit der Forschung allerdings beschädigt. Je bereitwilliger sich Wissenschaftler und Techniker von der Wirtschaft in Dienst nehmen lassen, desto stärker werden sie die Vorbehalte und das Misstrauen zu spüren bekommen, das den zerstörerischen Kräften der allzu freien Markt- und Finanzwirtschaft entgegenschlägt.

Das Urteil über den Wert, die Dringlichkeit oder die Erfolgsaussichten eines Vorhabens liegt selbstverständlich bei den fachlich versierten Mitgliedern der Scientific Community. Ob sie auch das Vertrauen verdient, auf das die Wissenschaft als Großmacht der Moderne angewiesen ist, entscheidet aber nicht die Fachwelt, sondern die Öffentlichkeit, die das Ganze zu bezahlen und mit seinen guten oder bösen Folgen zu leben hat. Wenn ihre Repräsentanten nach Abwägen aller Umstände zu dem Ergebnis kommen, dass das Angebot seinen Preis nicht wert ist, sollten sie sich von diesem Urteil nicht dadurch abbringen lassen, dass ihnen von interessierter Seite das Wort «Wissenschaft!» ins Ohr geflüstert wird. Dass ein Physiker, der das Perpetuum mobile in Aussicht stellt, nicht mehr taugt als ein Ökonomen, der in begrenzten Welten unbegrenztes Wachstum predigt, oder der Zukunftsforscher, der seine Spökenkiekerei als Wissenschaft verkauft, weiß auch der Laie, besser vielleicht sogar als der bezahlte Fachmann. Was fehlt, ist nur der Mut, das Urteil zu verkünden und zu vollstrecken. Den sollten wir uns nehmen, uns nicht verblüffen lassen und den alten Grundsatz verteidigen, wonach, was alle angeht, auch von allen gebilligt werden muss.

Anmerkungen

Anmerkungen zu Kapitel 1

1 Zur politischen und wirtschaftlichen Lage am Vorabend des Ersten Weltkriegs: Michael Stürmer, Das ruhelose Reich, Berlin 1983; zum intellektuellen Klima: Fritz Stern, Kulturpessimismus als politische Gefahr, Stuttgart 2005.

2 Hermann Hesse, Blick ins Chaos, Bern 1921, S. 2 und 6.

3 So Max Weber, Wissenschaft als Beruf, in: ders., Gesamtausgabe, Bd. 17, Tübingen 1992, S. 91.

4 Der vollständige Text der Rede in: Ludwig Klages, Mensch und Erde, Stuttgart 1956, S. 1–15.

5 Friedrich Nietzsche, Menschliches, Allzumenschliches, Buch 1, Nr. 111, in: ders., Sämtliche Werke, Kritische Studienausgabe in 15 Bänden, hrsg. von Giorgio Colli und Mazzino Montinari. München / New York 1980, Bd. 2, S. 113.

6 Ernst Haeckel, Die Welträtsel, Stuttgart 1984, S. 429.

7 Johann Wolfgang von Goethe, Materialien zur Geschichte der Farbenlehre, in: Gedenkausgabe der Werke, Briefe und Gespräche, hrsg. von Ernst Beutler, Zürich / Stuttgart 1949, Bd. 16: Naturwissenschaftliche Schriften I, S. 715; Johann Peter Eckermann, Gespräch mit Goethe am 1. 2. 1827, in: ders., Gespräche mit Goethe in den letzten Jahren seines Lebens, hrsg. von Ernst Beutler, Zürich / Stuttgart 1948, S. 232–239.

8 Erwin Schrödinger, Die Natur und die Griechen, Reinbek 1956, S. 114.

9 Zum Naturbild der Quantenphysik: Arthur March, Das neue Denken der modernen Physik, Reinbek 1967; Hans-Peter Dürr, Das Netz des

Physikers. Naturwissenschaftliche Erkenntnis in der Verantwortung, München 1988; Anton Zeilinger, Einsteins Schleier. Die neue Welt der Quantenphysik, München 2003.

10 Alfred North Whitehead, The Concept of Nature, New York 2004, S. 167.

11 Arthur March, a. a. O., S. 23.

12 So bei Wolfgang Frühwald, Zeit der Wissenschaft, Köln 1997, S. 145.

13 Francis Bacon, Neues Organ der Wissenschaften, Leipzig 1830 (Erstausgabe 1620), S. 97.

14 Robert Gellately, Lenin, Stalin und Hitler. Drei Diktatoren, die Europa in den Abgrund führten, Bergisch Gladbach 2009, S. 681 f.

15 Ernst Haeckel, a. a. O., S. 17.

Anmerkungen zu Kapitel 2

1 Max Perutz, Ging's ohne Forschung besser? Der Einfluß der Naturwissenschaften auf die Gesellschaft, Stuttgart 1982, S. 12.

2 Zitiert nach: Bruno Molitor, Wohlfahrtsstaat. Die realisierte Utopie, Köln 1982, S. 7.

3 Emil Du Bois-Reymond, Vorträge über Philosophie und Gesellschaft, Hamburg 1974, S. 137.

4 Zitiert nach: Armin Hermann, Wie die Wissenschaft ihre Unschuld verlor. Macht und Mißbrauch der Forscher, Stuttgart 1982, S. 119.

5 Theodor W. Adorno, Über Technik und Humanismus, in: Hans Lenk / Günter Ropohl (Hrsg.), Technik und Ethik, 2. revidierte und erweiterte Auflage, Stuttgart 1987, S. 26.

6 Jacques Monod, Zufall und Notwendigkeit. Philosophische Fragen der modernen Biologie, München 1983, S. 215.

7 B. F. Skinner, Jenseits von Freiheit und Würde, Reinbek 1973, S. 165.

8 J. Robert Oppenheimer, Atomkraft und menschliche Freiheit, Reinbek 1957, S. 67.

9 Carl Friedrich von Weizsäcker, Atomenergie und Atomzeitalter, Frankfurt 1957, S. 51.

10 Zitiert nach: Uwe Pörksen, Die Metaphorik Darwins und Überlegungen zu ihrer möglichen Wirkung, in: Jahrbuch des Wissenschaftskollegs Berlin 1981/82, S. 275.

11 Max Weber, Wissenschaft als Beruf, in: ders., Gesamtausgabe, Bd. 17, Tübingen 1992, S. 86 f.

12 Richard Dawkins, Und es entsprang ein Fluss in Eden. Das Uhrwerk der Evolution, München 1996, S. 151.

13 Edmund Husserl, Die Krisis der europäischen Wissenschaften und die transzendentale Phänomenologie, Hamburg 1969, S. 4.

14 Albert Einstein, Mein Weltbild, Berlin 2010 (Erstausgabe der erweiterten Fassung 1953), S. 133.

15 Werner Heisenberg nennt den Naturforscher einen Magier, dem die Kräfte der Natur zu Diensten stehen, sein Schüler Carl Friedrich von Weizsäcker beschreibt ihn a. a. O., S. 53, als Priester einer säkularen Religion, «er verwaltet ja ihre Geheimnisse, ihre Prophetie und ihre Wunder».

ANMERKUNGEN ZU KAPITEL 3

1 Francis Bacon, Neues Organ der Wissenschaften, Leipzig 1830, S. 77.

2 Robert Spaemann/Reinhard Löw, Die Frage Wozu? Geschichte und Wiederentdeckung des teleologischen Denkens, München 1982, S. 23.

3 Des heiligen Kirchenvaters Aurelius Augustinus ausgewählte Schriften, Bd. 8: Enchiridion oder Buch vom Glauben, von der Hoffnung und von der Liebe, Kempten/München 1925, Kapitel 9–11.

4 Francis Bacon, a. a. O., S. 107.

5 Francis Bacon, Das Neue Atlantis, Stuttgart 1982 (Erstausgabe 1627), S. 47.

6 Carl Friedrich von Weizsäcker, Zum Weltbild der Physik, Stuttgart 1949 (Erstausgabe 1943), S. 50.

7 Arthur Koestler, Sonnenfinsternis, Wien/Zürich 1991 (Erstausgabe London 1940), S. 153 f.

8 Karl Jaspers, Die Atombombe und die Zukunft des Menschen, München 1962, S. 279.

9 René Descartes, Discours de la méthode, Hamburg 1960 (Erstausgabe 1637), S. 126f.

10 Die Äußerung fiel in einem Streitgespräch, abgedruckt in: Denkanstöße, Ein Lesebuch aus Philosophie, Natur- und Humanwissenschaften, München 1985, S. 32f.

11 Richard Rhodes, Die Atombombe oder die Geschichte des achten Schöpfungstages, Nördlingen 1988, S. 672.

12 Teile der Abschiedsrede Oppenheimers sind abgedruckt in: Richard Rhodes, a. a. O., S. 765, sowie: Kai Bird / Martin J. Sherwin, J. Robert Oppenheimer, Berlin 2010, S. 327.

13 Max von Laue, Geschichte der Physik, Berlin 1959, S. 127.

14 Erwin Schrödinger, Die Natur und die Griechen, Reinbek 1956, S. 123.

15 Grigori Medwedew, Verbrannte Seelen. Die Katastrophe von Tschernobyl, München 1991, S. 15.

16 Edward Teller / Albert Latter, Ausblick in das Kernzeitalter, Frankfurt 1958, S. 77.

17 Zitiert nach: Dieter Teufel, Atomenergie. Fakten und die Frage nach den Bewertungsmaßstäben, in: Scheidewege, 8 (1978), S. 561.

18 Heinrich von Lersner, Die ökologische Wende, Berlin 1991, S. 40.

ANMERKUNGEN ZU KAPITEL 4

1 Albert Einstein, Mein Weltbild, Berlin 2010, S. 132.

2 Arthur March, Das neue Denken der modernen Physik, Reinbek 1967, S. 123f.

3 Karl Jaspers, Die Atombombe und die Zukunft des Menschen, München 1962, S. 263.

4 Rainer Karlsch, Hitlers Bombe. Die geheime Geschichte der deutschen Kernwaffenversuche, München 2005, S. 75. Eine Fotokopie des Patentanspruchs auf S. 323f.

5 Carl Friedrich von Weizsäcker, Atomkraft und Atomzeitalter, Frankfurt 1957, S. 96.

6 Ebd., S. 12. Fast gleichlautend in: ders., Die Verantwortung der Wissenschaft im Atomzeitalter, Göttingen 1957, S. 17.

7 Zum Folgenden grundlegend: Richard Rhodes, Die Atombombe oder die Geschichte des achten Schöpfungstages, Nördlingen 1988. Die spezifisch deutsche Sicht bei Robert Jungk, Heller als tausend Sonnen. Das Schicksal der Atomforscher, Reinbek 1988 (Erstausgabe 1956), die amerikanische bei Mark Walker, Die Uranmaschine, Berlin 1990.

8 «We can produce an explosion», in: The Patent Office: Patents, Patent Applications, and Disclosures 1923–1959, S. 614.

9 Richard Rhodes, a. a. O., S. 195.

10 Ebd., S. 286.

11 Friedrich Wagner, Die Wissenschaft und gefährdete Welt, München 1959, S. 159.

12 J. Robert Oppenheimer, Atomkraft und menschliche Freiheit, Reinbek 1957, S. 53.

13 Ebd., S. 56.

14 Nach Ablauf der Sperrfirst sind die Farm-Hall-Protokolle in englischer Sprache und redaktionell bearbeiteter Form mehrfach publiziert worden, u. a. in der «Times» vom 13. August 1992. Vgl. dazu auch: Dieter Hoffmann (Hrsg.), Operation Epsilon, Berlin 1993.

15 Robert Jungk, a. a. O., S. 92.

16 Mark Walker, Legenden um die deutsche Atombombe, in: Vierteljahrshefte für Zeitgeschichte, 38 (1990), S. 60; ders., Die Uranmaschine, a. a. O., S. 7.

17 J. Robert Oppenheimer, a. a. O., S. 11.

18 Albert Einstein, a. a. O., S. 53.

19 Albert Einstein / Max Born, Briefwechsel 1916–1955, München 1969, S. 197.

ANMERKUNGEN ZU KAPITEL 5

1 Zitiert nach: Heinz-Dietrich Löwe, Stalin, der entfesselte Revolutionär, Ortungen 2002, Bd. 2, S. 374.

2 Albert Speer, Erinnerungen, Frankfurt a. M./Berlin 1969, S. 241.

3 Richard Rhodes, Die Atombombe oder die Geschichte des achten Schöpfungstages, Nördlingen 1988, S. 765; Armin Hermann, Die Jahrhundertwissenschaft. Werner Heisenberg und die Physik seiner Zeit, Reinbek 1993, S. 215; Robert Jungk, Heller als tausend Sonnen. Das Schicksal der Atomforscher, Reinbek 1988, S. 264.

4 Andrej Sacharow, Mein Leben, München 1991, S. 219.

5 Hermann Lübbe, Politischer Moralismus, Berlin 1987, S. 78.

6 Richard Rhodes, a.a.O., S. 682; ebenso Kai Bird/Martin J. Sherwin, J. Robert Oppenheimer, Berlin 2010, S. 303.

7 Richard Rhodes, a.a.O., S. 336.

8 Kai Bird/Martin J. Sherwin, a.a.O., S. 293.

9 Ebd., S. 86 und S. 93.

10 Oppenheimers Aussagen vor dem Untersuchungsausschuss bei Kai Bird/Martin J. Sherwin, a.a.O., S. 500 f.; ebenso bei Richard Rhodes, a.a.O., S. 780, und Robert Jungk, a.a.O., S. 301 f.

11 Kai Bird/Martin J. Sherwin, a.a.O. S., 344.

12 Der sogenannte Franck-Report ist nach dem Krieg mehrfach veröffentlicht und unterschiedlich kommentiert worden, u.a. von Robert Jungk, a.a.O., S. 324 ff.

13 Edward Shils/Leo Szilard, A Memoire, in: Encounter, 135 (1964), S. 35–41.

14 Richard Rhodes, a.a.O., S. 517 und S. 739. Danach erklärte Szilard im Januar 1944, verantwortliche Politik werde unmöglich, «falls in diesem Krieg keine Atombomben zum Einsatz kommen», im Juli 1945 hingegen: «Ich habe mich sehr bemüht, es zu verhindern, aber ohne Erfolg.»

15 Leo Szilard, Die Stimme der Delphine, Reinbek 1963, S. 107–120.

16 Richard Rhodes, a.a.O., S. 776.

17 Edward Teller/Albert Latter, Ausblick in das Kernzeitalter, Frankfurt 1959, S. 8.

18 Alle Zitate aus Edward Teller/Albert Latter, a.a.O., S. 72, S. 117, S. 123.

19 Wissenschaft und Frieden, hrsg. von der Hessischen Stiftung für Friedens- und Konfliktforschung, Sonderheft 2/1995, S. 25.

ANMERKUNGEN ZU KAPITEL 6

1 John Stuart Mill, Natur, in: ders., Drei Essays über Religion, hrsg. von Dieter Birnbacher, Stuttgart 1984 (Erstausgabe 1874), S. 217–244, sowie Heinrich Schipperges, Utopien der Medizin, Salzburg 1968.

2 Alexander Bogdanov, Der Rote Planet, Berlin 1984 (Erstausgabe 1908), S. 89. Die fabulösen Marskanäle, die der italienische Astronom Giovanni Schiaparelli kurz zuvor entdeckt haben wollte, sind für Bogdanov der wichtigste Beweis für den erfolgreichen Kampf der Marsbewohner gegen die Natur.

3 Francis Bacon, Neues Organ der Wissenschaften, Leipzig 1830, S. 83.

4 Lorenz vom Stein, Geschichte der sozialen Bewegungen in Frankreich von 1789 bis auf unsere Tage, Bd. 2, München 1921, S. 59 f.

5 Arthur Koestler, Sonnenfinsternis, Wien / Zürich 1991, S. 160.

6 Zur Umgestaltung der Natur unter Stalin siehe Klaus Gestwa, Die Stalinschen Großbauten des Kommunismus. Sowjetische Technik- und Umweltgeschichte 1948–1967, München 2010.

7 Kai Bird / Martin J. Sherwin, J. Robert Oppenheimer, Berlin 2009, S. 221.

8 Wissenschaft und Frieden, hrsg. von der Hessischen Stiftung für Friedens- und Konfliktforschung, Sonderheft 2 / 1995, S. 15.

9 Die Einzelheiten bei Richard Rhodes, a. a. O., S. 739; Armin Hermann, Die Jahrhundertwissenschaft. Werner Heisenberg und die Physik seiner Zeit, Reinbek 1993, S. 207 f.; und Robert Jungk, Heller als tausend Sonnen. Das Schicksal der Atomforscher, Reinbek 1983, S. 204.

10 Wissenschaft und Frieden, a. a. O., S. 45.

11 Richard Rhodes, a. a. O., S. 781.

ANMERKUNGEN ZU KAPITEL 7

1 Rainer Karlsch, Hitlers Bombe. Die geheime Geschichte der deutschen Kernwaffenversuche, München 2005, S. 294.

2 Michael J. Neufeld, Wernher von Braun. Visionär des Weltraums – Ingenieur des Krieges. Biographie, München 2007, S. 266.

3 Ebd., S. 229.

4 Ebd., S. 146.

5 Johannes Weyer, Wernher von Braun, Reinbek 1999, S. 96.

6 Angela Fiedermann / Torsten Heß / Markus Jaeger, Das Konzentrationslager Mittelbau-Dora. Ein historischer Abriss, Berlin / Bonn 1993, S. 100.

7 Michael J. Neufeld, a. a. O., S. 251.

8 Eugen Sänger, Raumfahrt: heute–morgen–übermorgen, Düsseldorf 1963, S. 52.

9 Hermann Oberth, Menschen im Weltraum. Neue Projekte für Raketen- und Raumfahrt, Berlin / Darmstadt 1958, S. 124 ff. Das Buch gilt Oberths Verehrern bis heute als genialer Wurf.

10 Ebd., S. 198 f.

11 Michael J. Neufeld, a. a. O., S. 223.

12 Ebd., S. 306.

13 Ebd., S. 530.

14 Johannes Weyer, a. a. O., S. 138.

15 Hermann Oberth, a. a. O., S. 159 ff.

16 John Maddox, Was zu entdecken bleibt. Über die Geheimnisse des Universums, den Ursprung des Lebens und die Zukunft der Menschheit, Frankfurt a. M. 2002, S. 39.

17 Peter B. Medawar, Die Kunst des Lösbaren. Reflexionen eines Biologen, Göttingen 1972, S. 111.

18 Michio Kaku, Zukunftsvisionen. Wie Wissenschaft und Technik des 21. Jahrhunderts unser Leben revolutionieren, München 1998, S. 414 f. Kaku stützt seine Voraussagen über das Schicksal von Mensch, Erde, Sonne und Universum auf physikalische Gesetzmäßigkeiten.

19 Max Born, Von der Verantwortung des Naturwissenschaftlers, München 1965, S. 126.

ANMERKUNGEN ZU KAPITEL 8

1 Michael. J. Neufeld, Wernher von Braun. Visionär des Weltraums – Ingenieur des Krieges. Biographie, München 2009, S. 421.

2 Edward Teller / Albert Latter, Ausblick ins Atomzeitalter, Frankfurt 1959, S. 133.

3 Frankfurter Allgemeine Zeitung vom 26. März 1991.

4 Heinz Maier-Leibnitz, Vorschlag einer Glaubwürdigkeitsprüfung, in: Frankfurter Allgemeine Zeitung vom 17. Oktober 1982.

5 Niklas Luhmann, Sicherheit und Risiko aus der Sicht der Sozialwissenschaften, in: Rheinisch-Westfälische Akademie der Wissenschaften (Hrsg.), Die Sicherheit technischer Systeme, 4. Akademie-Forum, Vorträge Nr. 351, Opladen 1987, S. 63–66.

6 Helmut Körber, Argumente statt Emotionen. Kernenergie: Pro und Contra, Essen 1984, S. 53.

7 Wolfgang Edelstein u. a., Verantwortliches Handeln in der Wissenschaft, Max-Planck-Forum Nr. 3, München 2001, S. 106.

8 Rachel Carson, Der stumme Frühling, München 1987 (Erstausgabe 1962), S. 261.

9 Frankfurter Allgemeine Zeitung vom 23. August 1997.

10 Wolfgang Frühwald, Zeit der Wissenschaft. Forschungskultur an der Schwelle zum 21. Jahrhundert, Köln 1997, S. 289 f.

11 Albert Einstein / Max Born, Briefwechsel 1916–1955, München 1991, S. 198.

12 Mark Walker, Die Uranmaschine. Mythos und Wirklichkeit der deutschen Atombombe, Berlin 1990, S. 196.

13 So bei Karl Jaspers, Die Atombombe und die Zukunft des Menschen. Politisches Bewusstsein in unserer Zeit, München 1962, S. 259.

14 Max Born, Erinnerungen und Gedanken eines Physikers, in: Universitas, 23 (1968), S. 276.

ANMERKUNGEN ZU KAPITEL 9

1 Max Weber, Über einige Kategorien der verstehenden Soziologie, in: ders., Soziologie. Universalgeschichtliche Analysen. Politik, Stuttgart 1973, S. 150.

2 Hubert Markl, Bildung für den globalen Wettbewerb. Die demographische Herausforderung, in: Sinnstifter, hrsg. vom Stifterverband für die Deutsche Wissenschaft, Essen 2008, S. 43.

3 Michio Kaku, Zukunftsvisionen. Wie Wissenschaft und Technik des 21. Jahrhunderts unser Leben revolutionieren, München 1998, S. 10 ff.

4 Charles Percy Snow, The Two Cultures, Cambridge 1996, S. LXXI.

5 Von der Rolle der Soziologie in der Wiederaufbauphase handelt: Clemens Albrecht, Die intellektuelle Gründung der Bundesrepublik. Eine Wirkungsgeschichte der Frankfurter Schule, Frankfurt a.M. 1999.

6 Georg Picht, Struktur und Verantwortung der Wissenschaft im 20. Jahrhundert, Frankfurt a.M. 1984, S. 86.

7 Ralf Dahrendorf, Homo sociologicus. Ein Versuch zur Geschichte, Bedeutung und Kritik der Kategorie der sozialen Rolle, Opladen 1977, S. 105.

8 Robert Jungk (Hrsg.), Das umstrittene Experiment: Der Mensch. Dokumentation des Ciba-Symposiums 1962, Frankfurt a.M. 1988, S. 292.

9 Richard Dawkins, Und es entsprang ein Fluss in Eden. Das Uhrwerk der Evolution, München 1995, S. 31.

10 Michio Kaku, a.a.O., S. 169.

11 Zitiert nach Arthur March, Das neue Denken der modernen Physik, Reinbek 1957, S. 113.

12 Kai Bird / Martin S. Sherwin, J. Robert Oppenheimer, Berlin 2010, S. 319.

13 Hannah Arendt, Vita activa oder vom tätigen Leben, München 1960, S. 255 f.

14 Robert Jungk, Das umstrittene Experiment, a.a.O., S. 394.

15 Max Weber, Wissenschaft als Beruf, in: ders., Gesamtausgabe, Bd. 17, Tübingen 1992, S. 93.

16 So Friedrich Nietzsche, Vom Nutzen und Nachteil der Historie für das Leben, in: ders., Sämtliche Werke, hrsg. von Giorgio Colli und Mazzino Montinari. München/New York 1980, Bd. 1, S. 313.

17 Odo Marquard, Über die Unvermeidlichkeit der Geisteswissenschaften, in: ders., Apologie des Zufälligen, Stuttgart 1986, S. 98 ff.

18 Richard Dawkins, a. a. O., S. 45. Die christlichen Fundamentalisten machen es umgekehrt, indem sie die Schöpfungsgeschichte im Biologieunterricht behandeln.

19 Michael J. Sandel, Plädoyer gegen die Perfektion. Ethik im Zeitalter der genetischen Technik, Berlin 2007, S. 10.

20 Albert Einstein, Mein Weltbild, Berlin 2010, S. 12, 19 und 23.

21 Erwin Schrödinger, Was ist Leben?, München 2010, S. 149.

22 Robert Jungk, Das umstrittene Experiment, a. a. O., S. 362.

23 Robert Spaemann, Glück und Wohlwollen. Versuch über Ethik, Stuttgart 1989, S. 9.

24 Georg Picht, a. a. O., S. 89.

ANMERKUNGEN ZU KAPITEL 10

1 B. F. Skinner, Jenseits von Freiheit und Würde, Reinbek 1973, S. 220.

2 Robert Jungk (Hrsg.), Das umstrittene Experiment: Der Mensch. Dokumentation des Ciba-Symposiums 1962, Frankfurt a. M. 1988, S. 367.

3 Zitiert nach: Heinrich Schipperges, Utopien der Medizin, Salzburg 1968, S. 68.

4 Paul Bloom, Beiträge zu einer Theorie der Moralentwicklung, in: John Brockman (Hrsg.), Die nächsten fünfzig Jahre, München 2002, S. 100.

5 Detlev Ganten/Thomas Deichmann/Thilo Spahl, Naturwissenschaft: Alles, was man wissen muss, München 2010, S. 382.

6 Die Zukunft des Menschen als biologisches Wesen, in: Volker Gerhardt/Klaus Luca/Günter Stock (Hrsg.), Evolution. Theorie, Formen und Konsequenzen eines Paradigmas in Natur, Technik und Kultur, Berlin 2011, S. 210.

7 Bertrand Russell, Marriage and Morals, London 1967, S. 136.
8 Rodney Brooks, Die Verschmelzung von Fleisch und Maschine, in: John Brockman (Hrsg.), Die nächsten fünfzig Jahre, a. a. O., S. 220.
9 Richard Dawkins, Und es entsprang ein Fluss in Eden. Das Uhrwerk der Evolution, München 1996, S. 151.
10 Rodney Brooks, a. a. O., S. 228.
11 Karl Jaspers, Die Atombombe und die Zukunft des Menschen, München 1962, S. 259.
12 Michael J. Neufeld, Wernher von Braun, München 2009, S. 511.
13 Detlev Ganten / Thomas Deichmann / Thilo Spahl, a. a. O., S. 358.
14 So Hannah Arendt, Vita activa oder vom tätigen Leben, München 1960, S. 304.
15 Gemeint ist das nach dem kalifornischen Ort Asilomar benannte Moratorium zur weiteren Erforschung der DNA.
16 So die Erwartung des langjährigen «Nature»-Herausgebers John Maddox, in: ders., Was zu entdecken bleibt. Über die Geheimnisse des Universums, den Ursprung des Lebens und die Zukunft der Menschheit, Frankfurt a. M. 2002, S. 410.

ANMERKUNGEN ZU KAPITEL 11

1 Albert Einstein, Rede zum 60. Geburtstag von Max Planck, in: ders., Mein Weltbild, Berlin 2010, S. 119 ff.
2 Max Weber, Wissenschaft als Beruf, in: ders., Gesamtausgabe, Bd. 17, Tübingen 1992, S. 81 ff.
3 Robert Spaemann, «Natur», in: Hermann Krings / Hans M. Baumgartner / Christoph Wild (Hrsg.), Handbuch philosophischer Grundbegriffe, Bd. II, München 1973, S. 967.
4 Die zitierte Äußerung im Interview mit der Zeitschrift «Stern» ist wieder abgedruckt in: Carl Friedrich von Weizsäcker, Bewußtseinswandel, München / Wien 1988, S. 362.
5 Dazu aus deutscher Sicht vor allem Robert Jungk, Heller als tausend Sonnen. Das Schicksal der Atomforscher, Reinbek 1983, S. 98 ff.; Armin Hermann, Die Jahrhundertwissenschaft. Werner Heisenberg und die Physik seiner Zeit, Reinbek 1993, S. 184 ff.; Mark

Walker, Die Uranmaschine, Berlin 1990, S. 263 ff.; Rainer Karlsch, Hitlers Bombe. Die geheime Geschichte der deutschen Kernwaffenversuche, München 2005, S. 78 ff. Weizsäckers Beitrag in der «Zeit» vom 5. Juni 1992, sein Interview in der «Welt» vom 8. Februar 2002.

6 Online auf der Seite des Niels-Bohr-Archivs der Dänischen Nationalbibliothek (http://nba.nbi.dk), im Druck in: Naturens Verden, 84 (2001), Heft 8–9.

7 Klaus Hentschel, Misstrauen, Verbitterung und Sentimentalität. Zur Mentalität deutscher Physiker in den ersten Nachkriegsjahren, in: Dieter Hoffmann / Mark Walker (Hrsg.), Physiker zwischen Autonomie und Anpassung. Die Deutsche Physikalische Gesellschaft im Dritten Reich, Weinheim 2007, S. 301 ff. Ähnliche Urteile bei Otto Gerhard Oexle, Hahn, Heisenberg und die anderen, Berlin 2003.

8 So Heisenberg im BBC-Interview vom 2. März 1965 und im Gespräch mit David Irving am 23. Oktober desselben Jahres. Siehe auch sein Erinnerungsbuch: Der Teil und das Ganze, München 1969, S. 248.

9 Klaus Hentschel, a.a.O., S. 346.

10 Carl Friedrich von Weizsäcker, Der Garten des Menschlichen. Beiträge zur geschichtlichen Anthropologie, München 1977, S. 101.

11 Zur Geschichte des Deutschen Forschungsrates siehe Armin Hermann, a.a.O., S. 231 ff.

12 Carl Friedrich von Weizsäcker, a.a.O., S. 104.

13 Joseph LeDoux, Geist, Gehirn und Selbst, in: John Bockman (Hrsg.), Die nächsten fünfzig Jahre, München 2002, S. 286.

14 George Orwell, 1984, Zürich 1974 (Erstausgabe 1949), S. 176.

15 Michio Kaku, Zukunftsvisionen. Wie Wissenschaft und Technik des 21. Jahrhunderts unser Leben revolutionieren, München 1998, S. 46.

Anmerkungen zu Kapitel 12

1 John Stuart Mill, Natur, in: ders., Drei Essays über Religion, hrsg. von Dieter Birnbacher, Stuttgart 1984, S. 12.

2　Friedrich Nietzsche, Die fröhliche Wissenschaft, Buch 3, Nr. 225, in: ders., Sämtliche Werke, Kritische Studienausgabe in 15 Bänden, hrsg. von Giorgio Colli und Mazzino Montinari. München/New York 1980, Bd. 3.

3　John Stuart Mill, a.a.O., S. 53.

4　Hubert Markl, Wissenschaft gegen Zukunftsangst, München 1998, S. 155.

5　Robert Jungk (Hrsg.), Das umstrittene Experiment: Der Mensch. Dokumentation des Ciba-Symposiums 1962, Frankfurt a.M. 1988, S. 396.

6　John Stuart Mill, a.a.O., S. 58. Auch sein Exeget Dieter Birnbacher beobachtet, dass «dem von Natur aus Seienden gegenüber dem vom Menschen Hervorgebrachten oder Bewirkten ein systematischer Bonus eingeräumt» wird, in: Dieter Birnbacher, Natürlichkeit, Berlin 2006, S. 22.

7　Michael J. Sandel, Plädoyer gegen die Perfektion. Ethik im Zeitalter der genetischen Technik, Berlin 2008, S. 68.

8　So paraphrasiert Carl Friedrich von Weizsäcker, Zum Weltbild der Physik, Stuttgart 1949, S. 157, die Rede vom neuen Himmel, von der neuen Erde und dem neuen Jerusalem, mit der die Apokalypse schließt.

9　Hubert Markl, Ist der Mensch biotechnisch optimierbar? in: Sinnstifter, hrsg. vom Stifterverband für die Deutsche Wissenschaft, Essen 2003, S. 21 f.

10　Aristoteles, Über die Teile der Lebewesen, in: ders., Werke in deutscher Übersetzung, hrsg. von Hellmut Flashar, Berlin 2007, Bd. 17, S. 61. Dazu William K. C. Guthrie, Die griechischen Philosophen von Thales bis Aristoteles, Göttingen 1963, S. 97: «Die Frage, die die Philosophie beantworten kann und muss, lautet: Warum? Sich mit der Beantwortung der Frage: Wie? zufriedenzugeben, genügt nicht.»

11　Zum griechischen Physisbegriff aus geisteswissenschaftlicher Sicht: Wolfgang Schadewaldt, Die Begriffe Natur und Technik bei den Griechen, in: ders., Natur, Technik, Kunst. Drei Beiträge zum Selbstverständnis der Technik in unserer Zeit, Göttingen/Berlin/Frankfurt a.M. 1960, S. 33–53; aus naturwissenschaftlicher

Perspektive: Erwin Schrödinger, Die Natur und die Griechen, Reinbek 1956.

12 Karl Raimund Popper, Die offene Gesellschaft und ihre Feinde, München 1975, Bd. 1, S. 268.

ANMERKUNGEN ZU KAPITEL 13

1 Frankfurter Allgemeine Zeitung vom 27. Juli 2011.

2 Max Weber, Wissenschaft als Beruf, in: ders., Gesammelte Aufsätze zur Wissenschaftslehre, hrsg. von Johannes Winckelmann, Tübingen 1988, S. 592.

3 Ebd. vom 24. Februar 2012.

4 Neue Wege in der wissenschaftlichen Kommunikation, Dokumentation eines Workshops der Helmholtz-Gemeinschaft, Bonn 2000, S. 20.

5 So der Mathematiker Ian Stewart in seinem Beitrag in: John Brockman (Hrsg.), Die nächsten fünfzig Jahre, München 2002, S. 53, die folgenden Zitate finden sich auf den Seiten 27, 195 und 22.

6 Neue Wege in der wissenschaftlichen Kommunikation, a. a. O., S. 21.

7 Günther Hasinger, Strukturentstehung im Kosmos, in: Werner Martienssen / Dieter Röß (Hrsg.), Physik im 21. Jahrhundert, Heidelberg 2011, S. 270 f.

8 Ebd., S. 254.

9 Weitere Beispiele finden sich bei Dirk van Laack, Weiße Elefanten: Anspruch und Scheitern technischer Großprojekte im 20. Jahrhundert, Stuttgart 1999.

10 Detlev Ganten / Thomas Deichmann / Thilo Spahl, Naturwissenschaft: Alles, was man wissen muss, München 2010, S. 327, unter ausdrücklichem Bezug auf die NASA.

11 Ebd., S. 331.

12 Robert Jungk (Hrsg.), Das umstrittene Experiment: Der Mensch. Dokumentation des Ciba-Symposiums 1962, Frankfurt a. M. 1988, S. 394.

13 Arnold Gehlen, Sozialpsychologische Probleme der industriellen Gesellschaft, Tübingen 1949, S. 12.

ANMERKUNGEN ZU KAPITEL 14

1 Jürgen Mittelstraß / Günter Stock (Hrsg.), Chemie und Geisteswissenschaften, Berlin 1992, S. 109.

2 Albert Einstein, Mein Weltbild, Berlin 2010, S. 88.

3 Wissenschaft und Frieden, hrsg. von der Hessischen Stiftung für Friedens- und Konfliktforschung, Sonderheft 2 / 1995, S. 25.

4 Friedrich Nietzsche, Götzendämmerung, Sprüche und Pfeile Nr. 5, in: ders., Sämtliche Werke, hrsg. von Giorgio Colli und Mazzino Montinari, München/New York 1980, Bd. 6, S. 59.

5 Dieter Simon, Zum akademischen Umgang mit Unwissen, in: Gegenworte, Heft 13, Frühjahr 2004, S. 13.

6 Gerhard Börner, Naturwissenschaften in der Sackgasse?, in: Spektrum der Wissenschaft, Juni 2011, S. 67.

7 H. Dieter Zeh, Physik ohne Realität: Tiefsinn oder Wahnsinn? Heidelberg 2012, S. 65 ff.

8 Paul Feyerabend, Wider den Methodenzwang. Skizze einer anarchistischen Erkenntnistheorie, Frankfurt a. M. 1979, S. 221.

9 Carl Friedrich von Weizsäcker, Atomenergie und Atomzeitalter. 12 Vorlesungen, Frankfurt a. M. 1957, S. 157.

10 Josef H. Reichholf, Das Rätsel der Menschwerdung. Die Entstehung des Menschen im Wechselspiel der Natur, München 2010, S. 264.

ANMERKUNGEN ZU KAPITEL 15

1 Beitrag von Hubert Markl, in: Wilhelm Krull (Hrsg.), Zukunftsstreit, Weilerswist 2000, S. 401.

2 Günther Patzig, Ethik und Wissenschaft, in: Heinz Maier-Leibnitz (Hrsg.), Zeugen des Wissens, Mainz 1986, S. 993.

3 Jacob Burckhardt, Über das Studium der Geschichte, München 1982, S. 242.

4 Weitere Hinweise und Zahlen bei Hans-Joachim Hoffmann-Nowotny, Umwelt und Selbstverwirklichung als Ideologie, München 1977.

5 Hannah Arendt, Vita activa oder vom tätigen Leben, München 1960, S. 299.

LITERATUR

ADORNO, THEODOR W., *Über Technik und Humanismus*, in: Hans Lenk / Günter Ropohl (Hrsg.), Technik und Ethik, 2. revidierte und erweiterte Auflage, Stuttgart 1987, S. 22–30.

ALBRECHT, CLEMENS, *Die intellektuelle Gründung der Bundesrepublik.* Eine Wirkungsgeschichte der Frankfurter Schule, Frankfurt a. M. 1999.

ARENDT, HANNAH, *Vita activa oder vom tätigen Leben*, München 1960.

AUGUSTINUS, AURELIUS, *Ausgewählte Schriften*, Bd. 8: Enchiridion oder Buch vom Glauben, von der Hoffnung und von der Liebe, Kempten / München 1925, Kapitel 9–11.

BACON, FRANCIS, *Das Neue Atlantis*, Stuttgart 1982 (Erstausgabe 1627).

BACON, FRANCIS, *Neues Organ der Wissenschaften*, Leipzig 1830 (Erstausgabe 1620).

BIRD, KAI / SHERWIN, MARTIN J., *J. Robert Oppenheimer*, Berlin 2010.

BOGDANOV, ALEXANDER, *Der Rote Planet*, Berlin 1984 (Erstausgabe 1908).

BOHNET VON DER THÜSEN, HEIDI (Hrsg.), *Denkanstöße '85*, Ein Lesebuch aus Philosophie, Natur- und Humanwissenschaften, München 1985.

BORN, MAX, *Erinnerungen und Gedanken eines Physikers*, in: Universitas, 23 (1968), S. 249–276.

BORN, MAX, *Von der Verantwortung des Naturwissenschaftlers*, München 1965.

BÖRNER, GERHARD, *Naturwissenschaften in der Sackgasse?*, in: Spektrum der Wissenschaft, Juni 2011.

BROCKMAN, JOHN (Hrsg.), *Die nächsten fünfzig Jahre*, München 2002.

BURCKHARDT, JACOB, *Über das Studium der Geschichte*, München 1982.

CARSON, RACHEL, *Der stumme Frühling*, München 1987.

DAHRENDORF, RALF, *Homo sociologicus.* Ein Versuch zur Geschichte, Bedeutung und Kritik der Kategorie der sozialen Rolle, Opladen 1977.

DAWKINS, RICHARD, *Und es entsprang ein Fluss in Eden.* Das Uhrwerk der Evolution, München 1996.

DESCARTES, RENÉ, *Discours de la méthode*, Hamburg 1960.

DU BOIS-REYMOND, EMIL, *Vorträge über Philosophie und Gesellschaft*, Hamburg 1974.

DÜRR, HANS-PETER, *Das Netz des Physikers.* Naturwissenschaftliche Erkenntnis in der Verantwortung, München 1988.

ECKERMANN, JOHANN PETER, *Gespräch mit Goethe am 1. 2. 1827*, in: ders., Gespräche mit Goethe in den letzten Jahren seines Lebens, hrsg. von Ernst Beutler, Zürich/Stuttgart 1948, S. 232–239.

EDELSTEIN, WOLFGANG u. a., *Verantwortliches Handeln in der Wissenschaft*, Max-Planck-Forum Nr. 3, München 2001.

EINSTEIN, ALBERT, *Mein Weltbild*, Berlin 2010.

EINSTEIN, ALBERT/BORN, MAX, *Briefwechsel 1916–1955*, München 1969.

FEYERABEND, PAUL, *Wider den Methodenzwang.* Skizze einer anarchistischen Erkenntnistheorie, Frankfurt a. M. 1979.

FIEDERMANN, ANGELA/HESS, TORSTEN/JAEGER, MARKUS, *Das Konzentrationslager Mittelbau Dora.* Ein historischer Abriss, Berlin/Bonn 1993.

FRÜHWALD, WOLFGANG, *Zeit der Wissenschaft.* Forschungskultur an der Schwelle zum 21. Jahrhundert, Köln 1997.

GANTEN, DETLEV/DEICHMANN, THOMAS/SPAHL, THILO, *Naturwissenschaft:* Alles, was man wissen muss, München 2010.

GEHLEN, ARNOLD, *Sozialpsychologische Probleme der industriellen Gesellschaft*, Tübingen 1949.

GELLATELY, ROBERT, *Lenin, Stalin und Hitler.* Drei Diktatoren, die Europa in den Abgrund führten, Bergisch Gladbach 2009.

GERHARDT, VOLKER/LUCA, KLAUS/STOCK, GÜNTER (Hrsg.), *Evolution.* Theorie, Formen und Konsequenzen eines Paradigmas in Natur, Technik und Kultur, Berlin 2011.

GESTWA, KLAUS, *Die Stalinschen Großbauten des Kommunismus.* Sowjetische Technik- und Umweltgeschichte 1948–1967, München 2010.

GOETHE, JOHANN WOLFGANG VON, *Materialien zur Geschichte der Farbenlehre,* in: Gedenkausgabe der Werke, Briefe und Gespräche, hrsg. von Ernst Beutler, Zürich/Stuttgart 1949, Bd. 16: Naturwissenschaftliche Schriften I.

GUTHRIE, WILLIAM K. C., *Die griechischen Philosophen von Thales bis Aristoteles,* Göttingen 1963.

HAECKEL, ERNST, *Die Welträtsel und die Theosophie,* Stuttgart 1984.

HASINGER, GÜNTHER, *Strukturentstehung im Kosmos,* in: Werner Martienssen/Dieter Röß (Hrsg.), Physik im 21. Jahrhundert, Heidelberg 2011, S. 265–290.

HENTSCHEL, KLAUS, *Misstrauen, Verbitterung und Sentimentalität.* Zur Mentalität deutscher Physiker in den ersten Nachkriegsjahren, in: Dieter Hoffmann/Mark Walker (Hrsg.), Physiker zwischen Autonomie und Anpassung, Weinheim 2007, S. 301–358.

HERMANN, ARMIN, *Die Jahrhundertwissenschaft.* Werner Heisenberg und die Physik seiner Zeit, Reinbek 1993.

HERMANN, ARMIN, *Wie die Wissenschaft ihre Unschuld verlor.* Macht und Mißbrauch der Forscher, Stuttgart 1982.

HESSE, HERMANN, *Blick ins Chaos,* Bern 1921.

HOFFMANN, DIETER (Hrsg.), *Operation Epsilon.* Die Farm-Hall-Protokolle oder Die Angst der Alliierten vor der deutschen Atombombe, Berlin 1993.

HOFFMANN-NOWOTNY, HANS-JOACHIM, *Umwelt und Selbstverwirklichung als Ideologie,* München 1977.

HUSSERL, EDMUND, *Die Krisis der europäischen Wissenschaften und die transzendentale Phänomenologie,* Hamburg 1969.

JASPERS, KARL, *Die Atombombe und die Zukunft des Menschen.* Politisches Bewusstsein in unserer Zeit, München 1962.

JUNGK, ROBERT (Hrsg.), *Das umstrittene Experiment: Der Mensch.* 27 Wissenschaftler diskutieren die Elemente einer biologischen

Revolution. Dokumentation des Ciba-Symposiums 1962, Frankfurt a. M. 1988.

JUNGK, ROBERT, *Heller als tausend Sonnen*. Das Schicksal der Atomforscher, Reinbek 1988 (Erstausgabe 1956).

KAKU, MICHIO, *Zukunftsvisionen*. Wie Wissenschaft und Technik des 21. Jahrhunderts unser Leben revolutionieren, München 1998.

KARLSCH, RAINER, *Hitlers Bombe*. Die geheime Geschichte der deutschen Kernwaffenversuche, München 2005.

KLAGES, LUDWIG, *Mensch und Erde*, Stuttgart 1956.

KOESTLER, ARTHUR, *Sonnenfinsternis*, Wien / Zürich 1991 (Erstausgabe London 1940).

KÖRBER, HELMUT, *Argumente statt Emotionen*. Kernenergie: Pro und Contra, Essen 1984.

KRULL, WILHELM (Hrsg.), *Zukunftsstreit*, Weilerswist 2000.

LAACK, DIRK VAN, *Weiße Elefanten: Anspruch und Scheitern technischer Großprojekte im 20. Jahrhundert*, Stuttgart 1999.

LAUE, MAX VON, *Geschichte der Physik*, Berlin 1959.

LERSNER, HEINRICH VON, *Die ökologische Wende*, Berlin 1991.

LÖWE, HEINZ-DIETRICH, *Stalin, der entfesselte Revolutionär*, Ortungen 2002.

LÜBBE, HERMANN, *Politischer Moralismus*, Berlin 1987.

LUHMANN, NIKLAS, *Sicherheit und Risiko aus der Sicht der Sozialwissenschaften*, in: Rheinisch-Westfälische Akademie der Wissenschaften (Hrsg.), Die Sicherheit technischer Systeme, 4. Akademie-Forum, Vorträge Nr. 351, Opladen 1987, S. 63–66.

MADDOX, JOHN, *Was zu entdecken bleibt*. Über die Geheimnisse des Universums, den Ursprung des Lebens und die Zukunft der Menschheit, Frankfurt a. M. 2002.

MAIER-LEIBNITZ, HEINZ, *Vorschlag einer Glaubwürdigkeitsprüfung*, in: Frankfurter Allgemeine Zeitung vom 17. Oktober 1982.

MARCH, ARTHUR, *Das neue Denken der modernen Physik*, Reinbek 1967.

MARKL, HUBERT, *Ist der Mensch biotechnisch optimierbar?* in: Jahresgabe des Stifterverbandes für die Deutsche Wissenschaft, Essen 2003, S. 32–45.

MARKL, HUBERT, *Wissenschaft gegen Zukunftsangst*, München 1998.

MARQUARD, ODO, *Über die Unvermeidlichkeit der Geisteswissenschaften*, Stuttgart 1986.

MEDAWAR, PETER B., *Die Kunst des Lösbaren*. Reflexionen eines Biologen, Göttingen 1972.

MEDWEDEW, GRIGORI, *Verbrannte Seelen*. Die Katastrophe von Tschernobyl, München 1991.

MILL, JOHN STUART, *Natur*, in: ders., Drei Essays über Religion, hrsg. von Dieter Birnbacher, Stuttgart 1984 (Erstausgabe 1874), S. 217–244.

MITTELSTRASS, JÜRGEN / STOCK, GÜNTER (Hrsg.), *Chemie und Geisteswissenschaften*, Berlin 1992.

MOLITOR, BRUNO, *Wohlfahrtsstaat*. Die realisierte Utopie, Köln 1982.

MONOD, JACQUES, *Zufall und Notwendigkeit*. Philosophische Fragen der modernen Biologie, München 1983.

NEUFELD, MICHAEL J., *Wernher von Braun*. Visionär des Weltraums – Ingenieur des Krieges. Biographie, München 2007.

NIETZSCHE, FRIEDRICH, Sämtliche Werke, Kritische Studienausgabe in 15 Bänden, hrsg. von Giorgio Colli und Mazzino Montinari. München / New York 1980.

OBERTH, HERMANN, *Menschen im Weltraum*. Neue Projekte für Raketen- und Raumfahrt, Berlin / Darmstadt 1958.

OEXLE, OTTO GERHARD, *Hahn, Heisenberg und die anderen*, Berlin 2003.

OPPENHEIMER, J. ROBERT, *Atomkraft und menschliche Freiheit*, Reinbek 1957.

ORWELL, GEORGE, *1984*, Zürich 1974 (Erstausgabe 1949).

PATZIG, GÜNTHER, *Ethik und Wissenschaft*, in: Heinz Maier Leibnitz (Hrsg.), Zeugen des Wissens, Mainz 1986, S. 977–997.

PERUTZ, MAX, *Ging's ohne Forschung besser?* Der Einfluß der Naturwissenschaften auf die Gesellschaft, Stuttgart 1982.

PICHT, GEORG, *Struktur und Verantwortung der Wissenschaft im 20. Jahrhundert*, Frankfurt a. M. 1984.

PÖRKSEN, UWE, *Die Metaphorik Darwins und Überlegungen zu ihrer möglichen Wirkung*, in: Jahrbuch des Wissenschaftskollegs Berlin 1981 / 82, S. 256–280.

REICHHOLF, JOSEF H., *Das Rätsel der Menschwerdung*. Die Entstehung des Menschen im Wechselspiel der Natur, München 2010.

RHODES, RICHARD, *Die Atombombe oder die Geschichte des achten Schöpfungstages*, Nördlingen 1988.

RUSSELL, BERTRAND, *Marriage and Morals*, London 1967.

SACHAROW, ANDREJ, *Mein Leben*, München 1991.

SANDEL, MICHAEL J., *Plädoyer gegen die Perfektion*. Ethik im Zeitalter der genetischen Technik, Berlin 2007.

SÄNGER, EUGEN, *Raumfahrt: heute–morgen–übermorgen*, Düsseldorf 1963.

SCHADEWALDT, WOLFGANG, *Die Begriffe Natur und Technik bei den Griechen*, in: ders., Natur, Technik, Kunst. Drei Beiträge zum Selbstverständnis der Technik in unserer Zeit, Göttingen / Berlin / Frankfurt a. M. 1960, S. 33–53.

SCHIPPERGES, HEINRICH, *Utopien der Medizin*, Salzburg 1968.

SCHRÖDINGER, ERWIN, *Die Natur und die Griechen*, Reinbek 1956.

SCHRÖDINGER, ERWIN, *Was ist Leben?* München 2010.

SHILS, EDWARD / SZILARD, LEO, *A Memoire*, in: Encounter, 135 (1964), S. 35–41.

SIMON, DIETER, *Zum akademischen Umgang mit Unwissen*, in: Gegenworte, Heft 13, Frühjahr 2004.

SKINNER, B. F., *Jenseits von Freiheit und Würde*, Reinbek 1973.

SNOW, CHARLES PERCY, *The Two Cultures*, Cambridge 1996 (Erstausgabe 1959).

SPAEMANN, ROBERT, *Glück und Wohlwollen*. Versuch über Ethik, Stuttgart 1989.

SPAEMANN, ROBERT, *«Natur»*, in: Handbuch philosophischer Grundbegriffe, Bd. II, München 1973, S. 956–969.

SPAEMANN, ROBERT / LÖW, REINHARD, *Die Frage Wozu?* Geschichte und Wiederentdeckung des teleologischen Denkens, München 1982.

SPEER, ALBERT, *Erinnerungen*, Frankfurt a. M./Berlin 1969.

STEIN, LORENZ VOM, *Geschichte der sozialen Bewegungen in Frankreich von 1789 bis auf unsere Tage*, Bd. 2, München 1921.

STERN, FRITZ, *Kulturpessimismus als politische Gefahr*. Eine Analyse nationaler Ideologie in Deutschland, Stuttgart 2005.

STÜRMER, MICHAEL, *Das ruhelose Reich*. Deutschland 1866–1918. Die Deutschen und ihre Nation, Berlin 1983.

SZILARD, LEO, *Die Stimme der Delphine*, Reinbek 1963.

TELLER, EDWARD / LATTER, ALBERT, *Ausblick in das Kernzeitalter*, Frankfurt a. M. 1958.

TEUFEL, DIETER, *Atomenergie – Fakten und die Frage nach den Bewertungsmaßstäben*, in: Scheidewege, 8 (1978), S. 558–584.

WAGNER, FRIEDRICH, *Die Wissenschaft und gefährdete Welt*, München 1959.

WALKER, MARK, *Die Uranmaschine*. Mythos und Wirklichkeit der deutschen Atombombe, Berlin 1990.

WEBER, MAX, *Über einige Kategorien der verstehenden Soziologie*, in: ders., Soziologie. Universalgeschichtliche Analysen. Politik, Stuttgart 1973, S. 97–150.

WEBER, MAX, *Wissenschaft als Beruf*, in: ders., Gesamtausgabe. Abteilung I: Schriften und Reden, Bd. 17, hrsg. von Wolfgang J. Mommsen / Wolfgang Schluchter, Tübingen 1992, S. 71–111.

WEIZSÄCKER, CARL FRIEDRICH VON, *Atomenergie und Atomzeitalter*. 12 Vorlesungen, Frankfurt a. M. 1957.

WEIZSÄCKER, CARL FRIEDRICH VON, *Bewußtseinswandel*, München / Wien 1988.

WEIZSÄCKER, CARL FRIEDRICH VON, *Der Garten des Menschlichen*. Beiträge zur geschichtlichen Anthropologie, München 1977.

WEIZSÄCKER, CARL FRIEDRICH VON, *Die Verantwortung der Wissenschaft im Atomzeitalter*, Göttingen 1957.

WEIZSÄCKER, CARL FRIEDRICH VON, *Zum Weltbild der Physik*, Stuttgart 1949.

WEYER, JOHANNES, *Wernher von Braun*, Reinbek 1999.

WHITEHEAD, ALFRED NORTH, *The Concept of Nature*, New York 2004 (Erstausgabe 1926).

WISSENSCHAFT UND FRIEDEN, hrsg. von der Hessischen Stiftung für Friedens- und Konfliktforschung, Sonderheft 2 / 1995.

ZEH, H. DIETER, *Physik ohne Realität*: Tiefsinn oder Wahnsinn? Heidelberg 2012.

ZEILINGER, ANTON, *Einsteins Schleier*. Die neue Welt der Quantenphysik, München 2003.